W0233788

UTB

UTB **2842**

Eine Arbeitsgemeinschaft der Verlage

Beltz Verlag Weinheim · Basel
Böhlau Verlag Köln · Weimar · Wien
Verlag Barbara Budrich Opladen · Farmington Hills
facultas.wuv Wien
Wilhelm Fink München
A. Francke Verlag Tübingen und Basel
Haupt Verlag Bern · Stuttgart · Wien
Julius Klinkhardt Verlagsbuchhandlung Bad Heilbrunn
Lucius & Lucius Verlagsgesellschaft Stuttgart
Mohr Siebeck Tübingen
C. F. Müller Verlag Heidelberg
Orell Füssli Verlag Zürich
Verlag Recht und Wirtschaft Frankfurt am Main
Ernst Reinhardt Verlag München · Basel
Ferdinand Schöningh Paderborn · München · Wien · Zürich
Eugen Ulmer Verlag Stuttgart
UVK Verlagsgesellschaft Konstanz
Vandenhoeck & Ruprecht Göttingen
vdf Hochschulverlag AG an der ETH Zürich

Silvio Vietta

Der europäische Roman der Moderne

Wilhelm Fink Verlag · München

Der Autor:

Silvio Vietta ist Professor für Literatur- und Kulturwissenschaft an der Universität Hildesheim.

Bibliografische Information der Deutschen Nationalbibliothek

Die Deutsche Nationalbibliothek verzeichnet diese Publikation in der Deutschen Nationalbibliografie; detaillierte bibliografische Daten sind im Internet über http://dnb.d-nb.de abrufbar.

(Wilhelm Fink GmbH & Co. Verlags-KG, Jühenplatz 1, D-33098 Paderborn)
ISBN 978-3-7705-4341-0

Internet: www.fink.de

Printed in Germany.
Einbandgestaltung: Atelier Reichert, Stuttgart
Herstellung: Ferdinand Schöningh, Paderborn

UTB-Bestellnummer: ISBN 978-8252-2842-2

Inhaltsverzeichnis

Abkürzungsverzeichnis 9

1. EINLEITUNG: Der Roman, die Moderne und das moderne Erzählen 10

1.1 Vorbemerkung 10

1.2 Der Roman 10
1.2.1 Begriff, Gattung und Programm 10
1.2.2 Roman und Bürgertum 14

1.3 Der Begriff der Moderne 17
1.3.1 modernus – antiquus 17
1.3.2 Soziologischer Begriff der Moderne 18
1.3.3 Periodisierung und Mentalitätsproblematik 19

1.4 Moderne Erzähltheorie 21
1.4.1 Subjektivität als charakteristisches Merkmal der modernen Erkenntnistheorie 21
1.4.2 Subjektivität als charakteristisches Merkmal der modernen Erzähltheorie 23
1.4.3 Typologie des modernen Erzählens nach Modi der Subjektivität 27
1.4.4 Raum und Zeit 30
1.4.5 Erzählerspur und Leserperspektive 32
1.4.6 Graphik eines Erzählmodells 33

1.5 Literaturverzeichnis 36

2. GUSTAVE FLAUBERT: Madame Bovary 39

2.1 Biographie 39

2.2 Handlungsabriss 40

2.3 Biographische Grundlagen 50

2.4 Autobiographische Texte 54

2.5 Analyse des Romans 59
2.5.1 Entstehung des Romans und Wahl der Erzählperspektive 59
2.5.2 Einführung der Protagonisten 61
2.5.3 Analyse der Handlungsstruktur des Ersten Buches 65
2.5.4 Die Verführung der Emma Bovary und die Sprachkritik des Romans 67
2.5.5 Die Katastrophe 71

2.6 Flauberts Kritik der Moderne 73

2.7 Literaturverzeichnis 75

3. MARCEL PROUST: Auf der Suche nach der verlorenen Zeit. Bd. 1: In Swanns Welt

3.1 Biographie 77

3.2 Handlungsabriss 79

3.3 Subjektivität und die Poetik des modernen Erinnerungsromans 82

3.4 Biographische Hinweise: Kultur des Dandy 85

3.5 Analyse des Romans 86
3.5.1 Der Romanzyklus „Auf der Suche nach der verlorenen Zeit“ 86
3.5.2 Die Darstellung des Erinnerungsprozesses 87
3.5.3 Die erinnerte Welt der Kindheit 91
3.5.4 Erste Schreibversuche 95
3.5.5 Salonkultur, die Liebesgeschichte Swanns 96
3.5.6 Die Gilberte-Episode 99

3.6 Ländliches Frankreich, Kindheitswelt und Modernekritik Prousts 100

3.7 Literaturverzeichnis 102

4. RAINER MARIA RILKE: Die Aufzeichnungen des Malte Laurids Brigge 104

4.1 Biographie 104

4.2 Zur Tradition der Großstadtliteratur 106

4.3 Biographischer Hintergrund Rilkes und seine literarische Annäherung an die Großstadt 107

4.4 Rodins Einfluss 110

4.5 Analyse des Romans 113
4.5.1 Die Wahrnehmung der modernen Großstadt und ihre literarische Konstruktion 114
4.5.2 Ästhetik des Hässlichen 117
4.5.3 Identitätsstiftung durch Aufschreiben: Doppelfunktion des Erzählers 119
4.5.4 Weitere Erzählebenen des Romans und die Einsamkeit des modernen Ich 121
4.5.5 Das Problem der Einheit des Romans 124

4.6 Literaturverzeichnis 127

5. FRANZ KAFKA: Der Proceß 130

5.1 Biographie 130

5.2 Handlungsabriss 132

5.3 Text und Deutungen 144

5.4 Kafkas „Proceß" und der Totalitarismus des 20. Jahrhunderts 148

5.5 Analyse des Romans 151
5.5.1 Raum – Ausweitung der Schmutzzone 151
5.5.2 Zeit: Ewige Wiederkehr und Fortschritt zum Tode 156
5.5.3 Undurchsichtigkeit 159
5.5.4 Machthierarchie und religiöse Überhöhung 161

5.6 Erzähler, Protagonist, Erzählwirklichkeit 165

5.7 Literaturverzeichnis 169

6. ROBERT MUSIL: Der Mann ohne Eigenschaften 172

6.1 Biographie 172

6.2 Handlung im Reflexionsroman 174

6.3 Zur Entstehung des Romans 178

6.4 Analyse des Romans 179
6.4.1 Der Roman als Dokument einer Mentalitätskrise 179
6.4.2 Zur Erzählform 182
6.4.3 Personentypen 183
6.4.4 Möglichkeitssinn, Essayform, der andere Zustand 185

6.5 Literaturverzeichnis 189

7. ALFRED DÖBLIN: Berlin Alexanderplatz 192

7.1 Biographie 192

7.2 Handlungsabriss 194

7.3 Döblin in Berlin 202

7.4 Analyse des Romans 205
7.4.1 Die Biberkopfhandlung 205
7.4.2 Die Stadt als Symbolcollage 209
7.4.3 Entstehungsgeschichte, Einflüsse 212
7.4.4 Der Erzähler: Empathie, Assoziation und Weltdeutung 213

7.5 Abschied von Döblin, Abschied von der klassischen Moderne 219

7.6 Literaturverzeichnis 221

Abbildungsnachweis 224

Abkürzungsverzeichnis

BA	Döblin, Alfred: Berlin Alexanderplatz. Die Geschichte vom Franz Biberkopf. München (Deutscher Taschenbuchverlag) 1965 (dtv 295).
MB	Flaubert, Gustave.: Madame Bovary. Sitten der Provinz. Aus dem Französischen von René Schickele und Irene Riesen. Mit den Rezensionen von Sainte-Beuve, Jules Barbey d'Aurevilly und Charles Baudelaire sowie einem Nachwort von Heinrich Mann. Diogenes Verlag. Zürich 1979.
Briefe	Ders.: Briefe. Herausgegeben und übersetzt von Helmut Scheffel. Zürich 1977.
MoE	Musil, Robert: Der Mann ohne Eigenschaften. Bd. 1. Reinbek 1987.
MoE, Bd. 2	Ders.: Der Mann ohne Eigenschaften. Bd. 2. Reinbek 1987.
GW	Ders.: Gesammelte Werke in neun Bänden. Hg. von Adolf Frisé. Reinbek 1978.
SW	Proust, Marcel: Auf der Suche nach der verlorenen Zeit. Übersetzt von Eva Rechel-Mertens: Frankfurt a. M. 1981ff, Bd. 1: In Swanns Welt. Frankfurt a. M. 1981.
DWZ	Ders.: Auf der Suche nach der verlorenen Zeit. Bd. 7: Die wiedergefundene Zeit.
AM	Rilke, Rainer Maria: Die Aufzeichnungen des Malte Laurids Brigge. Hg. und kommentiert von Manfred Engel. Stuttgart 1997.

1. EINLEITUNG: Der Roman, die Moderne und das moderne Erzählen

1.1 Vorbemerkung

In dieser Einführung in den modernen europäischen Roman konzentrieren wir uns auf die Romanliteratur der *klassischen Moderne* vor und nach 1900, insbesondere auf die Romanautoren Gustave Flaubert, Marcel Proust, Rainer Maria Rilke, Franz Kafka, Robert Musil und Alfred Döblin. Diese Konzentration ist sinnvoll, weil diese Autoren der klassischen Moderne in und mit ihren Romanen auch ein großes Spektrum der modernen Romanliteratur abdecken. Was der moderne Roman kann und will, lässt sich an ihnen studieren. Das soll nicht heißen, dass es nicht auch neben und nach diesen Autoren andere große Romane gibt. Wir wollen aber in dieser Einführung in den modernen europäischen Roman nicht ein Panorama der Fülle der geschriebenen Romane der klassischen Moderne ausbreiten, sondern die Möglichkeiten, Spielräume und Grenzen des modernen Romans vorstellen. Für dieses Vorhaben ist eine Konzentration auf die genannten Autoren und ihre Texte hilfreich.

Dabei beginnen wir zunächst mit einer kurzen Einführung in den *Begriff* und die *Form* des modernen europäischen Romans sowie einer Typologie des *modernen Erzählens*.

1.2 Der Roman

1.2.1 Begriff, Gattung und Programm

Der Begriff „Roman“ kommt als Lehnwort aus dem Altfranzösischen. Das Wort „romanz“, gebildet von „romanice“ i. G. zu „latine“, meint eine in der französischen Volkssprache geschriebene Erzählung in Versform wie in Prosa. Um die Mitte des 17. Jahrhunderts wird das Wort

„Roman" ins Deutsche übernommen im Sinne von *Historienerzählung*, meist zentriert um eine *Liebesgeschichte*. Der erste Geschichtsschreiber des Romans ist ein gewisser Pierre Daniel Huet (1630-1721), der in seinem „Traité de l'Origine des Romans" von 1670 (übersetzt von E. W. Happel 1682) schreibt:

> [...] was man aber heut zu Tage Romans heisset/ sind auß Kunst gezierte und beschriebene Liebes Geschichten in ungebundener Rede zu Unterrichtung und Lust des Lesers. (Killy (Hg): Literaturlexikon, Roman, S. 302)

In diesem Sinne kam es allerdings auch im deutschen Kulturraum schon früh zur moralischen Verdächtigung des Romans. So schreibt der Schweizer Theologe Gotthard Heidegger (1666-1711) in seiner „Mythoscopia Romantica oder Diskurs von den benannten Romans" aus dem Jahre 1698:

> [...] die Romans setzen das Gemüt mit ihren gemachten Revolutionen, freien Vorstellungen, feurigen Ausdrücken und andren bunten Händeln in Sehnen, Unruh, Lüsternheit und Brunst, nehmen den Kopf ganz in Arrest, setzen den Menschen in ein Schwitzbad der Passionen, verderben folgens auch die Gesundheit, machen Melancholicos und Duckmauser, der Appetit vergeht, der Schlaf wird verhindert und man walzt sich im Bett herum, als wie die Tür im Angel [...]. (Heidegger: Mythoscopia Romantica, **S. 70 f**)

In diesen Sätzen hört man den polternden Schweizer Theologen. Gleichwohl hat er mit Hellsicht auch *Bewusstseinsveränderungen* registriert, die mit der Romanlektüre einhergehen: eben jene Stimulierung der Passionen, die – wenn die Wirklichkeit hinter den Fantasien zurückbleibt – in Depression umschlagen kann, wie wir sie in der Tat auch als Folge der Romanlektüre in modernen Romanen geschildert finden. Flauberts „Madam Bovary" ist ein Paradebeispiel dafür. Das ‚Romanhafte', das *Fiktionale* der Gattung, sollte in der Tat vielen Lesern den Kopf verdrehen. Es geht mit der Gattung Roman und dem intensiven Lesen von Romanen eine *Mentalitätsveränderung* einher. Heidegger konnte diese nur negativ sehen. Gleichwohl erkennt bereits dieser Theologe um 1700: Mit der Gattung verbindet sich ein Stück *moderner europäischer Mentalitätsgeschichte.*

Aber zurück zur *Begriffsgeschichte.* Im 18. Jahrhundert kommt die eindeutschende Mehrzahlbildung „Romane" wie auch der Kollektivsingular „Roman" in Gebrauch. 1774 schreibt Friedrich von Blanckenburg (1744-1796) seinen „Versuch über den Roman", eine erste *Theorie des Romans* im deutschen Sprachraum. Das zeigt auch an, dass die Gattung hier heimisch geworden ist. Und bei Blanckenburg findet sich auch bereits eine richtungsweisende Kennzeichnung der Gattung, wenn er schreibt, dass der Roman die „innere Geschichte" des Menschen erzählen solle, also nicht, wie im alten Epos, die politische Staatsgeschichte. „Wenn der Dichter nicht dass Verdienst hat, dass er das Innere des Menschen aufklärt, und ihn sich selber kennen lehret: so hat er gerade – gar keins." (Blanckenburg: Versuch über den Roman, S. 356)

Einen ähnlichen Gedanken wie Blanckenburg verfolgt fast zeitgleich mit ihm Johann Gottfried Herder (1744-1803), wenn er in „Vom Erkennen und Empfinden der menschlichen Seele" 1773 schreibt:

> Würde ein Mensch den tiefsten, individuellsten Grund seiner Liebhabereien und Gefühle, seiner Träume und Gedankenfahrten zeichnen können, welch ein Roman! (Herder: Vom Erkennen und Empfinden der menschlichen Seele, Werke Bd. 4, S. 350)

Wohl gemerkt: Herder sagt nicht, dass es den Roman als Gattung bereits gibt, der solche „Gedankenfahrten" schildert. Er sagt: *Wenn* man solche Gefühle, Träume, Gedankenfahrten aufschreiben *würde*, „welch ein Roman!". Herder entwirft also eine Romanform, die es ausgebildet so noch gar nicht gibt. Ähnlich wie Blanckenburg ist es eine im Entstehen begriffene Form, welche die literarische Moderne prägen wird, über die er sich Gedanken macht: der Roman als *Ich- und Seelengeschichte*.

Bei Herder sind auch bereits die *historischen Quellen* dieser neuen Form des Romans zu erkennen. Er beruft sich nämlich auf die abendländische Tradition der *Autobiographie*, die in der Tat die Geschichte des „inneren Menschen" zum Thema hat. Augustinus' „Bekenntnisse" (Confessiones) begründeten schon im 4. Jahrhundert diese Gattung. In der Aufklärung nehmen Montaignes „Essais" von 1580 und – im deutschen Sprachraum – die autobiographische „Eigene Lebens-Beschreibung" Adam Bernds (1676-1748), veröffentlicht 1738, das Programm einer Selbstanalyse wieder auf, allerdings mit einem entscheidenden Unterschied zur christlichen Autobiographie des Augustinus und auch zu den pietistischen Seelengeschichten: Diesen war es um die Findung *Gottes* im Ich gegangen, im neuzeitlichen Roman geht es primär um die *Selbstfindung* des *Ich*.

In diesem Sinne ist das Zeitalter der *Aufklärung* und *Empfindsamkeit* – das 18. Jahrhundert – geprägt von einem ausgeprägt *psychologischen* Interesse. Bereits Anfang des Jahrhunderts hatte der englischen Adlige Anthony Ashley Cooper, Earl of Shaftesbury (1671-1713), das Programm der *Selbsterkenntnis* des Ich als literarisches Programm in seinem „Selbstgespräch" (1713) formuliert. Es ist das Programm der Erkenntnis jener inneren Bereiche des Ich, welche die Vernunftphilosophie der Aufklärung vernachlässigt hatte. Für die Subjektphilosophie der

Aufklärung, wie sie bereits im 17. Jahrhundert von René Descartes (1596-1650) begründet wurde, stand die Rationalität des Menschen im Zentrum des Erkenntnisinteresses. Es waren die „klaren und distinkten Ideen“ im Ich, aus denen Descartes die methodisch gut angeleitete und wahre Erkenntnis der Objekte ableiten wollte. In der Literatur aber geht es nicht primär um die rationalen Ideen, sondern um die „dunkle [...] und geheimnisvolle[...] Sprache“ unserer Gedanken, Motive und Urteile. Denn diese wurzeln nicht nur im Rationalen, sondern auch in den irrationalen Zonen des Ich:

> Doch bedienen sich unsere Gedanken im Allgemeinen einer so dunklen, unausdrücklichen Sprache, dass es die schwierigste Sache von der Welt ist, sie zu klarer und vernehmlicher Rede zu bringen. Aus diesem Grunde ist es die richtige Methode, ihnen Stimme und Ausdruck zu verleihen. (Shaftesbury: Selbstgespräch, S. 62f)

Wir sehen: Genau an diese literarische Programmatik der Aufklärung knüpft Herder mit seinem Entwurf einer Erforschung der „Träume und Gedankenfahrten“ im Roman an.

Die literarische Methode, die sich hier abzeichnet, ist, wie es auch Blanckenburg formuliert, dem *Menschen* selbst gewidmet: Das Programm der Aufklärung und auch des modernen Romans ist über weite Strecken das der Erforschung der *Subjektivität*, des *Menschen* selbst. Das heißt: Der moderne Roman orientiert sich bereits nicht mehr primär an der Welt der Dinge, sondern an der Welt der *Vorstellungen* über die Dinge *im Menschen*. Er zeichnet nicht mehr, wie das Epos und der ältere Abenteuerroman, die Fahrten eines Abenteurers durch die Welt, sondern zeichnet die Welt im *Widerschein* der *Bewusstseinswelt* des Protagonisten oder der Protagonistin. Weil die Welt nicht mehr als gemeinsame Welt aller Figuren des Romans vorausgesetzt werden kann, kommt es zu jenen *Entfremdungsproblemen,* die der moderne Roman als zentrales Themenfeld schildert. Die Welt des Romans einschließlich ihrer gesellschaftlichen Voraussetzungen wird im modernen Roman immer aus der *Perspektive* eines Ich gesehen, und diese grundsätzliche *Perspektivität* des modernen Romans färbt alle Wirklichkeitserfahrung in ihm *subjektiv* ein.

Es ist aber ein *anderes* Ich als das Ich der Philosophie, welches im modernen Roman im Zentrum steht: nicht das rationale Ich der Philosophie, sondern gerade jene Schichten des Ich, für die sich die Rationalitätsphilosophie nicht interessierte.

Man kann durchaus sagen: Mit der Romanliteratur der Aufklärung beginnt auch eine *Geschichte der Selbsterforschung* des *Tiefen-Ich*, welche die moderne Psychologie und Psychoanalyse vorbereitet. Letztendlich dient dieses Programm so, wie es Shaftesbury in seinem „Selbstgespräch" von 1713 formuliert, dem besseren Verständnis des Menschen durch den Menschen:

> Wenn ich die verschiedenen Richtungen, Wendungen, Strebungen und inneren Umgestaltungen der Leidenschaft untersuche, muss ich zweifellos das menschliche Herz umso besser verstehen, sowie andere und mich selbst umso besser beurteilen lernen. (Shaftesbury: Selbstgespräch, S. 216f)

Das aber ist ein weites Feld für den modernen Roman, das Feld der Stimmungen und Launen, der Emotionen und vorbewussten Gedanken, der Vorurteile und subjektiven Leidenschaften. Bereits der Roman „La Nouvelle Héloïse" von Jean Jaques Rousseau (1712-1778), veröffentlicht 1764, folgt diesem Programm ebenso wie der wichtigste deutsche Roman der Empfindsamkeit vor der Romantik, der 1774 veröffentlichte Roman „Die Leiden des jungen Werthers" von Johann Wolfgang von Goethe (1749-1832). Dieser zeigt bereits im Titel die Affektthematik an. Aber auch die Romane der klassischen Moderne setzen hier an: vom Seelenschicksal der Madame Bovary über die inneren Erinnerungswelten Prousts, die Angstwelt des Josef K. in Kafkas „Proceß" bis hin zu den vor- und unterbewussten Ängsten und Assoziationen jener Großstadttypen, die das Personal von Döblins „Berlin Alexanderplatz" abgeben.

Aber wo eigentlich vollzieht sich der *Umbruch* der Literatur zum *modernen* Roman? Was unterscheidet den modernen vom vormodernen Roman? Halten wir zunächst einmal fest: Bereits in der Aufklärung und in der Empfindsamkeit des 18. Jahrhunderts konstituiert sich ein neuer, mit dem Begriff „Roman" verbundener Texttypus in Europa, der das Programm der *Selbsterforschung* und *Selbsterkundung* des Menschen verfolgt, das Programm eines *psychologischen Romans*, und das unterscheidet diesen Texttypus grundlegend von der antiken Epik und vom mittelalterlichen Versepos.

1.2.2 Roman und Bürgertum

Die große und einflussreiche „Ästhetik", die Georg Wilhelm Friedrich Hegel als Vorlesung 1817 und 1828/9 gehalten hat, widmet dem Roman nur ein paar kurze, aber wichtige Bemerkungen. Hegel nennt den Roman die „moderne bürgerliche Epopöe" (Hegel: Ästhetik II, S. 452). Epopöe: So nennt Hegel eine Gattung, die sich an das alte Epos anschließt, aber nun eine neue Qualität aufweist. Sie ist *bürgerlich* geworden. Das heißt eben: nicht mehr aristokratisch, wie das antike und auch das mittelalterliche Epos. Hegel schreibt:

> Hier tritt einerseits der Reichtum und die Vielseitigkeit der Interessen, Zustände, Charaktere, Lebensverhältnisse, der breite Hintergrund einer totalen Welt sowie die epische Darstellung von Begebenheiten vollständig wieder ein. Was jedoch fehlt ist der *ursprünglich* poetische Weltzustand, aus welchem das eigentliche Epos hervorgeht. Der Roman im modernen Sinne setzt eine bereits zur *Prosa* gewordene Wirklichkeit voraus [...]. (Hegel: Ästhetik II, S. 452)

Hegel vergleicht den modernen Roman mit dem alten Epos. Einerseits, so Hegel, findet sich auch im modernen Roman wie im alten Epos – so in Homers „Ilias" oder der „Odyssee" – eine ganzheitliche, „totale Welt". Andererseits aber ist im „Roman im modernen Sinne" nun alles anders geworden als im antiken und auch im mittelalterlichen Epos.

Nehmen wir das Moment des ‚Bürgerlichen' auf. Es kennzeichnet nach Hegel den neuen Texttypus. Bürgerlich aber meint zum einen die *bürgerliche Herkunft* der meisten Romanschriftsteller. Der *Autor* des bürgerlichen Romans ist selbst bis auf wenige Ausnahmen ein *bürgerliches Subjekt*. Der moderne bürgerliche Roman ist Produkt des Bürgertums und seiner Selbstfindung und Selbsterkundung.

Zum anderen aber – und vor allem darauf hebt Hegel ab – prägt auch die Übertragung der Romanwelt aus der aristokratischen in die *bürgerliche* Welt das *Milieu* der meisten modernen Romane. Damit einher geht eine *Ernüchterung, Desillusionierung* der Welt, wie sie die Neuzeit und die Aufklärung bewirkt haben. Der moderne bürgerliche Roman spielt nicht mehr in der fantastischen Welt von Göttern, Dämonen, Zauberern, sondern in der „*Prosa* gewordenen Wirklichkeit". Gerade darum hat sich übrigens in der Moderne neben dem bürgerlichen Roman auch eine neue Gattung eingenistet, die jene Zauberwelt auch wieder in die Literatur einführt: die *Fantasyliteratur.*

Noch einmal zurück zur Gegenüberstellung von Epos und Roman. Anknüpfend an Hegel hat Georg Lukács in der „Theorie des Romans" von 1920 beispielhaft die Welt des alten Epos von der modernen Welt des Romans unterschieden. Lukács schreibt:

> Selig sind die Zeiten, für die der Sternenhimmel die Landkarte der gangbaren und zu gehenden Wege ist und deren Wege das Licht der Sterne erhellt. Alles ist neu für sie und dennoch vertraut, abenteuerlich und dennoch Besitz. Die Welt ist weit und doch wie das eigene Haus, denn das Feuer, das in der Seele brennt, ist von derselben Wesensart wie die Sterne; sie

> scheiden sich scharf, die Welt und das Licht, das Licht und das Feuer, und werden doch niemals einander für immer fremd; (Lukács: Theorie des Romans, S. 22)

Die Welt des *Epos* war die *einheitliche mythische Welt*, in der Götter und Menschen, Dämonen und eine geistig belebte Natur miteinander existierten, eben jener „ursprünglich poetische Weltzustand", den Hegel als eine *vergangene* Form der Welt charakterisiert. Und so schreibt Lukács: „[...] wir können in einer geschlossenen Welt nicht mehr atmen" (Lukács: Theorie des Romans, S. 27). Denn: „Wir haben in uns die allein wahre Substanz gefunden [...]" (ebd.). Mit anderen Worten: Das *Ich* und seine *Innenwelt* ist an die Stelle der poetisch-mythischen Welt des antiken Epos getreten. Die literarische Moderne spielt nicht mehr in der einheitlichen Welt des Mythos, sondern in der *bürgerlichen Welt* und ist geprägt von der modernen bürgerlichen *Subjektivität.*

Damit kommen aber neue *Konfliktsituationen* in die Literatur. Der europäische bürgerliche Roman im bürgerlichen Milieu ist geprägt durch den *Konflikt* zwischen *Ich* und *Gesellschaft*. Der Protagonist oder die Protagonistin des bürgerlichen Romans ist nicht bruchlos eingepasst in die Gesellschaft, sondern steht in innerer Spannung zu ihr. Aus dieser *gesellschaftlichen Spannung* schöpft der Roman seine *narrative* Spannung. Denn das Bürgertum von der Aufklärung bis weit ins 20. Jahrhundert hinein vertritt – und dies europaweit – durchaus *konservative* Werte. Auch und gerade in moralischer Hinsicht. Die Protagonisten des modernen Romans aber loten vielfach die Grenzen der bürgerlichen Moral aus. Das muss sie zwangsläufig in Konflikt mit der bürgerlichen Gesellschaft und ihren Wertenormen bringen.

Wie aber stellt sich dieser Konflikt dar? Wenn es richtig ist, dass im modernen Roman nicht mehr die ‚Welt an sich', sondern Wirklichkeit immer in der Brechung subjektiver Perspektiven erscheint, dann kann der Konflikt zwischen Protagonist(in) und Gesellschaft selbst nur als *Perspektivenkonflikt* dargestellt werden. Das heißt aber: Im modernen Roman prallen verschiedene *Wirklichkeitssichten* aufeinander in der Form unterschiedlicher *Perspektiven* auf die Wirklichkeit. Werther sieht eben die Welt anders als sein Gegenspieler Albert, der romantische Held anders als die Bürgersfrau. Im klassischen modernen Roman sind es ebenfalls die Protagonisten: Emma Bovary, der Erzähler Marcel in Prousts Roman, das Ich Maltes im Roman Rilkes, Joseph K. im „Proceß", Ulrich im „Mann ohne Eigenschaften", Franz Biberkopf in „Berlin Alexanderplatz", die *ihre* subjektiven Weltansichten haben, die sich von den Wirklichkeitsperspektiven anderer Figuren unterscheiden. Das macht es schwierig, von *der* Wirklichkeit des Romans zu sprechen. Denn diese zeigt sich als ein Kaleidoskop divergenter Wirklichkeitsperspektiven. Diese perspektivische Wirklichkeitsform und korrelierende Erzählstruktur wiederum hat mit dem Begriff der Moderne zu tun.

1.3 Der Begriff der Moderne

1.3.1 modernus – antiquus

Die Formen des *modernen Erzählens* hängen mit dem Begriff der *Moderne* eng zusammen. Insofern ist es sinnvoll, einige Überlegungen zum Begriff und zur Epochenabgrenzung der Moderne auch in diese Romaneinführung einzubringen. Die *Moderne* ist ein Begriff, der in den letzten Jahrzehnten Karriere gemacht hat und zu einem Zentralbegriff der Soziologie, Philosophie und eben auch der Ästhetik und Literaturtheorie aufgestiegen ist. Zu den anstehenden Fragen der Forschung aber gehört die Frage: Wann eigentlich beginnt *die* Moderne? Und *was* kennzeichnet diese Epoche?

Die Forschung hat gezeigt, dass bereits in der Spätantike ein Epochenumbruch stattfindet, die den Begriff „modernus" polemisch von „antiquus" abgrenzt (Kemper: Ästhetische Moderne als Makroepoche, in: Vietta/ Kemper (Hg.): Ästhetische Moderne, S. 104f). In der Neuzeit beginnt mit der so genannten „Querelle d'Anciens et des Modernes" in Frankreich Ende des 17., Anfang des 18. Jahrhunderts eine polemische Abgrenzung der ‚Neuerer' gegen die Übermacht der Autorität der Antike. Noch 1797 will Friedrich Schlegel (1772-1829) in seinem Aufsatz „Über das Studium der griechischen Poesie" eine an der antiken Literatur orientierte objektive Schönheitslehre aufstellen, um allerdings dabei die Erfahrung zu machen, dass die „moderne Poesie" dieser antiken Leitvorstellung gar nicht mehr folgt. Was regiert nach Schlegel die Moderne? Die „subjektive ästhetische Kraft" und ihre Tendenz zum „Charakteristischen, Individuellen und Interessanten in der ganzen Masse der modernen Poesie". Schlegel beklagt sogar die Jagd nach dem „[...] Neuen, Pikanten und Frappanten, bei dem doch die Sehnsucht unbefriedigt bleibt" (Schlegel: Über das Studium, KA I, S. 228).

Wir haben bereits gesehen: Mit dem Roman vor 1800 verbindet sich eine starke Tendenz der *Verbürgerlichung* in dem Sinne, dass das Bürgertum als neue soziale Kraft die Autoren der modernen Romane stellt und auch Gegenstand des Romans wird.

1.3.2 Soziologischer Begriff der Moderne

Es waren *Politologen* und *Soziologen* aus den USA wie Talcott Parsons, Seymour Martin Lipset u. a., die nach dem Zweiten Weltkrieg einen Begriff der Moderne entwickelten, der sich am politischen und ökonomischen System der Vereinigten Staaten orientierte und Moderne wesentlich mit industriellem Zuwachs, Akkumulation von Reichtum, zunehmender sozialer Differenzierung, entwickelten Kommunikationssystemen, politischer Partizipation und einem damit verbundenen Wertewandel identifizierten. Diese Theorie resümiert Hans-Ulrich Wehler in seinem Buch „Modernisierungstheorie und Geschichte". Dabei deutet solche Modernisierungstheorie die in Frage stehende Epoche als einen *revolutionären*, *globalen* und *irreversiblen* Geschichtsprozess. Was in diesen amerikanischen Theorien zur Moderne weitgehend auf der Strecke blieb oder umgangen wurde, waren die *historischen Voraussetzungen*, *inneren Widersprüche* und auch *negativen Folgelasten* dieses Prozesses der Modernisierung. Die gesamte Dimension der *Mentalitätsgeschichte* und auch *Ästhetikgeschichte* der Moderne blieb weitgehend ausgeklammert bzw. schrumpfte zum Annex an die ökonomische und politische Geschichte der Moderne am Modellbeispiel der USA.

In Deutschland hat Niklas Luhmanns Systemtheorie den Begriff der Moderne stark gemacht. Er definierte Moderne wesentlich durch einen Prozess der *Systemdifferenzierung* und *sozialen Alterierung*. Nicht nur realisiert sich Moderne nach Luhmann als ein Prozess der Ausdifferenzierung von Systemen gegeneinander, sie vollzieht sich sozial auch durch eine permanente Form der Differenzierung von Individuen und Gruppen gegeneinander, durch soziale *Exklusion* mithin und dies im Gegensatz zum Inklusionsmodell traditioneller Gesellschaften. „Zu den wenigen Konstanten in der hundertjährigen akademischen Geschichte der Soziologie gehört die Annahme, dass die moderne Gesellschaft durch ein besonderes Ausmaß und durch eine eigentümliche Form sozialer Differenzierung zu kennzeichnen sei." (Luhmann: Die Kunst der Gesellschaft, S. 215)

Zu erwähnen sind in Deutschland auch die Forschungen von Ulrich Beck, der den Begriff der modernen Gesellschaft mit dem Begriff der *Reflexivität* koppelt und den gegenwärtigen Zustand als einen der reflexiv gewordenen Moderne charakterisiert (Beck u. a.: Reflexive Modernisierung, insbes. S. 289ff). Zumindest aus literaturwissenschaftlicher Sicht aber ist diese Charakterisierung nur bedingt hilfreich, weil sich die ästhetische Moderne um 1800 bereits in der Frühromantik durch das Merkmal der Selbstreflexivität als solche ausweist.

Generell kann man sagen: Die *mentalitätsgeschichtlichen* Folgen der Moderne kann die Soziologie zumeist in dem Maße nicht fassen, wie ihr die Dokumente und auch Analysemethoden dazu fehlen. Die Modernisierung vollzieht sich ja nicht nur als eine revolutionäre Umwandlung der Produktions- und Distributionsbedingungen, der Medien und Institutionen, sondern auch als eine Geschichte der *Mentalitäten*, welche diese Prozesse begleiten. Wie erfahren die *Menschen* die Prozesse der Modernisierung? Der *Roman* ist ein ausgezeichnetes Medium zur Erforschung der *Mentalität der Moderne*. Dabei wird sich zeigen, dass die Moderne im großen europäischen Roman *kritisch* wahrgenommen wird, zumal sie auf diesem Kontinent bis Mitte des 20. Jahrhunderts nicht mit einer den USA vergleichbaren stabilen Demokratisierung einherging.

1.3.3 Periodisierung und Mentalitätsproblematik

Bevor wir aber auf den Roman zu sprechen kommen, noch ein Wort zur *Periodisierung* der Moderne. Wir können beobachten, dass es in der Moderne seit der Romantik permanent *Modernisierungsschübe* gibt. Das ist kein Wunder. Die Moderne versteht sich und vollzieht sich ja selbst als ein permanenter Prozess der radikalen Veränderung, eben Modernisierung der Gesellschaft. Bereits die auf die Romantik folgende Bewegung der so genannten „Jungdeutschen Literaten" bewegt sich in einem ganz anderen Fahrwasser des neuen Zeitbewusstseins als die Romantik und versteht sich – gegenüber jener – als „moderne" Literaturströmung. Ebenso sehen sich der so genannte Realismus, Naturalismus, Symbolismus, Futurismus, Expressionismus und die anderen Avantgardebewegungen vor und nach 1900 jeweils als ‚modernere' Literaturströmung gegenüber den vorgängigen älteren.

Im Naturalismus wird im Kontext solcher Diskussionen der Begriff „die Moderne" auch nominalisiert: Der Literat Eugen Wolff prägt den Begriff in seinem Beitrag „Die jüngste deutsche Literaturströmung und das Prinzip der Moderne" von 1888 (in: Wunberg (Hg.): Die literarische Moderne, S. 3ff). Die Literatur um 1900 ist dann, wie der Romanist Peter Bürger herausgearbeitet hat, eine Folge sich überschlagender

Avantgarden moderner und modernster Literatur- und Kunstströmungen, die sich in ihrem Innovationsgehalt gegenseitig auszustechen versuchen, um jeweils den neuesten Stand der Ästhetik vertreten zu können (Bürger: Theorie der Avantgarde, S. 81ff).

In der Tat verändert sich Ende des 19., Anfang des 20. Jahrhunderts insbesondere der mitteleuropäische Raum in und um Deutschland rapide durch Industrialisierung, Urbanisierung und auch die Revolutionierung der Medien und Verkehrstechniken. Die Erfindung der Eisenbahn überzieht Mitteleuropa im Verlauf des 19. Jahrhunderts mit einem rasch wachsenden Verkehrsnetz von Schienen, das eine neue Form der Mobilität eröffnet. Auch die in diesem Prozess rasch wachsenden Städte werden durchzogen von neuen Transportsystemen wie U-Bahn, S-Bahn, in Berlin vollzieht sich der Ausbau dieser Netze bereits vor und nach 1900.

In der modernen Romanliteratur finden sich die Spuren der Industrialisierung und Urbanisierung allerorten. Im Roman „Madame Bovary" von Flaubert, der in der französischen Provinz angesiedelt ist – woran die Titelheldin leidet –, beschwören Lokalpolitiker auf einer „Jahresversammlung der Landwirte" den Fortschritt Frankreichs: „[…] Überall stehen Handel und Kunst in Blüte, überall stellen neue Verkehrswege wie neue Arterien im Staatskörper neue Verbindungen her. Unsere großen Fabrikzentren funktionieren wieder." (Flaubert: MB, S. 169; s. Kap. 2) Der Erzähler in dem von uns analysierten Roman Prousts dagegen beschwört eher das vorindustrielle Frankreich, aber eben als Gegenwelt zur aufkommenden Industrialisierung (Kap. 3). Rilkes „Malte Laurids Brigge" ist der erste Großstadtroman in deutscher Sprache, der die Lebensbedingungen der Moderne am Großstadtraum Paris Anfang des 20. Jahrhunderts auslotet (Kap. 4). Kafkas Joseph K. im „Proceß" ist höherer Bankangestellter, also bereits Repräsentant einer neuen städtischen Angestelltenschicht. Die Angstwelt einer neuen totalitären Politik prägt die Mentalität des Protagonisten dieses Romans (Kap. 5). Musils „Mann ohne Eigenschaften" repräsentiert eine durch den Weltkrieg untergehende Monarchie und in dem Protagonisten Ulrich zugleich einen diffusen („ohne Eigenschaften") Zustand der Subjektivität in der Moderne (Kap. 6). Döblins „Berlin Alexanderplatz" schließlich ist *der* repräsentative Berlin-Roman des 20. Jahrhunderts mit beispielhafter Funktion auch für die Gegenwartsliteratur (Kap. 7).

Trotz der Spuren von Industrie, Großstadt, neuen Kommunikationsformen wie Telefon, Telegraf, Eisenbahnen, Autos, den neuen Medien Massenpresse und Illustrierte – letztere spielen in Döblins Roman eine wichtige Rolle –, führen diese soziologischen und realpolitischen Veränderungen *nicht* ins Zentrum der Problematik des modernen Romans. Die Problematik, die sich hier zeigt, ist eine andere: Es ist die Problematik der *modernen Subjektivität* in der Gesellschaft, ihrer inneren Gebrochenheit und Zerrissenheit angesichts der Moderne, und an ihr erkennen wir eigentlich den Mentalitätswandel, den die Moderne als Geschichtsprozess für den Menschen bedeutet. Wir gehen daher zunächst noch einmal auf den Begriff der Subjektivität in der Moderne ein und vertiefen dabei jene Ergebnisse, die wir im Abschnitt 1.3 über den Begriff des Romans bereits gewonnen haben. Insbesondere entwickeln wir einen Begriff des *modernen Erzählens* aus dem Begriff der Subjektivität.

1.4 Moderne Erzähltheorie

1.4.1 Subjektivität als charakteristisches Merkmal der modernen Erkenntnistheorie

Auch in der Philosophie und Erkenntnistheorie des späten 18. Jahrhunderts vollzieht sich eine *revolutionäre Modernisierung*. Zur Bahn brechenden Einsicht der Philosophie der Aufklärung gehört, dass wir von einer Wirklichkeit ‚an sich' und unabhängig von unserer Wahrnehmung gar nicht sprechen können. Eine solche Welt ‚an sich' mag es für ein göttliches Bewusstsein geben, aber *wir* wissen nichts davon. Alles, was wir als *Menschen* von der Welt der Dinge wissen, ist immer durch unsere menschliche Wahrnehmung der Welt geprägt und gebrochen.

Für die Erkenntnistheorie der Aufklärung, so Immanuel Kant (1724-1804) und Johann Gottlieb Fichte (1762-1814), ist das *Ich* selbst der Angelpunkt und das Produktionszentrum für den Erkenntnisprozess, für das, was nach Maßgabe *unseres* Erkenntnisapparates noch ‚wirklich', bzw. ‚wahr' heißen kann. Und wenn diese Erkenntnistheorie der Aufklärung noch durchaus den Anspruch einer intersubjektiven Gültigkeit beansprucht, so werden doch hier die Begriffe der Erkenntnis und der Wirklichkeit wie der Wahrheit selbst in einem neuzeitlichen Sinne *perspektivisch*. ‚Wirklich' kann nur heißen, was nach Maßgabe des menschlichen Erkenntnisapparates erkannt werden kann. Alles andere gehört, so nennt das Kant in seiner „Kritik der reinen Vernunft", zum „Ding an sich", von dem wir keinerlei Kenntnis haben können.

Insofern bestand die Modernisierung der *Philosophie* wesentlich darin, dass sie die Frage nach den Gegenständen der Welt einklammerte zugunsten der Erforschung der „Erkenntnisart der Gegenstände". Die neue, selbstreflexive Forschungsrichtung der Vernunftphilosophie hatte Kant im Begriff der „transzendentalen Erkenntnis" zusammengefasst (Kant: Kritik der reinen Vernunft B, S. 45f). In der Erkenntnistheorie der Aufklärung vollzieht sich so ein *Erkenntniswandel*: Die menschliche Erkenntnis erkennt *reflexiv* ihre eigene Bewusstseinsstruktur als Voraussetzung *unserer,* d. h. der *menschlichen* Erkenntnis von Wirklichkeit. Was im Sinne der menschlichen Erkenntnis ‚Wirklichkeit' genannt werden kann, kann nur mehr noch unter der Perspektive dieser unserer Erkenntnisformen so erkannt und gedacht werden.

Die Wege der Übertragung der Erkenntnistheorie der Aufklärungsphilosophie auf die Ästhetik habe ich in dem Buch „Ästhetik der Moderne" dargestellt (Vietta: Ästhetik der Moderne, S. 121ff und S. 179ff). Entscheidend ist, welche Konsequenzen die moderne Erkenntnisphilosophie auch für die *Erzähltheorie* hat. Sie kann – im Medium der fiktionalen Welt der Erzählung – eben auch nicht mehr von einer Erzählwirklichkeit ‚an sich' ausgehen, sondern muss den *subjektiven* Charakter der *Wirklichkeitswelten* des Erzählers und seiner Figuren in der Erzähltheorie mitreflektieren.

Ein solcher Ansatz entspräche auch neueren *neurophysiologischen* Theorien. Auch sie gehen davon aus, dass sich Wirklichkeit erst durch komplexe Prozesse der Dekodierung von Sinnesdaten im Bewusstsein des Betrachters bildet. „Kognitive Systeme müssen in der Lage sein, komplexe Anordnungen von Merkmalen zu distinkten, perzeptuellen Objekten zu gruppieren." (Singer: Der Beobachter im Gehirn, S. 150) Wie und wo im Gehirn diese Prozesse genau ablaufen, wie sie mit dem Sprachzentrum verkoppelt sind, ist allerdings noch wenig erforscht. Aber entscheidend ist auch hier die Einsicht: ‚Wirklichkeit', ‚Welt' sind keine Gegebenheiten ‚an sich', sondern formieren sich allererst im Bewusstsein des Subjekts und dies in einem hochkomplexen Prozess, der seinerseits komplexe Voraussetzungen umfasst wie die biographische, kulturelle, epochengeschichtliche Formierung eines Bewusstseins. Die Erzählwirklichkeit der Figuren eines Romans umfasst zudem die Tradition der Literatur, also die intertextuellen Bezüge eines Romans. Welche Auswirkungen hat diese Einsicht in die komplexe Genese unseres Bewusstseins für die Erzähltheorie?

1.4.2 Subjektivität als charakteristisches Merkmal der modernen Erzähltheorie

Die moderne Erkenntnisphilosophie hat auch für die *Literatur* eminente Folgen. Das literarische Schreiben wird seit der Romantik als ein Ausdruck der *Subjektivität* begriffen und unter diesem Gesichtspunkt auf ein *wahrnehmendes, erkennendes, fühlendes Subjekt* hin perspektiviert. Der Romantiker Novalis (1772-1801) formuliert diese Einsicht als ein Grundprinzip der modernen Ästhetik:

> Das Ich muß sich, als darstellend setzen. [...] Es wird damit nur angedeutet, daß nicht das Obj[ect] qua solches sondern *das Ich*, als Grund der Thätigkeit, die Thätigkeit bestimmen soll. (Novalis: Das philosophische Werk I, HKA II, S. 282)

Für die *Erzählliteratur* bedeutet dies, dass das Erzählen selbst bewusst an ein Ich rückgebunden wird, das die „Thätigkeit" des Erzählvorgangs ‚setzt', bzw. in Gang hält. Das ist in erster Instanz natürlich der *Autor* selbst, der aber im Text selbst nicht anwesend ist, sondern nur durch eine vermittelnde Instanz spricht: den *Erzähler*. Der Erzähler – und durch ihn die *Figuren* des Romans – sind der „Grund" für jene Erzählwirklichkeiten, die wir im Roman antreffen.

Um die Folgelasten dieses Ansatzes für die Erzähltheorie zu begreifen, müssen wir uns kurz auf den Stand der Erzähltheorie einlassen. Dieser ist gut formuliert zugänglich in der „Einführung in die Erzähltheorie" von Matias Martinez und Michael Scheffel. Es sind im wesentlichen zwei traditionelle Modelle der Erzähltheorie, die hier referiert werden:

(1) das Modell von Franz Stanzel „Typische Formen des Romans", bzw. „Theorie des Erzählens" und

(2) das Modell von Gérard Genette „Die Erzählung".

Daneben gibt es natürlich eine Vielzahl anderer Studien insbesondere zur Zeitstruktur des Erzählens wie die Studie von Eberhard Lämmert „Bauformen des Erzählens" und Harald Weinrich „Tempus. Besprochene und erzählte Welt", Michail Bachtin „Formen der Zeit im Roman" und zur Raumstruktur wie die „Poetik des Raumes" von Gaston Bachelard.

Im Zentrum der Erzählforschung (1) steht der Begriff der *Erzählperspektive*, im Zentrum der Forschung (2) der Begriff der *Diegese*, d. h. der erzählten Welt, den Genette von Platon übernimmt. Gehen wir kurz auf den Stand dieser Forschung ein.

(1) *Erzählperspektive:* Franz Stanzel war ein Anglist und er transponierte Begriffe der englischsprachigen Erzählforschung in den deutschsprachigen Raum. Der Begriff der Erzählperspektive kommt aus der

Anglia und geht zurück auf Überlegungen von Henry James, Percy Lubbock, Wayne Booth, Norman Friedman und auch dem Anglisten der ehemaligen DDR, Robert Weimann. Im Wesentlichen ging es dabei um die Frage, von welchem *Standort* aus der Erzähler seine Erzählwirklichkeit sieht und beschreibt. So hatte Percy Lubbock formuliert: „The whole intricate question of method, in the craft of fiction, I take to be governed by the question of the point of view – the question of the relation in which the narrator stands to the story." (Lubbock: Craft of fiction, S. 73) Im gewissen Sinne wird hier die „story" quasi vorausgesetzt, zu der der Erzähler eben diesen oder jenen Standpunkt einnehmen kann. Die *genetische, wirklichkeitserzeugende* Funktion des Erzählers bleibt dabei unterbestimmt. In diesem Sinne hatte schon Weimann die klassische Erzähltheorie des „point of view" kritisiert, dass hier „der *point of view* als eine Beziehung des Erzählers zum Erzählten gesehen werde" und dabei auch „der Begriff der story" unklar sei (Weimann: Erzählstandpunkt und point of view, S. 373). Die Erweiterung des Begriffs der Erzählperspektive, die Weimann dann vorschlägt, nämlich den Begriff der „Perspektive" auch im Sinne einer weltanschaulichen Wirklichkeitsinterpretation zu deuten (Weimann S. 388ff), ist zwar eine Weiterung gegenüber dem dominant optischen Begriff der Perspektive, aber erfasst auch noch zu wenig die *wirklichkeitsgenerierende* Funktion der Erzählung.

Wie gesagt: Bekannt gemacht hat diese Theorie der Erzählperspektive in Deutschland Fanz Stanzel mit einem sehr griffigen Modell, in welchem er drei Erzählperspektiven voneinander unterscheidet: den *auktorialen* Erzähler, der quasi über dem Erzählgeschehen stehend in alle Figuren der Erzählung blicken kann und der das Geschehen auch aus einer weltanschaulichen Übersicht erklären und deuten kann. Das ist historisch gesehen vor allem der Erzähler der Romanliteratur des 18. Jahrhunderts (Stanzel: Typische Formen des Romans, S. 16). Vom auktorialen Erzähler unterschieden wird der *Ich-Erzähler*, der das Geschehen selbst „erlebt, miterlebt oder beobachtet" oder durch einen anderen Akteur in Erfahrung gebracht hat (Stanzel: Typische Formen des Romans, S. 16). Der dritte Typus ist der *personale Erzähler*, der sich weitgehend persönlicher Kommentare enthält und die Illusion erzeugt, „er befände sich selbst auf dem Schauplatz des Geschehens oder er betrachte die dargestellte Welt mit den Augen einer Romanfigur, die jedoch nicht erzählt, sondern in deren Bewusstsein sich das Geschehen gleichsam spiegelt." (Stanzel: Typische Formen des Romans, S. 17) Historisch gesehen sind es die letzten beiden Erzähltypen, die für den modernen Roman charakteristisch sind.

Worin aber liegt das Problem dieser Erzähltheorie? Es liegt in dem vorausgesetzten Begriff des „Geschehens", bzw. der „dargestellten

Welt", als sei dieses „Geschehen" und die „dargestellte Welt" ‚an sich' da und das Problem der Erzähltheorie bestünde nur darin, aus welcher Perspektive der Held – und durch ihn der Erzähler – dieses „Geschehen" sieht. Die Irreführung der Erzähltheorie besteht bereits im optischen Begriff der Perspektive. Sie scheint vorauszusetzen, dass es ein „Geschehen" gibt, das man eben aus dieser oder jener Perspektive anschauen kann.

Aber so funktioniert weder das moderne Erzählen noch der Begriff der Perspektive. Denn ‚Perspektive' bedeutet bereits – und das kann man an den perspektivischen Bildern der Renaissance studieren – eine Form der *Konstruktion* des *Sehgegenstandes* aus der Sicht und mit Hilfe der Sehstrahlen eines subjektiven Betrachters. In diesem Sinne ist das „Geschehen" nicht einfach da, sondern wird allererst in der Perspektive *konstruiert.* „Die Zentralperspektive ist die große Erfindung der Bildimagination der Renaissance. [...] Ihr Konstruktivismus leitet nun auch einen Prozess der *Neuentdeckung* und genauen *Darstellung* der Realität des Diesseits ein. Bis zum Ende des 19. Jahrhunderts wird die Zentralperspektive das Beobachterschema der europäischen Malerei vorgeben." (Vietta: Europäische Kulturgeschichte, S. 325)

Noch viel mehr gilt dies für die *Erzähl*perspektive. Sie *blickt* nicht nur auf das Geschehen, sondern *erzeugt* es allererst. Es gibt kein „Geschehen", das dann so oder so gesehen würde, sondern dieses konstituiert sich selbst als ein *Produkt* des Erzählers und seiner Figuren.

Stanzel hat seine Theorie erweitert und differenziert in der „Theorie des Erzählens" von 1978, in welcher er die Begriffe „Außen- und Innenperspektive" einführt (Stanzel: Theorie des Erzählens, S. 177ff). Diese Binnendifferenzierung beseitigt aber nicht wirklich den angemahnten Problempunkt einer *generativen Funktion* des Erzählens. Gleichwohl ist die Unterscheidung von personalem, auktorialem und ichhaftem Erzählen, von Außen- und Innenperspektive hilfreich, wenn man die Kritik daran mitberücksichtigt.

(2) Das Modell der *Diegese* von Genette bestimmt heute die Erzähltheorie sehr weitgehend. Sie erlaubt differenzierte Unterscheidungen, so die zwischen *extradiegetischer* und *intradiegetischer* Erzählung. Gemeint ist damit eine Erzählung erster Stufe (extradiegetisch), die zu einer Rahmenerzählung wird, sobald sie eine Erzählung zweiter Stufe (intradiegetisch) in sich einbaut (Martinez/ Scheffel: Einführung in die Erzähltheorie, S. 75ff). In romantischen Erzähltexten spielt das eine wichtige Rolle, aber weniger in jenen Romanen, die wir hier als Romane der klassischen Moderne analysieren.

Eine weitere Unterscheidung von Genette ist die zwischen *homo-* und *heterodiegetischem* Erzählen. Gemeint ist damit eine Form der Erzählung, in welcher der Erzähler als Figur in seiner Erzählung vorkommt (homodiegetisch) in Abhebung von einer Form der Narration, in welcher der Erzähler nicht zu den Figuren seiner Handlungswelt gehört (heterodiegetisch). Im „Werther" wechselt ein intradiegetisch-homodiegetisches Erzählen am Ende zu einem extradiegetisch-heterodiegetischen Erzählen, welches bereits die Erzählung einleitet. So wird eine Rahmenerzählung in eine Binnenerzählung überführt, in welcher der Erzähler zugleich handelnde Person ist – Werther – und wieder zurück in eine Rahmenerzählung, in welcher der Erzähler nicht zum Handlungsgeschehen gehört. Mit diesen Kategorien können wir auch in unserer Analyse arbeiten.

Wesentlich ist auch eine Unterscheidung Genettes, die zwischen *Modus* und *Stimme*. Mit *Modus* meint Genette: aus welcher Perspektive eine Figur ein Geschehen *sieht*. Er nennt dies auch „Fokalisierung". Dem auktorialen Erzähler entspräche nach Genette eine „Nullfokalisierung", dem personalen Erzähler eine „interne Fokalisierung", diese abgehoben von einer „externen Fokalisierung" im Sinne einer Außensicht auf das Geschehen (Genette: Die Erzählung, S. 115ff; Martinez/ Scheffel: Einführung in die Erzähltheorie, S. 62ff). Dabei geht es auch hier um die Perspektivierung der Darstellung in Bezug auf die Figuren und ihren Blick auf das Erzählgeschehen.

Stimme dagegen meint – quasi hinter dem Rücken der Figuren – die Möglichkeit der *Distanznahme* des Erzählers zum Blickwinkel der Figuren. „Stimme" bezeichnet somit eine Form der „Distanz" des Erzählers zu seinen Figuren und damit auch zum Erzählgeschehen. Die Stimme, so sagt Genette, thematisiert den Aspekt der Subjektbezogenheit der verbalen Handlung, „wobei das Subjekt hier nicht nur das ist, das die Handlung vollzieht oder erleidet, sondern […] von ihr berichtet." (Genette: Die Erzählung, S. 151; Martinez/ Scheffel: Einführung in die Erzähltheorie, S. 67ff)

Einmal mehr stellt sich hier die Frage: Was heißt hier Handlung, was leistet Erzählung? Natürlich ist Genette wie jedem Erzähltheoretiker klar, dass die Erzählwirklichkeit eine *Fiktion* ist, die der Autor und dieser wiederum durch den Erzähler im Text erzeugt. Aber gleichsam hinter dem Rücken dieser Einsicht schleicht sich immer wieder die Vorstellung ein, dass eben die Frage der „Fokalisierung" bzw. der „Stimme" die Frage der Sichtweise auf oder Distanznahme zu dem „Geschehen" oder der „Handlung" bedeute, als sei eben diese selbst als eine an sich seiende Wirklichkeit im Medium der Fiktion gegeben. Diese kann dann auf Raum- Zeitstrukturen untersucht werden wie die ‚wirkliche Welt', die aber ihrerseits – das eben war ja die Einsicht der modernen Erkenntnisphilosophie – auch nicht ‚an sich' gegeben ist, sondern ein Produkt unseres Wahrnehmungsapparates. Wenn wir unsere Einsicht in die Subjektivität von Erzählprozessen auf die Erzähltheorie übertragen, ergibt sich die Möglichkeit einer anderen Form der Kategorisierung der Erzählwirklichkeit und somit eine andere Form der Erzähltheorie.

1.4.3 Zur Typologie des modernen Erzählens nach Modi der Subjektivität

Wenn wir die bereits von der Philosophie und Erkenntnistheorie der Aufklärung entdeckte *konstitutive Bewusstseinsleistung* bei der Strukturierung von Wirklichkeit ernst nehmen, so hat dies enorme Folgen für das Verständnis von Literatur generell, von moderner Literatur insbesondere. Im konstitutiven Akt des Erzählens werden Raum und Zeit, werden Personen und Handlungsmuster *entworfen*. Demgemäß muss eine moderne Erzähltheorie dem *Entwurfscharakter* der modernen Erzählwirklichkeit Rechnung tragen. Und dazu ist es hilfreich, sich noch einmal dem Begriff der Subjektivität zuzuwenden.

Das *moderne Ich* des Romans, so sagten wir, ist eine *komplexe* Einheit und weiß dies. Das Ich ist selbst der Entstehungsort für *Gefühle* und die entsprechenden *Gefühlswelten*, für die *Imagination* und die entsprechenden *Vorstellungswelten*, die *Erinnerung* und ihre *Erinnerungswelten*, für die *sinnliche Wahrnehmung* und ihre *Wahrnehmungswelten*, für die *Assoziation* und ihre *Assoziationswelten*, für die *Reflexion* und ihre *Reflexionswelten*. Zum Teil sind diesen ganz unterschiedlichen Bewusstseinsfunktionen auch ganz unterschiedliche Gehirnareale zugeordnet. Wir sprechen im Folgenden in Bezug auf diese Bewusstseinsfunktionen von den *Modi* des Bewusstseins, bzw. der Subjektivität.

Wenn wir nun von einem komplexen Aufbau des Ich ausgehen, können wir sagen, dass den Modi und ihren unterschiedlichen Bewusstseinsfunktionen auch ganz *unterschiedliche Figuren, bzw. Protagonisten* entsprechen, die ihrerseits sehr unterschiedliche *Erfahrungswelten* entwerfen. Den unterschiedlichen Typen von Subjektivität, verkörpert in den unterschiedlichen Romanprotagonisten, entsprechen auch unterschiedliche Weltsichten. Und mit den unterschiedlichen Typen und Weltsichten wechselt auch die Typik des *Textes* (Vietta: Ästhetik der Moderne, S. 179ff).

Andersherum formuliert: Die Erzählwirklichkeit, die wir im Roman lesend vorfinden, ist immer die Erzählwirklichkeit in der *subjektiven Brechung* der *Romanfiguren* und somit letztlich *des Erzählers*. Was uns der Erzähler zeigt und allein zeigen kann, sind immer *subjektiv entworfene Welten*, und wenn sich der Erzähler mit seiner „Stimme" zustimmend oder distanzierend dazu verhält, ist das auch nur eine Äußerung einer Subjektivität unter anderen.

Damit wird die Analyse von Erzählwelten komplizierter. Wir können nicht mehr davon ausgehen, dass in einem Roman wie „Madame Bovary" eine Erzählwirklichkeit ‚an sich' gegeben ist. Vielmehr haben wir von den Romanfiguren entworfene *unterschiedliche Weltsichten*, so die schwärmerische der Emma Bovary, die im Verlauf des Romans übergeht in eine angstvoll getriebene und sich unterscheidet von der eher nüchtern-pragmatischen, aber auch unsensiblen ihres Mannes Charles. Wiederum sind die Verführer Rodolphe und Léon eher rationale Figuren, welche den Einsatz ihrer Rhetorik und Verführungsrituale genau kalkulieren. Bei aller Zurückhaltung haben wir dabei auch die Stimme des Erzählers, der zeichenhaft vorausdeutende und auch kritische Hinweise auf die in den subjektiven Wahrnehmungswelten der Figuren implizierten Handlungsstrukturen gibt. Die *Entfremdungsproblematik* dieses modernen Eheromans zeigt sich erst in der vollen Schärfe, wenn wir die Theorie der *subjektiven Welten* in der fiktiven Welt des Romans ernst nehmen. In dem Maße, wie es eigentlich keine Brücke gibt zwischen Emmas Welt und der Welt ihres Mannes in der als kalt gezeichneten französischen Provinzwelt – und das zeigt sich schon bald nach der Eheschließung –, ist praktisch die Katastrophe des Romangeschehens vorprogrammiert.

Und Ähnliches zeigt sich auch in den anderen Beispielromanen unserer Analyse: So schildert Proust die eigene Erinnerungswelt des Marcel einschließlich des großen Arsenals von erinnerten Figuren in seinem Romanwerk, Rilkes „Malte" spricht homodiegetisch aus der Binnenperspektive des Ich-Erzählers und seiner Erinnerungen und Reflexionen. Kafkas heterodiegetischer Erzähler wiederum führt uns in die ganz und gar von angstvoller Reflexion durchsäuerte Bewusstseinswelt des Joseph K. im Roman „Proceß". In Musils „Mann ohne Eigenschaften" wiederum dominiert in heterodiegetischer Sicht die analytische Perspektive des Protagonisten Ulrich auf die untergehende Welt Österreichs, also seine Reflexionswelt angesichts dieser politischen Katastrophe. In Döblins „Berlin Alexanderplatz" schildert ein heterodiegetisches Erzählen die Weltsicht eines Großstadtverlierers wie Franz Biberkopf und erkundet dabei vor allem die vor- und unbewussten Assoziationen seiner Figuren.

Denn das ist ein Merkmal der modernen Romane, die wir in diesem Buch analysieren: Das Bewusstsein ihrer Protagonisten gründet in Zonen des Vor- und Unbewussten und dies vielfach im emotionalen Modus der *Angst*. Emma Bovary versucht so am Ende verzweifelt sich aus den Schuldverstrickungen des Wucherers Lheureux zu lösen, Kafkas Josef K. plant in angstgetriebenen Überlegungen, wie er sich von seinem Advokaten trennen kann, in Döblins Figur der Mieze ist die Angst vor Reinhold zur Panikattacke gesteigert. Solche Erkundungen der Tiefenzonen der Ängste und der Angst sind typisch für den modernen Roman. Sie unterscheiden aber auch die genannten Romane vom Reflexions-Ich Ulrichs im „Mann ohne Eigenschaften". Dieser reflektiert seine Zeit aus und mit Distanz, die Reflexionen der genannten Figuren aber stehen unter dem Diktat der Angst und erzeugen daher keine gut durchdachten Gedankengänge, sondern eher reflexartige Schutzbewegungen.

Wenn wir mit den Modi des Bewusstseins unterschiedliche *Perzeptionsformen* der Subjektivität unterscheiden, ergeben sich daraus auch unterschiedliche *Texttypologien*. *Emotionale* ‚Helden' wie Goethes Werther oder eben auch Emma Bovary produzieren ihre eigene emotionale Weltsicht, die sich in der Form persönlicher Briefe oder auch schwärmerischer Reden kundtun kann und die ihre eigene Grammatik und Semantik haben. Der Erzähler Flauberts parodisiert bereits diese zum Teil aus Liebesromanen zusammengeklaubte Rhetorik des Gefühls. Prousts Erzählstil dagegen ist durch die Bewusstseinsform der *Erinnerung* geprägt, die er auch als Akt des Erinnerns und Geburt der Erzählwirklichkeit aus ihr vorführt. Die Welt des erinnerten Ich wiederum ist in diesem autobiographischen Roman geprägt von den Figuren dieser Erinnerung und ihren Sprechformen wie jene Tante Léonie, bei der der junge Marcel das Ritual des Teeaufkochens und Madeleine-Eintauchens kennenlernt.

Rilkes „Malte" ist geprägt von einem Ich-Erzähler, bei dem zunächst der Modus der *sinnlichen Wahrnehmung* dominiert, indem er seine eigene Wahrnehmung gerade den erschreckenden Eindrücken der Großstadtwirklichkeit von Paris aussetzt. Diese Textpartien sind durch kurze protokollartige Beobachtungssätze der sinnlichen Wahrnehmung – Sehen, Riechen, Hören – geprägt, verbunden mit einer Form des visionären, imaginativen Sehens. Der Text geht dort, wo Malte sich seiner Elternhäuser erinnert, über in autobiographische *Erinnerungs*literatur mit einer eigenen Semantik und Syntax.

Kafkas „Proceß" gilt als ein klassischer Roman der personalen Erzählperspektive, wobei der Erzähler allerdings in deutlicher Distanz zu seinem ‚Helden' verharrt. Zur Konstruktion dieser Erzählwelt gehört aber die *Gegenläufigkeit* von Erzählerwissen und den Einsichten des Protagonisten. In dem Maße wie der Erzähler die Totalität der Bedrohung der Macht inszeniert, reduziert sich das Bewusstsein des Helden auf ein ‚müdes' und angstbesetztes Kreisen seiner Gedanken um die Prozesswelt.

Der Erzähler allerdings teilt sein Wissen nicht explizit mit, sondern offenbart es in der *Konstruktion* seiner Erzählwelt. Kafkas Erzähler erzeugt geradezu eine Laborszenerie, in welcher ein Gefangener Ausbruchversuche macht und sich dabei immer mehr in den Netzen der Gefangenschaft verheddert, um am Ende widerstandslos hingerichtet zu werden.

In Musils Roman herrscht ein anderer Modus des Bewusstseins vor: die *explizite Reflexion*. Alles, was in diesem Roman geschieht, bricht sich in den ausführlichen und sorgsam durchdachten Gedankengängen des Helden, und diese Reflexion – einschließlich der gegenläufigen Argumente und auch der Reflexionen anderer Figuren – konstituiert die Erzählwirklichkeit dieses Romans.

Döblins ‚Held' und seine Weltsicht sind relativ unreflektiert, dagegen stärker von *Assoziationen* und *Emotionen* geprägt. Das ergibt eine neue, andere Erzählwirklichkeit, die ihrerseits vom Erzähler selbst kritisch kommentiert und auch mythisch überhöht wird. Der Erzähler des „Berlin Alexanderplatz" hat in diesen Roman auch große Mengen Textmaterial eingefügt, die das Leben der Stadt und ihrer Systeme – Transport, Verwaltung, Politik usw. – spiegeln und somit das Prinzip der Subjektivierung des Erzählens und der Erzählwirklichkeiten ergänzen.

1.4.4 Raum und Zeit

Konsequenz unseres Ansatzes bei den Modi der Subjektivität der Protagonisten und des Erzählers ist, dass die Strukturen von *Raum* und *Zeit* der Erzählwirklichkeit selbst mit diesen Modi nicht nur korrelieren, sondern geradezu von ihnen erzeugt werden. So entwirft Emma Bovary eine aus der Liebesliteratur geschöpfte *Traumwelt*, die ihr die französische Provinzrealität verhasst macht und sie sich immer mehr in eine Scheinwelt schwärmerischer Liebesbeziehungen und auch des Luxus versteigen lässt, die sich am Ende auch als Schuldenfalle um sie legt. In dieser Situation sucht sie verzweifelt den Tod. Die Raum- Zeitstruktur des Erzählers in diesem Roman folgt diesen Wahrnehmungsperspektiven. In der Schilderung der Orte, so des französischen Provinzortes Yonville, findet sich keineswegs einfach jene „impersonalité", die Flaubert selbst als seine Erzählleistung rühmt, sondern sehr wohl eine *Perspektivierung* der Raumwahrnehmung auf jene Emma Bovary hin, die an solchem Ort, wie ihn der Erzähler schildert, niemals glücklich werden kann, bzw. antizipiert der Erzähler bereits in seiner Darstellung der öden Provinzstadt die Enttäuschung der Protagonistin und damit die Katastrophe der Handlung. Yonville ist ein öder Ort, an dem eine Emma

Bovary auf die Dauer und nach den Enttäuschungen ihrer Liebesaffären keinen Ausweg finden wird.

Ganz anders dagegen die aus der *Erinnerungs*perspektive erzeugte Raum- Zeitstruktur in Prousts Roman. Das alte, vorindustrielle Frankreich, das der Ich-Erzähler im ersten Band der „Suche nach der verlorenen Zeit" schildert, ist eine schwärmerisch verklärte ländliche Region, äußerlich gesehen ähnlich wie bei Flaubert, aber emotional geradezu entgegengesetzt besetzt.

Der dritte Blick auf Frankreich in der *Beobachter*perspektive Maltes dagegen ist die brüchige, fragmentarische Großstadtwelt Paris an den Punkten ihrer größten Armut und Unbehaustheit. Malte sucht diese Orte auf, sein Blick *erzeugt* dabei chiffrierte Bilder der Einsamkeit und Verzweiflung als eine charakteristische Befindlichkeit der Moderne.

Kafkas Roman dagegen entwirft eine geradezu klaustrophobisch geschlossene Welt von Kanzleien, schmuddeligen Privaträumen, Folterzellen in öffentlichen Räumen, eine vom Erzähler inszenierte Szenerie der undurchsichtigen Macht, die sich als Angstwelt im Innenszenario eines gehetzten Menschen – Joseph K. – widerspiegelt und diesen am Ende geradezu zu seiner Hinrichtung drängen lässt. Durch diese raumzeitliche Inszenierung absoluter Macht und die verinnerlichten Chiffren einer Angstwelt wird Kafka auch zum *politischen* Vorausdeuter der diffusen politischen Angstszenarien des 20. Jahrhunderts.

Die Raum-Zeitstruktur in Musils Roman ist durch die Dominanz der *Reflexion* des Protagonisten gegeben. In Reflexionsromanen wie dem „Mann ohne Eigenschaften", aber auch Thomas Manns „Zauberberg" oder auch Hermann Brochs „Die Schlafwandler" dominiert die Handlung des *Redeaktes* den Texttypus. Es wird unaufhörlich gesprochen in diesen Weltanschauungsromanen und dem entsprechen vielfach geschlossene Räume und auch Spaziergänge als ‚Zeit-Räume' für die langen Gespräche.

„Berlin Alexanderplatz" – gleich die Eingangsbilder dieses Romans zeigen in der Gestalt des Haft entlassenen Franz Biberkopf *seinen* Blick auf ein Berlin, den Blick eines dem Tempo und der Hektik entwöhnten Strafgefangenen auf die große Stadt, der immer ein hinter den Ereignissen her hetzender Außenseiter bleiben wird. Zumindest in der Biberkopf-Geschichte des Romans sehen wir die Stadt aus seiner Perspektive, das heißt in der Brechung eines Bewusstseins, das der Wirklichkeit nicht gewachsen ist, aber ums Überleben in ihr kämpft. „Der Schweiß auf seiner Stirn! Die Angst, wieder! Und plötzlich rutscht ihm der Kopf weg." (Döblin: Berlin Alexanderplatz, S. 28) Wie überlebt einer, dem der Kopf ‚wegrutscht' in der großen Stadt? Wie erscheint sie ihm, welchen Entwurf einer Wirklichkeit erzeugt eine derart von *Überlebens-*

angst und *Überlebenswille* geprägte Wahrnehmung? Es ist eine molochartige Welt, die der Erzähler mythisch überhöht und auch mit Hilfe von collagierten Materialien aller Art ausstaffiert.

Die Raum-Zeitstruktur der Romane, das können wir festhalten, ist nicht ‚an sich' gegeben, sondern selbst *Entwurf* der Figuren der Romane wie des Erzählers und seiner Erzählabsichten.

Dabei bleibt es natürlich dem Erzähler überlassen, welche Situationen zu welchem Zeitpunkt er besonders akzentuiert, welche Zeit-Räume er kurz zusammenfasst – *Zeitraffung* – und welche er dehnt und ausführlich beschreibt. *Wo* und *wann* etwas geschieht – die *Erzählzeit* gegenüber der *erzählten Zeit* –, in welcher *Abfolge* und mit welcher *semantischen Akzentuierung*, ist natürlich eine Entscheidung des Erzählers. In ihr offenbart sich jene Konstruktion des Ganzen, die der moderne Erzähler nicht mehr auktorial ausspricht, aber seinem Leser *zeigt*.

1.4.5 Erzählerspur und Leserperspektive

Mit der Umpolung der Ästhetik auf den Begriff der Subjektivität hin wird auch der *Leser* selbst zum *aktiven* Faktor des Textes. Ein Fragment des Novalis deutet dies an:

> Der Leser soll der erweiterte Autor sein. (Novalis: Das philosophische Werk I, HKA II, S. 470)

Der Leser soll und muss die Sinnkonstitution, die ihm der Text anbietet, in sich selbst leisten und dies auch in einem über den Text hinausgehenden Deutungsprozess, denn jeder Leser kann und wird den Text nach Maßgabe *seiner eigenen* Subjektivität lesen und verstehen. Der Text ist kein starres und fertiges Produkt. Der Text muss gelesen, verstanden, gedeutet werden und dies alles geschieht durch den Leser. Sein Leseverständnis wiederum hängt auch von seinem Verstehenshorizont ab, von seiner Bildung, seinem Zeithorizont, auch vom Geschlecht des Lesers. Das gehört zu den Grundeinsichten der *Hermeneutik*, wie sie Hans Georg Gadamer in seinem für die Theorie des Verstehens Bahn brechenden Buch „Wahrheit und Methode" begründet hat. Insofern sind auch unsere Interpretationsangebote im Rahmen dieser Darstellung immer nur *Deutungen*, die keine absolute Gültigkeit beanspruchen können. Was wir sagen und denken, soll durch die Lektüre der Texte gut begründet sein, aber absolute Geltung kann es nicht beanspruchen.

Das aber soll uns nicht entmutigen, nach *Verbindlichkeit* der Textanalyse zu suchen. Die Romantexte, mit denen wir uns befassen, bieten

Strukturen an, die wir erkennen und analytisch beschreiben können. Allerdings verlangt der moderne Roman ein *anderes* Lesen als der vormoderne. Gerade der Rückzug des auktorialen Erzählers im modernen Roman verlangt dem Leser eine höhere Erkenntnisleistung ab. Wenn der Erzähler in Flauberts Roman die Begegnung zwischen Charles und Emma in einem dunklen Küchenraum sich vollziehen lässt und die erkaltete Asche auf der Herdplatte beschreibt, so gibt er damit schon Hinweise auf die spätere Nichttransparenz und auch die Kälte der Beziehung dieser beiden Menschen. Der Erzähler in „Berlin Alexanderplatz" weist sogar eine seiner Figuren, jene von Biberkopf so geliebte „Mieze", warnend auf die Hände jenes Reinhold hin, die sie später umbringen werden. Und auch der Erzähler in Kafkas „Proceß" setzt schon in der ersten Szene Signale, die auf die zunehmende totalitäre Verschlingung der Macht der Prozesswelt hinweisen: so die Teilnahme von drei Herren aus der Bank des Josef K. an dessen „Verhaftung".

Das scheinbar Nebensächliche wird hier erzähltechnisch relevant. Der moderne Erzähler *sagt* nicht mehr, wie der auktoriale, wie das Geschehen zu verstehen ist, aber *erzeugt* durch seine *Inszenierung* des *Erzählablaufs* jene *Bedeutungsspur*, die der Leser selbst erschließen muss. Der Erzähler setzt seine Spuren und der findige Leser kann diese erkennen und ihnen folgen. Erst rückblickend aber wird er die zum Teil genial gesetzten Erzählspuren dieser großen Romane ganz auflösen können. Erst rückblickend wird er die Genialität der Gesamtanlage der großen Romane und ihre Konstruktion würdigen können.

Die hermeneutische Einsicht in die *Relativität* allen Verstehens ist somit keine Bankrotterklärung des Verstehenwollens. Sie ist vielmehr eine Aufforderung zum *genauen* Lesen und Verstehen der Erzählerspuren, der Figuren und ihrer Weltsichten, der offen oder verdeckten Erzählerdeutungen und dies im Kontext der biographischen, geistesgeschichtlichen, historischen und intertextuellen Zusammenhänge, in denen die Romane stehen. So *erweitert* Lesen den Horizont des Lesers. Diese Einführung möchte den Leser zum genauen Lesen und differenzierten Umgang mit den Texten führen und so zu einem vertieften Verständnis auch der Epoche der Moderne.

1.4.6 Graphik eines Erzählmodells

Die folgende Graphik soll zum Abschluss dieser Einführung unser Erzählmodell verdeutlichen. Sie geht aus von einem *Autor (A)*, der eine *Erzählwelt* erzeugt, bzw. seine Erzählwelt in den Kosmos der möglichen Erzählwelten einfügt. Diese Form der Erzeugung ist in unserer Kommunikationswelt im Allgemeinen ein *Schreibakt*, aber natürlich gab es schon vor der Erfindung der Schrift Literatur und gibt es immer wieder Literatur, die rein *oral* erzeugt und rezipiert wird, mithin nicht über die Vermittlung des Aufschreibens mitgeteilt wird.

Dabei gehen wir von einem *menschlichen Subjekt* als Autor aus. Theoretisch können Texte auch durch Computer erzeugt werden und wurden auch schon aus ästhetischem Interesse so erzeugt. Dabei steht letztlich wieder ein Mensch als Programmierer hinter der Maschine. Das ist aber nicht unser Thema in dieser Einführung in moderne Romane.

Der Agent des Autors *innerhalb* der Erzählwirklichkeit ist der *Erzähler.* Denn die Realität, in der ein Autor lebt und die Realität seiner Erzählwirklichkeit sind *zwei Welten*. Die Welt der literarischen Erzählung ist eine Welt der *Fiktion,* also eine erfundene Welt, nicht die primäre Welt der Erfahrung. Insofern kann der Autor gar nicht direkt im Text anwesend sein, sondern er kann dies immer nur durch eine literarische Instanz, die er natürlich selbst einführt, den Erzähler. Wenn ein Autor sich spielerisch in den Text selbst als „Autor" einbringt, ist das ein literarisches Spiel der Selbstfiktionalisierung des Autors.

In der Erzählwirklichkeit hat dann der Erzähler unterschiedliche Optionen: Er kann sich selbst noch einmal aufspalten in mehrere Erzähler, zwischen Rahmen- und Binnenhandlung – die Unterscheidung zwischen *intra-* und *extradiegetischem* Erzählen. Der Erzähler kann weiterhin selbst eine *Figur* des Geschehens sein – der *homodiegetische* Erzähler, der Haupt- oder Nebenfigur sein kann – oder ein neutraler Erzähler, der nicht zu den Figuren der Handlung gehört, der *heterodiegetische* Erzähler. Im ersten Falle ist der Erzähler selbst handelnde Figur (z. B. Ich-Erzähler), im zweiten Falle die Figuren sein Produkt (F1, F2… Fx). Wichtig ist nun, dass diese Figuren, wie auch der Erzähler selbst, jeweils *ihre* Weltsichten erzeugen, und dies nach Maßgabe des *Modus* ihrer Subjektivität. Wir verdeutlichen das durch die von den Figuren ausgehenden Strahlen und die unterschiedlichen Überschneidungsmengen der Realitätssichten dieser Figuren untereinander. Durch seine *Stimme* (S) kann der Erzähler sich von der Figur selbst abheben und sich auf diese Weise von der Wahrnehmungswelt der Figuren distanzieren.

Insgesamt zeigt sich so die Erzählwelt *eines* Romans selbst immer als *Konstruktion multipler Wirklichkeiten* der verschiedenen Figuren des Romans einschließlich des Erzählers.

Schließlich wird der *Leser* (L) die Erzählwelt mit ihren multiplen Wirklichkeitssichten dekodieren müssen. Lesen heißt immer *interpretieren,* und die Leseakte werden selbst stark davon gesteuert sein, welcher Typus von Leser einen Text liest. Auch hier ist der Modus der Subjektivität des Lesers und seiner Voraussetzungen für das Leseverstehen leitend. Hier nun das Modell, bevor wir in die konkrete Romananalyse einsteigen:

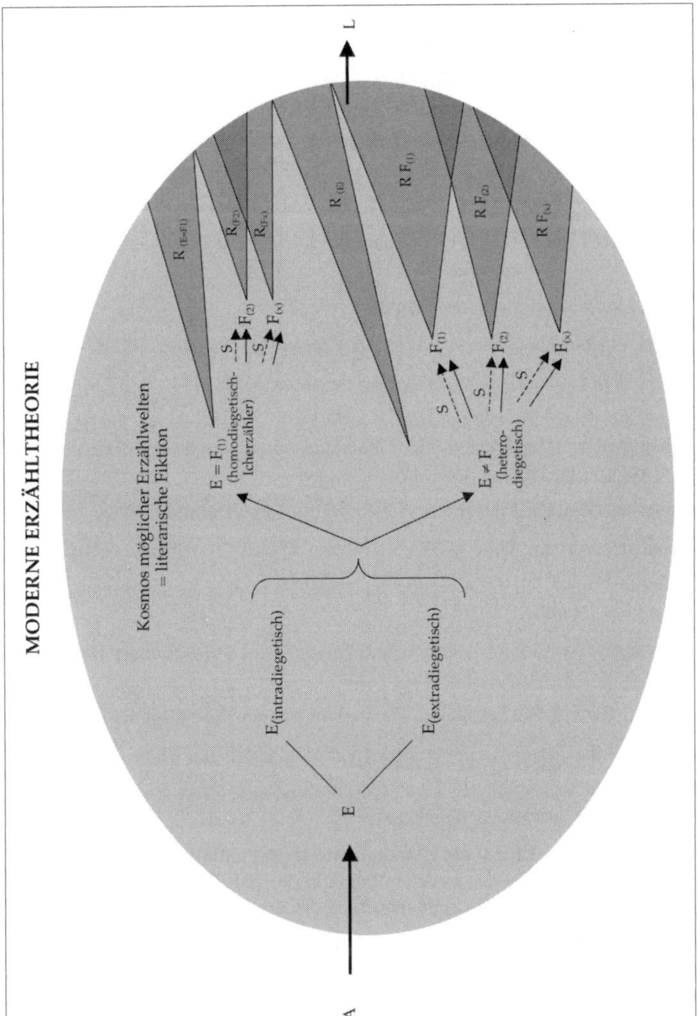

1.5. Literaturverzeichnis

Adorno, Theodor W.: Standort des Erzählers im zeitgenössischen Roman. In: Noten zur Literatur I. Frankfurt 1958, S. 61ff.

Bachelard, Gaston: Poetik des Raumes. Frankfurt 1999 (5. Aufl.).

Bachtin, Michail: Formen der Zeit im Roman. Untersuchungen zur historischen Poetik. Übers. Von Adelheid Schramm. Frankfurt a. M. 1985.

Beck, Ulrich u. a.: Reflexive Modernisierung. Eine Kontroverse. Frankfurt a. M. 1996.

Blanckenburg, Friedrich von: Versuch über den Roman. Repr. Stuttgart 1965.

Bohrer, Karl Heinz (Hg.): Der romantische Brief. Die Entstehung ästhetischer Subjektivität. Frankfurt a. M. 1989.

Ders.: Mythos und Moderne. Frankfurt a. M. 1983.

Booth, Wayne: The Rhetoric of Fiction. Chicago und London 1983 (2. Aufl.).

Bürger, Peter: Theorie der Avantgarde. Frankfurt a. M. 1974.

Ders.: Der Ursprung der ästhetischen Moderne aus dem *ennui*. In: Heidbrink, Ludger (Hg.): Entzauberte Zeit. Der melancholische Geist der Moderne. München u. Wien 1997, S. 101-119.

Fludernik, Monika: Einführung in die Erzähltheorie. Darmstadt 2006.

Friedman, Norman: Point of View in Fiction. PMLA 70, 1955, S. 1160ff.

Friedrich, Hugo: Die Struktur der modernen Lyrik. Von Baudelaire bis zur Gegenwart. Hamburg 1956.

Gadamer, Hans-Georg: Wahrheit und Methode. Grundzüge einer philosophischen Hermeneutik. Tübingen 1975.

Genette, Gérard: Die Erzählung. Übers. Von Andreas Knop. München 1994.

Gerigk, Horst-Jürgen: Lesen und Interpretieren. Göttingen 2006.

Grimminger, Rolf u. a. (Hg.): Literarische Moderne. Europäische Literatur im 19. und 20. Jahrhundert. Reinbek 1995.

Gumbrecht, Hans Ulrich: Art. „Modern, Modernität, Moderne". In: Geschichtliche Grundbegriffe. Historisches Lexikon zur politisch-sozialen Sprache in Deutschland. Hg. v. Otto Brunner, Werner Conze, Reinhart Koselleck. Bd. 4. Stuttgart 1978, S. 93-131.

Hegel, Georg Wilhelm Friedrich: Ästhetik. 2Bde. Mit einer Einführung von Georg Lukács. Frankfurt a. M. o. J.

Heidbrink, Ludger: Melancholie und Moderne. München 1994.

Ders.: (Hg.): Entzauberte Zeit. Der melancholische Geist der Moderne. München u. Wien 1997.

Heidegger, Gotthard: Mythoscopia Romantica oder Discours von den so benanten Romans. Faksimileausgabe nach dem Originaldruck von 1698. Hg. von Walter Ernst Schäfer. Bad Homburg u. a. 1969.

Herder, Johann Gottfried: Schriften zu Philosophie, Literatur, Kunst und Altertum 1774-1787. Hg. von Jürgen Brummack und Martin Bollacher, Werke Bd. 4. Frankfurt a. M. 1994.

Jauß, Hans Robert: Literarische Tradition und gegenwärtiges Bewusstsein der Modernität. In: Ders.: Literaturgeschichte als Provokation. Frankfurt a. M. 1979. S. 11-66.

Iser, Wolfgang: Der implizite Leser. München 1972.

Jahn, Manfred und Marie-Laure Ryan (Hg.): Routledge Encyclopedia of Narrative Theory. London/ New York 2005.

Kiesel, Helmuth: Geschichte der literarischen Moderne. Sprache, Ästhetik, Dichtung im zwanzigsten Jahrhundert. München 2004.

Killy, Walther u. a. (Hg.): Literaturlexikon. Bd. 13-14. Begriffe, Realien, Methoden. München 1992.

Koselleck, Reinhart: Vergangene Zukunft. Frankfurt a. M. 1979.

Lämmert, Eberhard: Bauformen des Erzählens. Stuttgart 1955.

Ders. (Hg.): Erzählforschung. Stuttgart 1982.

Ders. u. a.: Romantheorie. Dokumentation ihrer Geschichte in Deutschland. Frankfurt a. M. 1988.

Lubbock, Percy: The Craft of Fiction. London 1921.

Lukács, Georg: Die Theorie des Romans. Ein geschichtsphilosophischer Versuch über die Formen der großen Epik. Neudruck Neuwied 1963.

Luhmann, Niklas: Die Kunst der Gesellschaft. Frankfurt a. M. 1997.

Ders.: Beobachtungen der Moderne. Opladen 1992.

Martinez, Matias und Michael Scheffel: Einführung in die Erzähltheorie. München 2005 (6. Aufl.).

Novalis (d. i. Friedrich von Hardenberg): Das philosophische Werk I. Hg. von Richard Samuel in Zusammenarbeit mit Hans-Joachim Mähl und Gerhard Schulz. Stuttgart 1965. Dritte, erweiterte und verbesserte Auflage 1981 (HKA II = Historisch Kritische Ausgabe, Bd. II).

Ryan, Marie-Laure: Possible Worlds, Artificial Intelligence and Narrative Theory. Indiana 1991.

Schlegel, Friedrich: Studien des klassischen Altertums. Eingeleitet und hg. von Ernst Behler. Paderborn u. a. 1979 (KA I).

Ders.: Charakteristiken und Kritiken I (1796-1801). Hg. und eingeleitet von Hans Eichner. Paderborn u. a. 1967 (KA II).

Shaftesbury, Anthony Ashley Cooper, Third Earl of Shaftesbury: Selbstgespräch. In: Sämtliche Werke, ausgewählte Briefe und nachgelassene Schriften. In englischer Sprache mit paralleler deutscher Übersetzung. Hg., übersetzt und kommentiert von Gerd Hemmerich und Wolfgang Benda. Bd. I.1. Stuttgart 1981, S. 35ff.

Singer, Wolf: Der Beobachter im Gehirn. Essays zur Hirnforschung. Frankfurt a. M. 2002.

Stanzel, Franz K.: Typische Formen des Romans. Göttingen 1993 (7. Aufl.)

Ders.: Theorie des Erzählens. Göttingen 2001 (12. Aufl.).

Ungern-Sternberg, Wolfgang von: Schriftsteller und literarischer Markt. In: Hansers Sozialgeschichte der deutschen Literatur vom 16. Jahrhundert bis zur Gegenwart. Hg. von Rolf Grimminger. Bd. 3. 1 München 1980, S. 133ff.

Vietta, Silvio: Ästhetik der Moderne. Literatur und Bild. München 2001.

Ders.: (Hg.): Lyrik des Expressionismus. Tübingen 1999.

Ders.: Europäische Kulturgeschichte. Eine Einführung. München 2005.

Ders. und Dirk Kemper (Hg.): Ästhetische Moderne in Europa. Grundzüge und Problemzusammenhänge seit der Romantik. München 1998.

Wehler, Hans-Ulrich: Modernisierungstheorie und Geschichte. Göttingen 1975.

Weimann, Robert: Erzählstandpunkt und *point of view*. In: Zeitschrift für Anglistik und Amerikanistik 10, 1962, S. 369ff.

Weinrich, Harald: Tempus. Besprochene und erzählte Welt. Stuttgart 1964.

Wolff, Eugen: Die jüngste deutsche Literaturströmung und das Prinzip der Moderne. In: Wunberg, Gotthard (Hg.): Die literarische Moderne. Dokumente zum Selbstverständnis der Literatur um die Jahrhundertwende. Frankfurt a. M. 1971. S. 3ff.

Wunberg, Gotthart (Hg.): Die literarische Moderne. Dokumente zum Selbstverständnis der Literatur um die Jahrhundertwende. Frankfurt a. M. 1971.

Zapf, Wolfgang (Hg.): Die Modernisierung moderner Gesellschaften. Verhandlungen des 25. Deutschen Soziologentages in Frankfurt a. M. 1990. Frankfurt a. M./ New York 1990.

2. GUSTAVE FLAUBERT: Madame Bovary

2.1 Biographie

12.12.1821 Geboren in Rouen. Vater: Achille Cleophas Flaubert (*1784), Chirurg am städt. Krankenhaus. Mutter: Caroline (*1794), als Waise im Nonnenkloster aufgewachsen. Bruder Achille, 9 Jahre älter als Gustave; Schwester Caroline, 3 Jahre jünger. Enges Bruder-Schwester-Verhältnis.

1832 Erste Klasse des Gymnasiums zu Rouen.

ca. 1835 Erste Schreibversuche.
1836 Bekanntschaft mit Élisa Schlésinger. Sie ist zu diesem Zeitpunkt 26, Flaubert 15 Jahre alt.

1840 Abschlussprüfung. Reise in die Pyrenäen und nach Korsika. Im selben Jahr Liebesabenteuer mit Eulalie Foucauld, ca. 1840 in Marseille.

1841 Durch Losentscheid vom Militärdienst befreit. Lebt in Trouville und Rouen.

1842 Umzug nach Paris. Studium der Rechte.

Ab 1843 Freundschaft mit Maxime Du Camp.

1844 Erster nervöser Anfall. Abbruch des Studiums.

Ab 1844 Freundschaft mit Louis Bouilhet.

1846 Tod des Vaters.

Ab 1846 Bekanntschaft mit Louise Colet, Schriftstellerin. Sie ist 38, Flaubert 25. Sie wird die wichtigste Briefpartnerin Flauberts. Ihr Briefwechsel dauert 9 Jahre.

1847 Wanderung durch Bretagne und Normandie mit Maxime Du Camp.

1848 Beteiligung an der Februar-Revolution.

1849 Privatlesung der *Versuchung des heiligen Antonius* vor Du Camp und Bouilhet. Sie raten ihm dringend zu weltlicherem Stoff.

1849–51	Achtzehnmonatige Orientreise mit Du Camp: Marseille, Malta, Alexandria, Kairo, Ägypten, Rotes Meer, Alexandria, Beirut, Rhodos, Konstantinopel, Athen, Sparta, Peloponnes, Brindisi, Neapel, Rom, Florenz. Affäre mit Rouchouk Hanem, Tänzerin.
1851–56	Arbeit an *Madame Bovary*.
1857	Prozess in Sachen *Madame Bovary*. Freispruch am 7. Februar.
1858	Studienreise nach Tunesien, Recherche für *Salambo*.
1858–62	Arbeit an *Salambo*. Das Buch erscheint 1862.
1863–69	Arbeit an *Schule der Empfindsamkeit*.
1872	Tod der Mutter.
1874	Komödie *Der Landtagskandidat* von der Presse verschmäht. *Die Versuchung des heiligen Antonius* wird veröffentlicht.
1875–77	Arbeit an *Bouvard und Pécuchet* und *Drei Erzählungen*.
1877	Veröffentlichung von *Drei Erzählungen*.
1880	8. Mai: Plötzlicher Tod Flauberts.

2.2 Handlungsabriss

Erstes Buch

Erstes Kapitel

Einführung von Charles Bovary als Schüler in der Schule. Er wird mit seiner komischen Mütze als eine lächerliche Figur eingeführt.
Der Vater: ein ehemaliger, 1812 aus dem Militärdienst ausgeschiedener Stabsarzt, die Mutter stammt aus dem Hause eines Mützenfabrikanten. Die Ehe der Eltern, die in Mittelfrankreich leben, ist unbefriedigend. Die Mutter verwöhnt das Kind über die Maßen. Mit zwölf Jahren beginnt die Ausbildung von Charles, der – wie Flaubert selbst – einmal durchs Examen fällt, bis er sein Medizinexamen absolviert. Seine Mutter sucht ihm die Frau aus: die resolute Witwe eines Gerichtsvollziehers. Auch diese Ehe ist, wie die der Eltern, unglücklich.

Erzählte Zeit: Ca. 23 Jahre.

Zweites Kapitel

Der junge Arzt Charles wird zu einem Monsieur Rouault auf dessen Hof Les Bertaux gerufen, weil sich der Bauer das Bein gebrochen habe. Charles schient den unkomplizierten Bruch und trifft hier zum ersten Mal Mademoiselle Emma, die Tochter des Bauern. Er wiederholt die Besuche in Les Bertaux. Seine Frau reagiert eifersüchtig und stirbt überraschend an einem Blutsturz. Ihr Erbe, auf das man im Hause Bovary auch spekuliert hatte, ist eher kümmerlich.

Erzählte Zeit: Ca. vierzehn Monate.

Drittes Kapitel

Erneute Besuche in Les Bertaux. Erste intensive Begegnung mit Emma in der Küche des Hofes. Emma bietet Charles Likör an und schleckt ihr Glas kokett bis zur Neige aus. Charles hält im Frühjahr um Emmas Hand an. Im Herbst wird das Hochzeitsfest geplant.

Erzählte Zeit: Ca. ein Jahr.

Viertes Kapitel

Beschreibung der Hochzeit und des Aufbruchs der Hochzeitsgesellschaft nach der Feier. Gesellschaftskritik anhand der Hochzeitsgäste und ihres doppelbödigen Verhaltens. Der Ehemann wirkt sehr glücklich nach der Hochzeitsnacht, die Braut eher verhalten. Aufbruch der Neuvermählten nach Tostes, in das Haus und die Praxis von Charles Bovary.

Erzählte Zeit: Ca. 3 Tage.

Fünftes Kapitel

Darstellung des Ehelebens. Erste Entfremdungsanzeichen zwischen Charles und Emma. Charles ist glücklich mit der hübschen Frau, die er anbetet, Emma aber frustriert. Sie nimmt vor allem die negativen Züge an ihrem Mann wahr, ihre Vorstellungen von Liebe, „die ihr in den Büchern so schön erschienen waren" (46), erfüllen sich nicht.

Erzählte Zeit: Wenige Wochen.

Sechstes Kapitel

Rückblick: Die Bildungsgeschichte Emmas wird rekapituliert. Sie war in einem Kloster erzogen worden und hatte dort vielfältige Liebesromane gelesen, so den Roman *„Paul et Virginie"* von Bernardin de Saint-Pierre und Texte der Romantik „zur Labung ihres Herzens" (48). Auf diese Instanz bezieht sie auch zum gegenwärtigen Zeitpunkt alle ihre Lebenserfahrungen.

Sie sucht „Erregungen des Gemüts" (48). Das Entstehen der träumerischen Disposition Emmas wird geschildert. Von der Ehe enttäuscht, gefällt sie sich zu Haus in der Rolle einer kommandierenden Hausfrau.

Erzählte Zeit: Jahre der Jugend Emmas im Kloster.

Siebtes Kapitel

Emmas Haushaltsführung ist korrekt; aber sie ist unglücklich. Die Reden ihres Mannes nimmt sie als „platt wie das Straßenpflaster" wahr: „Er glaubte, dass sie glücklich sei, und sie grollte ihm wegen dieser gesättigten Ruhe [...]" (54). Charles schnarcht beim Schlafen. Charles Mutter unterstützt Emma im Haushalt, aber die übertriebene Freundlichkeit der Schwiegermutter empfindet Emma als unerträglich. Sie fragt sich: „Mein Gott, warum habe ich nur geheiratet?" (57)
Ende September wird das Ehepaar von einem Marquis d'Andervilliers auf das Schloss Vaubyessard eingeladen.

Erzählte Zeit: Ca. 6 Monate.

Achtes Kapitel

Emma putzt sich übertrieben für dieses Fest auf. Sie stößt ihren Mann zurück, als er tanzen will. Sie ist vollkommen berauscht vom Glanz dieser Adelswelt, den Gesprächsthemen, die sie an diesem Abend auffängt und der Lebensart der Angehörigen dieses Standes. Ein Vicomte fordert sie zum Tanz auf: „Alles drehte sich um sie wie auf einer Drehscheibe" (67). Charles, der geduldig gewartet hatte, fährt mit ihr nach Hause zurück. Die Hausangestellte Nastasie, die das Essen noch nicht fertig hat und nicht unterwürfig genug antwortet, wird von Emma entlassen. Emma träumt von dieser Ballnacht.

Erzählte Zeit: Die Ballnacht und einige Tage darauf.

Neuntes Kapitel

An einer Zigarrentasche, die sie von dem Fest mitgebracht hat, machen sich Emmas Träume fest. Sie kauft sich einen Plan von Paris, abonniert Frauenzeitschriften, baut ein verklärtes Bild von Paris in sich auf. „Ihr Wunsch war, zu reisen oder ins Kloster zurückzukehren. Sie wollte sterben und gleichzeitig in Paris leben." (75) Charles begreift von all dem nichts. Er ist vollkommen fasziniert und auch erotisiert von seiner Frau. Emma hofft auf eine neue Einladung zum Ball auf Vaubyessard, die aber nicht kommt. In der Winter-

zeit wird sie immer einsamer, regressiver, „verbarg nicht mehr ihre Verachtung für alles und jeden“ (83).
Während sich Charles' Stellung als Arzt in Tostes festigt, wird seine Frau immer verzweifelter, somatisiert auch ihr psychisches Leiden. Den Hochzeitsstrauß wirft sie ins Feuer. Gleichwohl scheint sich ein neues Leben anzudeuten: Das Ehepaar will Tostes verlassen und in eine andere Stadt ziehen. Madame Bovary wird schwanger.

Erzählte Zeit: Ca. anderthalb Jahre.

Zweites Buch

Erstes Kapitel

Ankunft in Yonville-l'Abbaye nahe Rouen, einer trüben französischen Kleinstadt. Figuren des Ortes werden vorgestellt, wie der Apotheker Homais, ein aufklärerischer Freigeist.

Erzählte Zeit: Wenige Stunden vor Ankunft des Ehepaares.

Zweites Kapitel

Bei ihrem ersten Abendessen trifft Emma einen jungen Mann, den Notarsgehilfen Léon, der wie sie viel liest und mit dem sie gemeinsam über Landschaft, Musik und Literatur schwärmen kann. Er stellt ihr seine Leihbibliothek zur Verfügung.

Erzählte Zeit: Einige Stunden.

Drittes Kapitel

Die Praxis von Charles läuft nicht sehr gut. Aber die Schwangerschaft seiner Frau erfreut ihn. Emma wünschte sich einen Sohn, sie gebiert aber ein Mädchen. Als sie das hört, wird sie „ohnmächtig“. Das Kind erhält den Namen Berthe. Die Eltern Bovary kommen zur Taufe. Das Kind wird zur Frau eines Tischlers in Pflege gegeben. Als Emma es besuchen will, trifft sie Monsieur Léon und bittet ihn, sie zu begleiten. In Yonville beginnt man über sie zu sprechen. Emma entwickelt kein Muttergefühl für das Kind. Sie fährt mit Léon am Flussufer nach Yonville zurück. Beide haben Sehnsucht nach schön geistigen Gesprächen. Auch Léon erlebt das Leben ansonsten wie ein „Jammerleben" (116).

Erzählte Zeit: Einige Wochen im Sommer.

Viertes Kapitel

Anbruch des Herbstes. Abendgesellschaften beim Apotheker, an denen auch Léon teilnimmt. Er liest Emma Gedichte vor, es kommt zu einer „Art Bündnis zwischen ihnen" (119). Sie schenkt ihm einen Teppich. Emma fragt sich, ob sie Léon liebt. Dieser wiederum zermartert sich den Kopf darüber, wie er ihr seine Liebe erklären könnte.

Erzählte Zeit: Einige Wochen.

Fünftes Kapitel

Ein Sonntag im Februar. Die Gesellschaft mit Frau und Herrn Bovary, Homais und Léon besichtigt eine Flachsspinnerei. Emma betrachtet ihren Mann mit Verachtung. Sie nähert sich Léon. Sie empfängt den Besuch des Modewarenhändlers Lheureux, der ihr seine Waren anbietet, und auch Geld, wenn sie dieses brauche. Äußerlich verwandelt sich Emma in eine gute Hausfrau, treu sorgende Mutter, die ihr Kind geradezu schwärmerisch umsorgt. Innerlich verödet sie immer mehr, magert ab, ist sie „voller Begierden, Wut und Hass" (129). Sie schwelgt im Gefühl für Léon. Am meisten erbittert sie, dass Charles von ihren inneren Nöten nichts spürt. Sie beginnt ihn zu hassen. Erneute Träume von einem Leben in Luxus und Wollust.

Erzählte Zeit: Wenige Wochen.

Sechstes Kapitel

Anfang April. Vorbereitung des Ortes für die Sommerfeste. Emma führt ein Gespräch mit einem Geistlichen, der sie aber nicht versteht, sondern ihr eine christliche Leidenspredigt hält. Zur kleinen Berthe, die jetzt ein Jahr alt ist, hat Emma nach wie vor kein mütterliches Verhältnis entwickelt. Léon, der müde ist, Emma ohne Erfolg zu lieben, verlässt Yonville in Richtung Paris. Dies setzt in Emma schwärmerische Vorstellungen vom Leben in Paris in Bewegung.

Erzählte Zeit: Wenige Tage.

Siebtes Kapitel

Emma reagiert auf Léons Abreise mit „einer düsteren Melancholie, einer starren Verzweiflung". Sie verwünscht sich, „dass sie Léon nicht erhört hatte" (147). Die Erinnerungen an Léon werden „zum Mittelpunkt ihrer Unausgefülltheit" (148). Mit Luxusgütern versucht sie sich über ihre innere Leere hinwegzuhelfen. Mutter Bovary warnt den Sohn vor Emmas Bücherlesen, sie brauche „körperliche Arbeit, eine anstrengende Beschäftigung" (150). Da lernt Emma Rodolphe Boulanger kennen, 34 Jahre, „rücksichtslos und von scharfem Verstand" (155), Besitzer eines Schlosses und zweier Höfe bei Yonville. Charles behandelt ihn in seiner Klinik. Rodolphe erkennt Emmas Liebessehnsucht, plant mit Kalkül ihre Verführung.

Erzählte Zeit: Einige Monate.

Achtes Kapitel

Bei der Jahresversammlung der Landwirte kommt es zum verführerischen Gespräch. Den Hintergrund bildet die politische Szene dieser Jahresversammlung, auf der der allseitige Aufschwung Frankreichs vom Präfekturrat gepriesen wird. Rodolphe nähert sich Emma mit seiner Rhetorik der Verführung, in der die Liebe und das Gefühl gegen Pflicht und Ethik ausgespielt werden.

Erzählte Zeit: Ein Nachmittag.

Neuntes Kapitel

Sechs Wochen danach erscheint Rodolphe wieder bei den Bovarys. Emma ist allein. Rodolphe: „Die Erinnerung an Sie bringt mich zur Verzweiflung!" (184) Emma ist hingerissen von Rodolphe. Sie beschließen zusammen auszureiten, was Charles auch noch unterstützt. Sie lässt sich ein Reitkleid fertigen. An einem der ersten Tage im Oktober kommt es zum Ausritt der beiden. Rodolphe verführt sie, sie gibt sich ihm hin. Emma fühlt sich danach neugeboren, wie eine der „Heldinnen der Bücher". Sie schreiben sich Briefe, die im Garten heimlich übergeben werden. Sie hat Sehnsucht nach Rodolphe und besucht ihn auf seinem Gut La Huchette. Nachdem dies Wagnis geglückt ist, wiederholt sie es, wann immer ihr Mann schon frühmorgens das Haus verlässt.

Erzählte Zeit: Einige Wochen im Herbst.

Zehntes Kapitel

Die Liebe von Rodolphe ist ihr unentbehrlich geworden. „Den ganzen Winter hindurch" hält das Verhältnis an. Sie beginnt „sentimental zu werden", will einen „richtigen Ehering, zum Zeichen ewiger Vereinigung" (200). Rodolphe hingegen wird immer gleichgültiger ihr gegenüber. Die Affäre wird für ihn schal.

Erzählte Zeit: Fünf bis sechs Monate im Winter.

Elftes Kapitel

Der Arzt Charles wagt eine riskante Operation an einem gewissen Hippolyte mit Klumpfuß. Das soll auch den Durchbruch seiner medizinischen Karriere erwirken. Aber die Operation scheitert, die Fäulnis des Beines nimmt zu. Charles verliert seinen Ruf als guter Arzt, was Emmas Hass gegen ihn noch steigert. „Sie genoss mit aller Schadenfreude den begangenen Ehebruch." (218)

Erzählte Zeit: Ein bis zwei Monate.

Zwölftes Kapitel

Kaufmann Lheureux bedient die finanziellen Launen Emmas und leiht ihr mehrfach Geld. Sie betet Rodolphe an: „Ich bin deine Magd und deine Geliebte! Du bist mein König! Mein Abgott!" (224) Er dagegen „behandelte Emma ohne jede Rücksicht." (224) Sie will mit ihm fliehen, nach Südfrankreich und nach Italien, er lässt sie innerlich fallen.

Erzählte Zeit: Zwei bis drei Monate.

Dreizehntes Kapitel

Rodolphe schreibt Emma einen Abschiedsbrief voller verlogener Rhetorik. Als sie ihn liest, ist sie innerlich zerstört. „Warum nicht Schluss machen?" (241) Sie hat körperliche Anfälle, erleidet „krampfhafte Zuckungen" und eine Ohnmacht. Dann hat sie eine Hirnhautentzündung. „Dreiundvierzig Tage lang wich Charles nicht von ihrer Seite." (245) Mitte Oktober kehren langsam ihre Kräfte zurück. Dann wieder Rückfälle. Charles befürchtet sogar ein Krebsleiden bei ihr.

Erzählte Zeit: Mehrere Monate.

Vierzehntes Kapitel

Lheureux klagt seine Rechnungen ein, die nun Charles bedrängen. Emma flieht in eine Art katholische Schwärmerei mit visionären inneren Bildern. Dann gibt sie sich einer übertriebenen Wohltätigkeit hin. Zu Beginn des Frühlings lässt Emma den Garten neu anlegen, scheint äußerlich wiederhergestellt zu sein. Sie plant mit Charles einen Opernbesuch in Rouen. Ein berühmter Sänger tritt dort auf. Man will im Hotel „Zum Roten Kreuz" übernachten. Ankunft in Rouen.

Erzählte Zeit: Ein bis zwei Monate.

Fünfzehntes Kapitel

Opernbesuch in Rouen. Emma fühlt sich in die Vorstellungswelt ihrer Jugend zurückversetzt, insbesondere in die romantische Mittelalterwelt des schottischen Dichters Walter Scott. Sie hat „Herzklopfen", sobald sie die Eingangshalle betritt.
Hier trifft sie Léon wieder. Man vereinbart einen gemeinsamen Theaterbesuch in den nächsten Tagen. Beide möchten deswegen in Rouen bleiben, während Charles schon zurück nach Yonville fahren muss.

Erzählte Zeit: Die Zeit des Opernbesuchs.

Drittes Buch

Erstes Kapitel

In Léon erwacht nach dreijähriger Trennung die Leidenschaft für Emma wieder, ähnlich wie Rodolphe entwickelt er jetzt einen Plan sie zu verführen. Das gelingt bei Emma mittels eines sentimentalen Diskurses und eines Appells an die „idealen Naturen" (276). Léon spielt auch den schüchternen Verliebten. Sie verabreden sich am kommenden Tag zu einer Droschkenfahrt, in der sich Emma offensichtlich Léon hingibt. Der Erzähler schildert aber nur die verhängte, durch die Straßen der Stadt hin- und herfahrende Droschke.

Erzählte Zeit: Zwei Tage.

Zweites Kapitel

Im Gasthaus erfasst Emma ein schlechtes Gewissen. Sie kehrt zurück nach Yonville, wo sie in der Apotheke von Homais Zeugin einer Szene wird, in welcher auf die Gefahr des Giftes Arsenik hingewiesen wird. Ihr Schwiegervater ist mittlerweile verstorben. Der Überdruss an ihrem Mann nimmt zu. „Wie konnte sie ihn nur loswerden?“ (293) Bedrängt von ihren Schulden, ringt sie ihrem Mann eine Generalvollmacht ab. Sie reist erneut nach Rouen.

Erzählte Zeit: Zwei Tage.

Drittes Kapitel

„Flitterwochen“ mit Léon im Hôtel de Boulogne. Vom Fährmann eines Bootes bekommt sie einen vagen Hinweis auf Rodolphe.

Erzählte Zeit: Drei Tage.

Viertes Kapitel

Die Liebenden wechseln Briefe. Léon besucht Emma in Yonville. Sie wollen sich mindestens einmal in der Woche ungestört sehen. Unter dem Vorwand von Klavierstunden erlaubt ihr Charles dies auch nichts ahnend.

Erzählte Zeit: Wenige Tage.

Fünftes Kapitel

Wiedersehen mit Léon in Leidenschaft: „Sie fielen einander in die Arme.“ (307) Rückfahrt mit der Droschke nach Yonville. Emma ekelt sich vor ihrem Zuhause. Erneutes Wiedersehen mit Léon. Sie nimmt Kredit bei dem Wucherer Lheureux auf, um ihre Luxusphantasien zu befriedigen und alte Schulden zu bezahlen.
Bei einer anderen Fahrt nach Rouen kehrt sie anderntags nicht nach Yonville zurück. Charles fährt ihr nach. Erschrocken über ihre Erregung erlaubt er ihr auch längere Aufenthalte dort.

Erzählte Zeit: Einige Monate.

Sechstes Kapitel

Léon hat den Apotheker Homais nach Rouen eingeladen. Emma reist in Wut ab, die Entfremdung von Léon nimmt zu. Emma ist tief unglücklich. Es wird wieder Herbst, zwei Jahre nach ihrer schweren Krankheit. Sie steigert sich nun zunehmend in eine Wahnwelt hinein, überschüttet Léon mit Liebesbriefen im Sinne ihrer Romanlektüre. Mittlerweile werden die Erpressungen des Wucherers Lheureux immer drohender. Sie muss innerhalb von 24 Stunden eine Gesamtsumme von 8.000 Francs aufbringen.

Erzählte Zeit: Einige Monate.

Siebtes Kapitel

Der Gerichtsvollzieher Hareng sucht das Haus der Bovarys auf und nimmt die zu pfändenden Gegenstände auf. Emma sucht den Rechtsanwalt Guillaumin auf, der auch über ihre finanzielle Situation gut informiert ist, ihr aber nicht helfen kann. Emma erinnert sich an Rodolphe und hofft, dass er ihr helfen kann.

Erzählte Zeit: Wenige Tage.

Achtes Kapitel

Sie sucht Rettung bei Rodolphe, der ihr nicht hilft. In den drei Jahren nach der Trennung von ihr hat er bewusst jede Begegnung mit ihr vermieden. In dem Warenlager der Apotheke greift sie nach dem Arsenik und vergiftet sich. Charles, vollkommen verzweifelt und hilflos in der Situation, ruft einen weiteren Arzt hinzu. Nach einer Phase des Leidens stirbt Emma in einem Zustand geistiger Verwirrung. Sie singt ein Lied, lacht, bevor sie stirbt.

Erzählte Zeit: Wenige Tage.

Neuntes Kapitel

Der verzweifelte Charles bricht in Gotteslästerungen aus. Zwischen Homais und anderen kommt es zu einem Disput über Voltaire und die Freigeisterei. Charles Mutter ist angereist.

Erzählte Zeit: Ein Tag.

Zehntes Kapitel

Charles, die Verwandten und Bekannten Emmas versuchen ihren Tod zu verarbeiten. Rodolphe reitet „zu seiner Zerstreuung" durch den Wald und schläft dann ruhig ein, „auch Léon in Rouen schlief." (394)

Erzählte Zeit: Ein Tag.

Elftes Kapitel

Charles lässt die Tochter Berthe wieder nach Hause kommen. Man sagt dem Kind, die Mutter sei verreist. Lheureux versucht sein Geld einzutreiben, Charles findet auf dem Dachboden den Abschiedsbrief Rodolphes: „ ‚Sie haben sich vielleicht nur platonisch geliebt', sagte er sich." (396) Bis zum Schluss verweigert er die Realität. Homais verfasst eine „allgemeine Statistik des Bezirks Yonville […]" (399). Als Berthe ihren Vater von der Bank einer

Laube abholen will, findet sie ihn tot. Der herbeigerufene Arzt findet in der geöffneten Leiche „nichts". Nachdem alles verkauft ist, bleiben 12 Francs und 75 Centimes, womit die Reise Berthes zu ihrer Großmutter bezahlt wird. Berthe muss sich nach dem Tod der Großmutter in einer Baumwollspinnerei verdingen. Kein Arzt kann sich neben Homais in Yonville halten. Dieser erhält das Kreuz der Ehrenlegion.

Erzählte Zeit: Einige Jahre.

2.3 Biographische Grundlagen

Gleich der erste unserer Romanautoren der europäischen Moderne ist ein großer und für die literarische Moderne richtungsweisender Autor: Gustave Flaubert. Wenn mit Montaigne, Shaftesbury und dem autobiographischen Roman des 18. Jahrhunderts die literarische *Selbsterforschung* der *Subjektivität* beginnt, so setzt dieser Autor und sein großer Roman „Madame Bovary" diese Linie der psychologischen Erkundung des Menschen und seiner Leidenschaften im Medium der Literatur fort.

Flaubert, Jahrgang 1821, zeigt sich schon in jungen Jahren als ein für Stimmungen und Gefühle hochsensibler Mann. Dabei wird diese Empfindsamkeit sicher auch durch eine sich früh zeigende Nervenkrankheit, die nie genau diagnostiziert worden ist, gefördert worden sein. Schon 1844 berichtete er in einem Brief an seinen Freund Erneste Chevalier:

> […] bei der geringsten Erregung vibrieren meine Nerven wie die Saiten einer Geige; meine Knie, meine Schultern und mein Bauch zittern wie Espenlaub. (Flaubert: Briefe, S. 41f)

Flaubert fügt in einer ebenfalls für ihn typischen, desillusionierenden Weise hinzu:

> Nun, das ist das Leben, sic est vita, such is life. (ebd.)

An seine Mutter schreibt Flaubert im Juli 1848:

> [...] ich bin kein starker Mann, weit gefehlt! Der Fehler liegt bei meinen verwünschten Nerven. Und dann betreibt man nicht das Handwerk, das ich betreibe, ohne die Folgen zu spüren, man schlägt sich nicht den ganzen Tag

> herum, um seine Sensibilität aufzustacheln, ohne nicht schließlich eine allzu empfindliche zu haben. (Flaubert: Briefe, S. 113f)

Flaubert hat also eine Schwäche, derer er sich voll bewusst ist: seine übersensiblen Nerven. Aber diese *Schwäche* ist auch seine *Stärke*. Es ist die allerdings leidvolle Stärke zur Kompassion, zum Mitleiden. Aus dieser Sensibilität, die er offensichtlich beim Schreiben auch ‚aufstachelt', entspringt aber die Lebendigkeit seiner Figuren. Flaubert kann sich in seine Figuren hineinversetzen, er kann sie in *ihren* Schwächen mit Leben füllen. Das macht sogar das Charakteristikum der flaubertschen Figuren aus, wie die Forschung zu Recht bemerkt hat. Und diese differenzierten, sensibel angelegten, auch in ihren Schwächen hochkomplexen Figuren sind niemals flach. Der große Literaturkritiker E. M. Forster hat sie als „round character" bezeichnet (Forster: Aspects of the Novel, S. 76f). Das unterscheidet die große Literatur vielfach von der Trivialliteratur. Die differenzierte, komplexe und auch innerlich gegenläufige Anlage der Figuren steht hier im Gegensatz zur stereotypen, flachen Zeichnung von Figuren in der letzteren.

Diese schon in der Jugend sich zeigende hohe Sensibilität des Autors und sein Talent, sich in Figuren einzufühlen, schafft eine Disposition zur vertieften Selbst- wie Fremderfahrung. Und diese Fähigkeit ist eine der Voraussetzungen für einen großen Romanautor, der literarische Figuren erschaffen und lebendig werden lassen will.

Das Ziel, Romane zu schreiben, hat Flaubert auch schon als junger Mann. Am 4. 2. 1831 – erst 19jährig und noch Schüler – schreibt er an Erneste Chevalier, er wolle Romane schreiben, die er „im Kopf habe und das sind: die schöne Andalusierin, der Maskenball, Cardenio, Dorothea, die Maurin, der unverschämte Neugierige, der kluge Ehemann" (Flaubert: Briefe, S. 7). Ein Programm im Stil der Gesellschaftskomödien des 18. Jahrhunderts und der Trivialliteratur des frühen 19. Jahrhunderts. Es ist bezeichnend, dass Flaubert hier auch gleich eine ganze Hand voll solcher Projekte aufzählt.

Sehr früh aber zeigt sich in seinen Briefen auch die Fähigkeit zur vertieften *kritischen Selbstanalyse*, die ihn auf eine ganz andere literarische Bahn führen wird. Davor liegt allerdings auch die Erfahrung eines gescheiterten Jurastudiums und der Entschluss, „dem praktischen Leben ein unwiderrufliches Lebewohl" zu sagen (Flaubert: Briefe, S. 54). Das schreibt ein 23jähriger, der fortan als Rentier lebt, seine Zeit mit ausgiebigen Reisen und mit dem Schreiben verbringt. Es versteht sich, dass sich dies nur ein Angehöriger eben jener wohlhabenden

Schicht des Bürgertums leisten kann, die Flaubert selbst auch sehr kritisch und illusionslos analysiert.

Das *Reisen*: Für Flaubert verbindet sich die Reiselust mit einer tiefen Skepsis gegenüber Europa und seinem Heimatland Frankreich. Er möchte gern „in Spanien, Italien oder wenigstens in der Provence leben" (Flaubert: Briefe, S. 29) und er formuliert:

> Ich hasse Europa, Frankreich, meine Heimat, mein saftiges Vaterland, das ich gern zu sämtlichen Teufeln schicken würde, nachdem ich nun einen Blick durch die geöffnete Tür ins Freie geworfen habe. (Flaubert: Briefe, S. 29)

Und so reist der junge Flaubert von seinem elterlichen Landhaus Croisset in den Süden seines Landes, von dort aus nach Italien und Korsika. Im November 1849 startet er zu einer großen Reise über Malta nach Ägypten und in den Ostmittelmeerraum, der wir eine aufschlussreiche Beschreibung des damaligen englischen Kolonialreiches Ägypten verdanken. Er – der begüterte Europäer – will nach Indien, in exotische Länder, aber bleibt auf solchen Reisen stets im Schutzraum der europäischen Kultur und ihrer Kolonialpolitik.

Zu den seltsamen und zugleich wichtigen Dokumenten der Biographie Flauberts gehören seine kritischen Selbstanalysen. An seinen Freund Maxime du Camp schreibt er am 7. April 1846 schon im Rückblick auf seinen autobiographischen Text „November", auf den wir noch zu sprechen kommen:

> Es ist seltsam, mit wie wenig Glauben an das Glück ich auf die Welt gekommen bin. Ich habe schon in früher Jugend ein vollständiges Vorgefühl vom Leben gehabt. (Flaubert: Briefe, S. 64)

Und dieses Vorgefühl, so führt Flaubert aus, ist durch eine durchgehende *ennui,* eine Art Lebensüberdruss, geprägt:

> Es war ein ekelerregender Küchengeruch, der aus einer Lüftungsklappe aufsteigt. Man braucht von dem Gekochten nichts gegessen zu haben, um zu wissen, dass man davon wird kotzen müssen. (ebd.)

Entscheidend dabei allerdings ist, dass er diese eigene nicht gerade glücklich zu nennende Lebenslage „als Künstler analysiert" (ebd.).

Wir haben hier eine seltsame Disposition: die eines jungen Menschen von 24 Jahren, der gegenüber dem Leben eine starke Abscheu empfindet, diese aber gleichwohl auch kritisch „als Künstler" analysiert. Ein Roman, der aus solcher Perspektive entspringt, kann niemals ein solcher Text werden, wie ihn noch der Neunzehnjährige im Kopf gehabt hat: „die schöne Andalusierin [...], der unverschämte Neugierige", wie sie eben die Trivialliteratur realisiert. Es sollte ein schmerzhaftes Dokument des *modernen Lebens* werden, das ein Gustave Flaubert aus seiner Feder entspringen lassen musste – als solcher aber ein typischer Roman der Moderne.

Denn die literarische Moderne im Europa des 19. und frühen 20. Jahrhunderts ist durch einen *epochenspezifischen* Ton des *ennui*, der *Melancholie* geprägt, der auch Flauberts Briefe und seine literarischen Werke durchzieht. Es ist eine Melancholie, die man einerseits aus der Biographie der Autoren erklären kann. So wird Flauberts Lebensgefühl geprägt von einem schmerzhaften und leidvollen Körpergefühl und einem Bewusstsein, mit „wenig Glauben an das Glück" geboren worden zu sein. In dieser Disposition aber spiegelt sich auch die Teilhabe an einem *Zeitgefühl*, wie es viele Autoren der literarischen Moderne im 19. Jahrhundert und 20. Jahrhundert prägt – und dies in den verschiedensten Ländern Europas. Schon vor Flaubert finden wir es bei Georg Büchner, in Italien bei Leopardi, in England bei einem Lyriker wie Matthew Arnold sowie bei den großen russischen Romanciers – Turgenjev, Dostojevski –, bei Proust, Rilke, Musil, Broch und anderen.

Gehen wir aber zunächst genauer der flaubertschen literarischen Disposition nach. Wir haben seine Fähigkeit zur Einfühlung, zum Erfühlen und Erleiden herausgestellt, eine Veranlagung, die Flaubert gleichzeitig aber auch kühl „als Künstler" kontrolliert. Denn auch das prägt seine Einschätzung:

> Ich bin der großen Leidenschaften, der exaltierten Gefühle, der aufgebrachten Liebe und der tobenden Verzweiflung müde. Ich schätze den gesunden Menschenverstand über alles, vielleicht gerade, weil ich keinen habe. (Flaubert: Briefe, S. 92)

Dies charakterisiert in der Tat den *Doppelcharakter* des Autors und damit auch der *Erzählperspektive* Flauberts. Sie beschreibt einerseits Gefühlswelten so, dass sie im Text lebendig und damit nachvollziehbar werden. Andererseits analysiert und seziert Flauberts Erzähler diese Gefühle mit einem durch das wissenschaftliche Denken seiner Zeit geschärften Verstand. Flauberts geradezu medizinische *Analysefähigkeit* – sein Vater, der Doktor Achille-Chléophas Flaubert, war Chefarzt im Krankenhaus von Rouen – prägt seine Sichtweise ebenso, wie seine Fähigkeit zur *Kompassion*. Die Zeit des 19. Jahrhunderts ist eine des Historismus, eine Zeit des Aufschwungs der Wissenschaften, und auch das spiegelt sich – wenn auch kritisch gebrochen – in Flauberts Texten wider. Der Autor schreibt an seine kluge und hellsichtige Brieffreundin Louise Colet:

> Die Zeit des Schönen ist vorbei. Die Menschheit, falls sie überhaupt zu ihm zurückkehren sollte, weiß im Augenblick nichts damit anzufangen. Je weiter die Kunst geht, desto wissenschaftlicher wird sie sein, so wie die Wissenschaft künstlerisch wird. (Flaubert: Briefe, S. 195)

Nun ist die Wissenschaft nicht oder nur in Ausnahmefällen künstlerisch geworden, aber der große Roman des 19. Jahrhunderts entwickelt eine *Genauigkeit* der Beobachtung und des Beschreibens, die in der Tat mit einer wissenschaftlichen Einstellung zu vergleichen ist. Dieser präzise, genaue, im Detail wie im Ganzen differenzierte Zugriff auf das Leben ist in der Tat das, was Flauberts Schreiben in hervorragender Weise auszeichnet. Aus literaturgeschichtlicher Perspektive bringt er zwei Linien der europäischen Kulturgeschichte zusammen: Zum einen die Sensibilität der *Empfindsamkeit* und der *Romantik*, die er zugleich kritisch bricht; auf der anderen Seite die Tradition einer europäischen *Aufklärung* und ihrer Wissenschaft, die einen distanzierten und kühlen Blick auf die Objekte – auch auf den Menschen und seine Psyche – gelehrt hat. Aus dieser Mischung von psychologischer Sensibilität und kühler Analyse, verbunden mit einer hochsensiblen sprachlichen Begabung, entspringt Flauberts großer Roman „Madame Bovary“, der in der Tat eine der großen literarischen Leistungen des 19. Jahrhunderts darstellt.

2.4 Autobiographische Texte

Bevor mit der „Madame Bovary“ auf ein Meisterwerk der europäischen Romanliteratur eingegangen wird, noch ein Wort zur Entwicklung der literarischen Könnerschaft, des *Schreibstils* von Gustave Flaubert. Dieser Autor entwickelt sein Schreiben im Genre der *Autobiographie*, also in einer subjektiven Schreibform. Im November 1931 veröffentlichte der „Figaro“ Auszüge aus einem bis dahin unbekannten Jugendtagebuch Flauberts mit dem Titel „Erinnerungen, Aufzeichnungen und innere Gedanken“ („Souvernirs, Notes et Pensées intimes“). Jean-Paul Sartre hat diesem autobiographischen Dokument eine umfängliche und psychologisch tiefgehende Studie gewidmet mit dem Titel „Der Idiot der Familie“, zugleich für Sartre eine Chiffre, unter der er die Entwicklungsgeschichte Flauberts zu begreifen sucht. Wir wenden uns aber nicht diesem Text zu, in dessen Mittelpunkt die schwärmerische Verliebtheit eines pubertierenden 15jährigen steht, sondern dem schon weiter entwickelten literarischen Modell im Text „November“.

„November“ enthält bereits wichtige Strukturzüge des späteren Meisterromans „Madame Bovary“. „November“ ist ein zwischen 1840 und 1842 entstandenes Jugendwerk, das erst postum, im Rahmen der Gesamtedition der Werke Flauberts im Jahre 1910, publiziert wurde. Die literarische Form ist die einer Ich-Erzählung, die am Ende durch eine fiktive Herausgeberschaft gebrochen und auch objektiviert wird, also eine homodiegetische Erzählform durch eine heterodiegetische gerahmt. Der Text bewegt sich durch diese Erzählkonstruktion in Richtung einer *literarischen Bewältigung* des autobiographischen Stoffes.

Aber auch dieser Text geht einerseits sehr weit in der Selbstoffenbarung des Ichs, seiner Phantasien, Träume und sexuellen Wünsche. Andererseits findet eine kritische, desillusionierende Betrachtung des eigenen Ichs wie der bürgerlichen Gesellschaft statt. Der Text gehört in die Tradition der Konfessionsliteratur, der Empfindsamkeit und Romantik.

Dabei ist der Stil kühl, fast spröde, direkt, ohne Schnörkel. „November“ beginnt mit einer Jahreszeitenbeschreibung:

> Ich liebe den Herbst, diese traurige Jahreszeit, passt gut zu Erinnerungen. Wenn die Bäume keine Blätter mehr haben, wenn der Himmel bei der Dämmerung noch die rötliche Färbung behält, die das verwelkte Gras vergoldet, ist es süß, alles erlöschen zu sehen, was einst noch in einem brannte. (November, S. 140)

Bereits durch diesen Eingang verknüpft „November“ äußere Impressionen mit der subjektiven Befindlichkeit des Protagonisten, die das Maß für die Außenwahrnehmung abgibt. Das Ich liebt den Herbst, weil – so könnte man sagen – diese „traurige Jahreszeit“ mit dem inneren Zustand des Ichs korrespondiert. Und so grundiert eine melancholische Stimmung von Anfang an auch diese Erzählung, indem der Protagonist sein „ganzes Leben wie ein Gespenst“ vor sich aufstehen lässt (November, S. 141).

Im Kern ist dieser Roman ein *Bildungsroman* im Sinne einer Bildungsgeschichte der Liebe, wie Friedrich Schlegels romantischer Roman „Lucinde“ von 1799, den Flaubert aber wohl nicht kannte. Im Gegensatz zu diesem romantischen Roman ist Flauberts Text nicht die Geschichte einer gelungenen emotionalen Reifung eines jungen Mannes, sondern die Geschichte seines *Scheiterns* und insofern ein Dokument des *ennui* des 19 Jahrhunderts. „Ich habe lange mein verlorenes Leben ausgekostet.“ (November, S. 142)

Was den Text auszeichnet, ist die kühle Beobachtungsgabe, mit der der Ich-Erzähler im Rückblick die „Pubertät des Herzens“ kritisch analysiert. In der homodiegetischen Erzählperspektive steckt somit zugleich die *kritische Distanz* zum eigenen Ich des Erzählers. Dabei ist das erzählte Ich des jungen Mannes, wie später das Herz der Madame Bovary, elektrisiert von Liebesliteratur. Auch auf dem Theater suchen und finden sowohl Madame Bovary als auch schon der Ich-Erzähler in „November“ eine Illusionslandschaft der reinen Phantasie:

> Doch die Rampe des Theaters schien mir die Schranke der Illusion zu sein; jenseits lag für mich das Universum der Liebe und der Poesie, die Leidenschaften waren da schöner und klingender, die Wälder und die Paläste verflogen da wie Rauch, die Luftgeister stiegen von den Himmeln herab, alles sang, alles liebte. (November, S. 149)

Auch der Held unserer Erzählung phantasiert, er hat sich „bei den Dichtern“ mit dem Wort Liebe und an der Süße ihrer Erzählungen ‚berauscht‘ (November, S. 151), aber ist sich sehr wohl kritisch im Rückblick auf diese Phantastik bewusst:

> Ich habe nichts geliebt, und ich hätte doch so sehr lieben wollen! (November, S. 161)

Diese Stimmungslage einer überbordenden Einbildungskraft, der es gleichwohl an emotionaler Realität mangelt, legt sich lastend auch auf die Wahrnehmung der Natur:

> Ach! Die fahle Wintersonne! (November, S. 162)

Wie in Goethes „Werther“ spiegelt sich in „November“ die überschäumende und zugleich unerfüllte Sehnsucht in der Wahrnehmung der Natur. Dies geht einher mit dem Bekenntnis eines umfassenden Atheismus und Nihilismus, der für viele Autoren des 19. Jahrhunderts in Europa kennzeichnend ist. Der Protagonist bekennt, ganz „ohne Religion“ aufgewachsen zu sein und hat so nicht einmal das „trockene Glück“ des Atheismus gespürt zu haben:

> Ich bin mit dem Verlangen zu sterben geboren. Nichts erschien mir törichter als das Leben und schändlicher, als daran zu hängen. Ohne Religion aufgewachsen wie die Menschen meines Alters, hatte ich nicht das trockene Glück der Atheisten noch die ironische Sorglosigkeit der Skeptiker. (November, S. 169)

Die Wende in diesem Bekenntnistext kommt durch die Begegnung mit einer Frau, die einerseits die Erfüllung des Liebesverlangens bringt, andererseits aber das Spiegelbild des Protagonisten selbst darstellt. Es ist eine Frau mit Namen Marie, die der Erzähler trifft, als er in einem Zustand überspannter Einbildungskraft zurück in die Stadt kommt, und – gefoltert von seinen eigenen Triebansprüchen – auf ein Haus zusteuert, weil er sich erhofft, dort seine Lust stillen zu können:

> Ich wusste genau, wohin ich ging, es war ein Haus in einer kleinen Straße, wo ich oft vorbeigekommen war, um mein Herz pochen zu fühlen; es hatte grüne Jalousien, man ging drei Stufen empor, ach, ich wusste das auswendig, ich hatte es sehr oft angeschaut, wenn ich von meinem Weg abgewichen war, um die geschlossenen Fenster zu sehen. (November, S. 192)

Die Frau, die er in einem Fenster dieses Hauses sieht, wird „en detail" geschildert. Diese Szene erinnert an die erste Liebesbegegnung des jungen Abiturienten Flaubert mit Eulalie Foucaud de Langlade, die er in einem Hotel von Marseille getroffen hatte:

> Sie hatte ein weißes Kleid mit kurzen Ärmeln, sie lehnte mit dem Ellenbogen auf dem Fensterbrett, eine Hand nahe am Mund, und schien irgend etwas Vages und Unbestimmtes auf der Erde anzuschauen; ihre glatten schwarzen Haare, die über den Schläfen geflochten waren, glänzten wie die Flügel eines Raben, ihr Kopf war ein bisschen geneigt; einige Härchen kamen hinten aus den anderen heraus und kräuselten sich auf ihren Hals; ihr krummer großer Goldkamm war mit roten Korallenkörnern besetzt. (November, S. 193)

Auch hier finden wir bereits die detailgenaue plastische Darstellungsform des Schriftstellers Flaubert, jene literarische *Repräsentation*, die das zu Beschreibende im Bild plastisch, anschaulich vor den Leser hinstellt. Für den jungen Mann bringt diese Frau jene Erfüllung, die er suchte:

> [...] ich kostete da das endlose Verlangen meiner Jugend und die gefundene Wollust all meiner Träume aus [...]. (November, S. 195)

Bei der wiederholten Begegnung mit dieser Frau kommt es zu einer Beichte ihrer Lebensgeschichte, also einer extradiegetischen Einschaltung einer weiteren Autobiographie in den autobiographischen Text. Auch diese autobiographische Erzählung der Marie hat die Tendenz, die eigene Lebensgeschichte nicht zu verklären, sondern sie mit einem gnadenlosen Blick auf sich selbst offen zu legen. Sie stellt sich vor als eine junge Frau vom Lande mit einer ungewöhnlich starken Sinnlichkeit, die sie nirgendwo in der Gesellschaft, in der sie aufwächst, unterbringen kann. Auf der Straße wird sie von einem älteren Mann angeworben, der sie zu seiner Mätresse macht. Im Nu ist sie somit zu einer angesehenen Dame geworden, die aber mit ihrer Liebessehnsucht unerfüllt bleibt. Sie rutscht ab auf die Ebene einer Prostituierten, die sich in ihrem eigenen ungestillten Verlangen allen Männern hingibt, aber ein Liebesbild in sich trägt, das sich nirgendwo erfüllt. Flaubert schildert sie also aus der homodiegetischen Bekenntnisperspektive der Marie in dieser extradiegetischen Einschaltung nicht als eine Frau, die er von moralischer Warte abkanzelt. Sie wird hingegen als eine Frau beschrieben, die so viel an Liebeskraft und Liebesverlangen in sich hat, dass sie in der sicher verfeinerten, auch vergröberten bürgerlichen Gesellschaft im Frankreich der aufsteigenden Industrialisierung und Urbanisierung unter dem Bürgerkönig Napoleon III. ihr Glück nicht finden kann. In dieser Situation beschwört sie eine fast archaische Vision eines vergangenen bacchantischen Zeitalters:

> Es gibt also auf der Erde nicht mehr jene göttliche Jugend wie einst! Keine Bacchusse, keine Apollos mehr, keine jener Helden mehr, die nackt dahinschritten, gekrönt mit Weinranken und Lorbeer! Ich war dafür geschaffen, die Mätresse eines Kaisers zu sein, ich; ich brauchte die Liebe eines Banditen auf einem harten Felsen unter einer afrikanischen Sonne; ich begehrte die Umschlingungen der Nattern und die brüllenden Küsse, die sich Löwen geben. (November, S. 232)

Diese Stelle hat in ihrer Direktheit sicher noch den Makel einer nicht ganz durchgereiften literarischen Sprache. Sie hat selbst etwas von jener Überspannung der Einbildungskraft, die Flaubert später als eine Form des falschen Illusionismus kritisch bricht. Gleichwohl zeigt sie jenen Grundkonflikt an, der auch seine späteren Romane durchzieht: den Widerspruch zwischen überbordender Liebeserwartung und dem, was Ehe und Gesellschaft an Erfüllung bieten können.

Auch für Marie ist dabei die Lektüre jene Quelle, die ihre Phantasie speist und die ihr Trost spendet. Der Roman „Paul und Virginie“ von Bernardin de Saint-Pierre ist ein solcher Roman, der das Motiv der unglücklichen Liebe mit der exotischen Beschreibung der Insel Mauritius verbindet. An der Vorstellungswelt dieses Romans wird sich auch Emma Bovary entflammen. Jene Marie legt eigentlich eine sehr verwandte Lebens- und Sehnsuchtsgeschichte offen wie der männliche Ich-Erzähler von „November“ und später Emma Bovary. Alle diese Figuren können ihrer Einsamkeit nicht entrinnen und bleiben ungestillt in ihrem Lebens- und Liebeshunger. So führt auch der Text „November“

rasch wieder in die Absonderung, in die Einsamkeit, in die Darstellung der Unerfüllbarkeit der Liebe. Der Protagonist flüchtet geradezu aus der intimen Situation:

> Wir verabschiedeten uns nicht voneinander, ich nahm ihre Hand, sie antwortete, aber die Kraft, sie zu drücken, war in ihrem Herzen geblieben. Ich habe sie nicht mehr wiedergesehen. (November, S. 247)

Das Psychogramm dieser frühen Erzählung Flauberts, die am Ende durch einen fiktiven Herausgeber gebrochen ist, enthält auch die Kritik jener psychischen Disposition, die der Text beschreibt. Der Ich-Erzähler wird aus der Perspektive jenes Herausgebers geschildert als ein junger Mann, der seit seiner frühen Jugend sich „mit sehr schlechten Autoren vollgestopft" habe, „wie man an seinem Stil hat sehen können" (November, S. 260). Hier spüren wir nun durch den heterodiegetischen Erzähler der Rahmenhandlung den *Stilisten* Flaubert, der die Texte der Ungeduld des Herzens selbst noch einmal einer Revision unterzieht und so auch den versteckten *Kitsch* vieler Liebesphantasien und der durchgehenden Melancholie des Protagonisten kritisch bricht. Kritisiert wird auch das Ziellose seines Herumschweifens – „dass er kein Ziel hatte, und da liegt das Unglück", sein „Überdruss", sein „Hochmut" (November, S. 271) entgehen nicht dem Urteil jenes den Bekenntnistext deutlich abkühlenden kritischen Herausgebers. Und damit hat sich auch eine Institution im Schreibstil Flauberts gefestigt, die den Stil der „Madame Bovary" jederzeit kontrollieren wird und ihr solche verbalen Exzesse, wie wir sie noch in „November" finden, nicht mehr gestattet. Die Meisterlichkeit des Erzählstils in der „Madame Bovary" ist eben auch jener „Impersonalität" des Stils geschuldet, die der kritische Erzähler in „November" noch als ein im Text eher äußerliches, nachgeschaltetes Element einführt.

2.5 Analyse des Romans

2.5.1 Zur Entstehung des Romans und zur Wahl der Erzählperspektive

Zur Entstehung des Meisterromans „Madame Bovary" ist zunächst anzumerken, dass Flaubert diesen Roman mit unendlichen inneren Mühen geschrieben hat. Dabei ging die Hinwendung zur Prosa gar nicht von Flaubert selbst aus, sondern von seinen Freunden Maxime du Camp und Louis Bouilhet. Nach Anhörung eines seiner Texte mit dem Titel „Die Versuchung des Heiligen Antonius“ rieten sie ihm, sich einem prosaischen Stoff zuzuwenden, wie es z. B. „Die Geschichte Delamares“ sei. Der Stoff der „Geschichte Delamares“ war eine Familientragödie. Ein Internist dieses Namens war am Krankenhaus von Flauberts Vater gewesen und hatte sich in der Nähe von Rouen als Arzt niedergelassen. Seine Frau hatte sich, nach einigen Affären mit mehreren Liebhabern, vergiftet. Eine erste Erwähnung der Thematik der unglücklichen Frau finden wir in Flauberts Briefen im Zusammenhang mit einem geplanten „flämischen Roman“ im Jahr 1850: „Mein flämischer Roman von dem jungen Mädchen, das als Jungfrau und Mystikerin zwischen Vater und Mutter in einer kleinen Provinzstadt in einem mit Kohl und Rüben bepflanzten Garten am Ufer eines Flusses von der Größe der Robec stirbt“ (Flaubert: Briefe, S. 159f).

In diesem kurzen Hinweis ist von dem Kontext des späteren Romans, der bürgerlichen Welt und deren genauer Beschreibung – die den Reichtum der späteren „Madame Bovary“ ausmacht –, noch nichts zu spüren. Diese Differenziertheit kommt erst ins Spiel, als sich Flaubert sehr viel tiefer auf das gesellschaftliche Umfeld einlässt, in dem eine solche Tragödie wie die der Madame Bovary sich ereignen kann.

Zu den wichtigen Autor-poetischen Entscheidung Flauberts gehört, dass er den Text aus einer zurückhaltend heterodiegetischen Perspektive und ohne Einmischungen eines reflektierenden Erzählers oder Autors schreiben will: ohne „dick“ aufzutragen, „und ohne Reflexionen des Autors“ (Flaubert: Briefe, S. 293). Er will „für andere denken“ (ebd.), das heißt, diese anderen in *ihrem* Denken und Fühlen darstellen, ohne sich dabei als Autor explizit in die Erzählung einzuschalten. Das meint Flauberts eigener Begriff der Repräsentation. Es ist eine Textform der „impersonalité“ (Flaubert: Briefe, S. 366), die im Verhalten der Figuren selbst *zeigt*, was sie sehen lassen will – ohne explizite Bewertungen und Stellungnahmen des Erzählers.

Diese Erzählhaltung, passagenweise verbunden mit einer verhaltenen Ironie, führt zu der Meisterleistung des Romans. Wie die Forschung zu Recht angemerkt hat, ist dies kein Plädoyer für eine „Literatur ohne Autor“, sondern die Forderung nach einer veränderten Rolle des Autors (Frey: Die ästhetische Begriffswelt Flauberts, S. 167). Diese „unpersönliche“ Präsenz des Erzählers in seinem Erzählwerk mindert nicht die Kraft der Erzählung und ihrer Präsentationsform, sondern steigert sie (Digeon: Flaubert, S. 1970). Erzähler und Autor sind nicht verschwunden im Text, sondern nur *versteckter* in diesem anwesend. Der Erzähler übernimmt im Roman eine *Doppelfunktion*: Er führt den Leser in die Seh-, Denk- und Verhaltensformen der Figuren ein, lässt *deren* Weltsicht von innen heraus nachvollziehbar werden. Zugleich aber *zeigt* der Erzähler auch die *innere Logik* und die *Folgelasten* der Weltanschauungen seiner Figuren. Wie später auch bei Kafka (Kap. 5) rutscht so das analytische Wissen des Erzählers aus der Ebene der expliziten Bewertung (auktorialer Erzähler) in die *Konstruktion* der Erzählung selbst. Der *Leser* freilich erkennt die Genialität der Konstruktion im vollen Umfang erst im Durchgang durch die ganze Lektüre des Romans: Erst aus dieser Lektüre werden all jene vorausdeutenden Zeichen und Hinweise ganz verständlich, die der Erzähler im Verlauf des Erzählvorgangs setzt.

2.5.2 Einführung der Protagonisten

Wie bringt sich ein Erzähler zur Geltung, der nicht mehr – wie der klassische auktoriale Erzähler – den Fall, den er darstellt, beurteilt, sondern ihn in seiner Darstellung selbst *für sich* sprechen lässt? Schauen wir uns in der „Madame Bovary“, die in den Jahren 1851-56 entstand, jene Passagen an, in welchen die Protagonisten – Charles Bovary und seine spätere Frau Emma – eingeführt werden.

Die Einführung der *männlichen Hauptfigur* geschieht gleich im ersten Abschnitt des Ersten Buches:

> Wir saßen an unseren Aufgaben, als der Rektor eintrat. Ein *Neuer* in bürgerlicher Kleidung und ein Schuldiener mit einem großen Pult folgten ihm. (MB, S. 9)

Ungewöhnlich für den Roman ist hier die Erzählperspektive in der Wir-Form, die auch im weiteren Verlauf des Romans nicht mehr auftaucht. Es ist die homodiegetische Perspektive des Kollektivs der Klasse, die den jungen Schüler Charles Bovary in das Klassenzimmer eintreten sieht. Der Erzähler will offenbar den Leser gleich zu Eingang mit einem teilnehmenden Blick in die Geschichte einbeziehen. Dabei erfolgt die Charakterisierung des Jungen Charles Bovary über ein kleines *Accessoire*: seine Mütze. Mützen pflegten die Jungen dieser Klasse, wenn sie den Klassenraum betreten, so unter die Bank zu „schleudern, dass sie gegen die Mauer flogen und dabei viel Staub aufwirbelten; das galt als *schick*“ (MB, S. 10). Der „Neue“ aber hält seine Mütze, die eine komische Mischung von Pelzmütze, Tschapka, Filzhut und Otterfellmütze zu sein scheint, verkrampft in den Händen mit einem Ausdruck „wie das Gesicht eines Idioten" (MB, S. 10). Dann fällt ihm zu allem Unglück auch noch die Mütze zu Boden: „Die ganze Klasse lachte." (Ebd.) Das Gelächter verwirrt ihn. Er kann seinen Namen nicht richtig aussprechen, schreit ihn schließlich heraus: „*Charbovari*" (MB, S. 11). Der Lärm in der Klasse, das Trampeln und Toben über diese in der Tat blöde Namensansage nimmt kein Ende. Charles Bovary muss auch sogleich auf die Strafbank und zwanzig Mal schreiben: „*ridiculus sum*" – „Ich bin lächerlich". So brennt ihm der Lehrer den Stempel auf: Du bist eine tumbe, eine törichte, eine lächerliche Erscheinung. Diesen Stempel wird die Figur von seinem ersten jugendlichen Auftritt an das ganze Leben lang behalten. Auch in dem späteren Landarzt und Bürger Bovary kann dessen Frau Emma – und damit auch ein Stück weit der Leser – später kaum noch etwas anderes wahrnehmen kann als seine Tumbheit, Trägheit, Plumpheit.

Der erste Abschnitt des Ersten Buches, in dem der Erzähler seinen ‚Helden' einführt, schildert dann auf wenigen Seiten dessen *weiteren Werdegang*: seine Ausbildung, seine Eltern, sein Studium. Es wird deutlich, dass seine Mutter ihre Hand auf allem hat. Sie steuert auch die erste Verheiratung des Sohnes mit einer hässlichen Frau, die man für reich hielt und die den tumben Charles Bovary ähnlich dominiert, wie seine Mutter es getan hat. Wie Flaubert fällt Charles erst einmal durchs Examen, schafft es dann aber doch und wird Arzt, sogar ein in der Region angesehener. Aber es hilft ihm alles nichts: Das „*ridiculus sum*", seine anfängliche Lächerlichkeit, folgt dieser Figur durch den ganzen Roman wie ein Schatten. Später wird es der Blick Emmas, seiner Frau sein, die seinen dicken Bauch, die schmatzenden Geräusche beim Essen, sein Schnarchen, seine ganz und gar unelegante Art mit überscharfem Blicke wahrnehmen und sich dabei innerlich von ihm abwenden wird. Er kann ihr, die voll ist von Liebesträumen, all das nicht bieten, was sie sich innerlich wünscht.

Wie aber nun wird *Emma* im Roman eingeführt? Im zweiten Abschnitt des Zweiten Buches wird der junge Arzt Charles Bovary zu einem Bauern auf den Hof gerufen, der sich das Bein gebrochen hat. Charles kann den einfachen Bruch schienen und damit heilen. Auf dem Hof Les Bertaux trifft er die Tochter des Bauern – jene junge Frau Emma – , die sein Schicksal werden wird. Die Darstellung der Begegnung der beiden in der Küche des ländlichen Hofes ist in der Tat ein Meisterwerk der modernen Erzählung:

> Eines Tages kam er gegen drei Uhr nach Les Bertaux; alles war auf dem Feld; er trat in die Küche, ohne Emma zunächst zu bemerken; die Fenster-

> läden waren geschlossen. Durch die Ritzen des Holzes warf die Sonne lange dünne Lichtstrahlen auf die Fliesen, die sich an den Kanten der Möbel brachen und an der Decke flimmerten. Fliegen krochen an den Gläsern empor, die auf dem Tisch geblieben waren, und summten, wenn sie in den Apfelweinresten ertranken. Das Tageslicht, das durch den Kamin fiel, ließ den Ruß der Herdplatten wie Samt erscheinen und färbte die erkaltete Asche bläulich. Zwischen dem Fenster und dem Herd saß Emma und nähte; sie hatte kein Tuch um, und auf ihren nackten Schultern saßen kleine Schweißtropfen. (MB, S. 31)

Was lässt der heterodiegetische Erzähler sehen? Der Raum der Küche ist relativ dunkel bis auf die langen dünnen Lichtstrahlen auf den Fliesen. Der eintretende Charles hat daher Emma zunächst nicht bemerkt. Es ist nicht das klare Licht des Tages, die offene Helle eines Lichtraumes, in dem sie sich begegnen. Man kann darin – bei aller Vorsicht der Interpretation – zumindest einen Hinweis auf jene *Nicht-Transparenz* sehen, die in der Tat das spätere Eheverhältnis zwischen den beiden prägen wird. Emma wird auch später für Charles nie erkennbar, nie sichtbar sein. Bemerkenswert im Kontext der Vorausschau des Erzählers ist auch der Blick auf die bläuliche „erkaltete Asche", in der die Kälte und schließlich das Verlöschen jeglicher Liebe in der Ehe der beiden schon antizipiert werden. Die in den Apfelweinresten ertrinkenden Fliegen liefern auch ein seltsames, vielleicht ironisch gebrochenes Bild der Vorausdeutung, denn Emma wird sich später vergiften. Es sind jedenfalls keine Bilder von Leben, von Freude, von Glücksversprechen, die in dieser ersten Szene eines sich begegnenden jungen Paares vom Erzähler präsentiert werden. Der Erzähler sagt dies nicht explizit, er schaltet sich nicht reflexiv ein, aber er *zeigt* geradezu filmische Bilder, in denen sich auf seltsame Weise Abgelebtes und Erkaltetes *darstellt*.

Charakteristisch für Emma ist dann auch die folgende Szene, in der sie „nach ländlicher Sitte" dem Gast etwas zu trinken anbietet: [...] und schließlich bat sie ihm lachend, ein Glas Likör mit ihr zu trinken." (Ebd.) Sie gießt sich selbst nur einige Tropfen in das Glas und führt es dann zum Mund, nachdem sie mit ihm angestoßen hat.

> Da es so gut wie leer war, musste sie sich beim Trinken weit zurücklehnen; und so, mit zurückgeworfenem Kopf und vorgeschobenen Lippen, mit gestrafftem Hals, lachte sie darüber, dass sie nichts spürte, und sie streckte ihre Zungenspitze zwischen den feinen Zähnen hindurch, um den Boden des Glases auszulecken. (MB, S. 32)

Sicher als unbewusste Geste zeigt sich Emma doch bereits in dieser Szene als eine junge, kokette Frau, die mit Lust den feinen Bodensatz des Glases „auszulecken“ unternimmt. Ihre Lebenslust, sogar Lebensgier, wird in dieser Szene angedeutet, aber eben ganz ohne deutende Einmengungen des Autors. Insofern ist jede Interpretation, die wie diese hier charakteristische Züge der Bilder herausstellt, immer auch eine Vergröberung, die der Text gerade in der Bildlichkeit der Darstellung zeigt, aber nicht ausspricht.

Zur Charakterisierung dieser Figur gehört außerdem, dass ihre Stimme als „hell, scharf“ beschrieben wird, gleichzeitig als „plötzlich sehnsüchtig werdend, in Schwingungen, die beinahe in einem Murmeln endeten“ (MB, S. 32). Auch hier zeigt sich bereits jene Emma, die im Stande sein wird, das Haus der Bovarys klar und präzise zu führen, gleichzeitig aber auch eine starke Tendenz zur *Introversion* hat, zum Versinken in die eigenen Phantasien.

> Bald war sie heiter, mit großen, kindlichen Augen, bald waren ihre Lider halb geschlossen, der Blick im Überdruss ertrunken, die Gedanken fern. (MB, S. 32f)

Wir haben so schon in der Introduktion eine Charakterisierung der Hauptfiguren, welche die Erzählung ausfalten, differenzieren, aber nie mehr verlassen wird. Für Charles und Emma bedeutet das, dass sie in jenem ersten Erzählentwurf, in dem sie präsentiert werden, auch gefangen sind. Charles Bovary bleibt Zeit seines Lebens und bei allem beruflichen Erfolg und beruflichem Ansehen, das er erwirbt, eine lächerliche Figur. Emma, in ihrer Gebrochenheit von Klarheit und Schärfe einerseits und sehnsüchtigem Fernweh andererseits, muss diese ihre Bestimmung in dem Roman erfüllen bis zu ihrem eigenen Untergang.

Stilistisch operiert der Erzähler dabei aber nicht mit expliziten Vorausdeutungen, sondern mit einer, wie man sie in der Forschung genannt hat, „Szenen- oder Tableautechnik“, welche mit geradezu malerischen Mitteln die Figur über ihre Accessoires – hier eine Mütze, dort ein Likörglas – darstellt und so die Gestalten plastisch, anschaulich erzeugt. Diese Beschreibungstechnik, wie sie bereits Jean Bruneau 1962 als typisch für Flaubert herausgearbeitet hat (Bruneau: Les débuts littéraires), und bis in die erste Fassung der „Erziehung des Herzens“ zurückverfolgt, kennzeichnet in der Tat den Erzählstil dieses Autors, der – um ein anderes Medium zum Vergleichs heranzuziehen –, die *filmische* Praxis großer Regisseure des 20. Jahrhunderts vorwegnimmt.

2.5.3 Analyse der Handlungsstruktur des Ersten Buches

Die Handlungsstruktur des Ersten Buches des in insgesamt drei Bücher eingeteilten Romans umfasst ungefähr einen Zeitraum von 25 Jahren. Die *erzählte Zeit* des Romans rekapituliert die erwähnten biographischen Daten von Charles Bovary, beschreibt die Begegnung mit Emma und seine Hochzeit. Sie fasst in wenigen Tagen und Wochen die sich anbahnende Entfremdung zwischen dem Ehepaar in ihrem Wohnhaus und der Praxis in dem französischen Ort Tostes zusammen. Dabei wird das Anwachsen der inneren Traum- und Phantasiewelt Emmas während der Ehe beschrieben, die selbst Ursache wie Begleiterscheinung des Entfremdungsprozesses der Eheleute ist.

Ein zentrales Kapitel in diesem Zusammenhang ist der Abschnitt 6 des Ersten Buches, in welchem die frühe Lebensgeschichte der Emma Bovary rekapituliert wird, insbesondere die Entwicklung ihrer *inneren Empfindungen* und *Sehnsüchte* im Zusammenhang mit ihren Lektüreerlebnissen. Auch sie hat, wie die Marie von „November", „Paul und Virginie" gelesen, kennt die Werke der Romantiker Chateaubriand und Lamartin und baut so in ihrer Klostererziehung selbst eine Art *sentimentale Innerlichkeit* auf, in der sie „alles als unnötig" verwarf, „was nicht unmittelbar zur Labung ihres Herzens beitrug – denn sie war eher sentimental als künstlerisch veranlagt" (MB, S. 48). Immerhin finden wir hier von Seiten des Erzählers eine Beschreibung der Titelfigur, die man als Bewertung lesen kann. Man könnte Emma Bovary geradezu eine weibliche Donna Quijote nennen. Wie jener Held lebt sie in der *Phantasiewelt* der Romane. Zwar zieht sie nicht gegen imaginäre Feinde zu Felde, aber lebt doch wie jener frühmoderne Held ganz in der Innerlichkeit ihrer Phantasiewelt, in welche sie sich schon als junges Mädchen zurückgezogen hatte.

Der Erzähler kanzelt das Verhalten Emmas nicht explizit ab, deutet aber in seiner Zusammenfassung des Lektürestoffs doch klar genug für den Leser den stereotypen Charakter dieser Romane an:

> Da gab es nichts als Liebesabenteuer, Liebhaber und Liebhaberinnen, verfolgte Damen, die in einsamen Pavillons ohnmächtig, Postillone, die beim Pferdewechsel unweigerlich ermordet wurden, auf jeder Seite Pferde, die man zuschanden ritt, finstere Wälder, Herzensqualen, Schwüre, Schluchzen, Weinen und Küssen, Nachen im Mondschein, Nachtigallen in den Büschen, *Herren*, die tapfer wie Löwen und sanft wie Lämmer waren, tugendhaft wie es nicht möglich ist, immer schön angezogen und leicht zu Tränen zu rühren. (MB, S. 48f)

Der Erzähler geht hier relativ weit in der Deutung dessen, was er von jenen „Herzensqualen, Schwüre[n], Weinen und Küssen“ hält, dass sie „ein Blendwerk der Welt der Empfindungen“ sind, die auch die Augen unserer Protagonistin „geblendet haben“.

Im Gang der Handlung wird diese theatralische Welt nun durch ein Ereignis für die Protagonistin eher noch erweitert als kritisch gebrochen: die Einladung zu einem Adligen, den der Ehemann ebenfalls behandelt und geheilt hat, dem Marquis d'Andervilliers, auf Schloss Vaubyessard. Das Fest auf diesem Schloss verdreht Emma vollends den Kopf, die sich hier „mit der peinlichen Gewissenhaftigkeit einer debütierenden Schauspielerin“ (MB, S. 63) dafür angekleidet und zurechtgemacht hatte. Ein Adliger tanzt mit ihr, sie nimmt Teil an den Gesprächen über Kunstreisen nach Rom, über Rennpferde, die Exotik einer Orangerie, die Pracht des Diners, das alles verdreht ihr den Kopf. In ihrer kleinen, bürgerlichen Welt versucht sie einiges davon nachzuahmen und spielt sich selbst als bürgerliche Adlige auf. Ihrem Mann gefällt dies nicht schlecht, jedoch begreift er immer weniger, was in Emma vorgeht – *er* ist glücklich in dieser Ehe. Die schöne Emma bietet ihm Liebe, Glück, ein aufgeputztes bürgerliches Haus. Aber *ihre* Bedürfnisse und Erwartungen werden in dieser Ehe immer weniger befriedigt. Sie empfindet ihr Leben als immer eintöniger, gemessen an den wunderbaren Phantasien, die sie im Kopf hat.

> Im übrigen wurde er [Charles Bovary] ihr immer widerwärtiger. Mit den Jahren nahm er allerlei unmanierliche Gewohnheiten an; er zerschnitt beim Nachtisch die Korken der leeren Flaschen; er fuhr sich nach dem Essen mit der Zunge über die Zähne; er schluckte geräuschvoll bei jedem Löffel Suppe, den er aß; und da er dicker wurde, schienen seine ohnehin schon kleinen Augen von den aufgedunsenen Backen gegen die Schläfen hinauf gedrängt zu werden. (MB, S. 77f)

Auch hier wird die Entfremdungsgeschichte wieder an Accessoires, an *erzählerischen Details* festgemacht. Wir sehen in der heterodiegetischen Perspektive des Erzählers den buchstäblich angewiderten Blick der Emma Bovary auf den Ehemann nach wenigen Ehejahren. Gleichwohl endet das erste der drei Bücher mit einem narrativen Paukenschlag:

> Als sie im März Tostes verließen, war Madame Bovary schwanger. (MB, S. 84)

2.5.4 Die Verführung der Emma Bovary und die Sprachkritik des Romans

Bereits die *Darstellung* des neuen Wohnortes der Familie Bovary lässt erkennen, was das Ehepaar dort zu erwarten hat. Es ist der Ort Yonville-l'Abbaye, eine Art Niemandsland im Grenzgebiet zwischen Normandie, Picardie und der Ile-de-France, das vor allen Dingen durch seine Unauffälligkeit charakterisiert wird. Der Erzähler schildert den Ort als ein „verschlafenes Nest", in dem nichts mehr von der Kirchenruine steht, ein Ort mit einem Gasthaus, einer Apotheke: „Sonst gibt es nichts zu sehen in Yonville." (MB, S. 89) Zu den ironisch gesetzten Symbolen dieses Ortes gehören jene Fötusse in der Apotheke des Monsieur Homais, die „wie Bündel aus weißem Zunder" in ihrem „trüben Alkohol" mehr und mehr „verfaulen", dazu „über dem Tor des Gasthauses [...] der alte goldene Löwe mit seiner Pudelmähne" (ebd.).

In diesem ganz und gar öden Ort der französischen Provinz kann sich die Elendsgeschichte der Familie nur fortsetzen und niemals wirklich frischen Wind bekommen – das spürt der Leser sofort. Zur Leistung der Erzählung gehört, dass er das trübe Szenario von Yonville mit einer Genauigkeit und auch feiner Ironie schildert, so dass die Darstellung des Elends zum *Leseerlebnis* wird. Da ist der Apotheker Homais, der am Ende als der eigentliche Sieger des Romans erscheinen wird. Er ist ein Freigeist, der sein Denken an Voltaire und Rousseau geschult hat, der über seine Kompetenzen hinaus kleine ärztliche Eingriffe durchführt. Er glaubt an den Fortschritt in Frankreich: eine nicht unsympathische, aber in ihrem ungebrochenen Fortschrittsglauben gegen Ende des Romans zunehmend auch *kritisch* gezeichnete Figur. Sie weist auf einen späteren Roman Flauberts hin, seinen letzten, nicht fertig gestellten Roman „Bouvard und Pécuchet", in dem er an diesen beiden Figuren die Zunahme des Wissens und den Fortschrittsmythos der neuzeitlichen Wissenschaft ironisch darstellt.

Die ersten beiden Abschnitte des Zweiten Buches des Romans schildern die kleine und weitgehend uninteressante Gesellschaft des Ortes. Man trifft sich in dem Gasthaus, wo die Familie Bovary eingekehrt ist, bevor sie ihr schönes Wohnhaus bezieht.

Wenn da nicht eine Figur wäre, die sofort das Interesse der Madame Bovary einnimmt: der *Notarsgehilfe Léon*, mit dem sich Emma – wie soll es anders sein – über Kunst und vor allem über Bücher verständigt. Der Notarsgehilfe spricht auch aus, welche Funktion das Lesen in einer solchen wenig Anregungen schenkenden Umgebung hat:

> Es ist so tröstlich, sich in Gedanken aus den Enttäuschungen des Alltagslebens zu edlen Charakteren zu flüchten, zu reinen Zuneigungen und Bildern des Glücks. Für mich, der hier fern der großen Welt lebt, ist es die einzige Zerstreuung. In Yonville hat man so wenig Möglichkeiten. (MB, S. 101f)

Auch Madame Bovary liest unablässig, sie schwärmt dann mit Léon über gemeinsame Lektüreerlebnisse. Was dabei kaum beachtet wird und von ihr auch nicht als eine Chance zu einem anderen Leben wahrgenommen wird, ist ihre *Mutterrolle*. Sie hat ein Mädchen geboren, doch hätte sie sich lieber einen Sohn gewünscht. Ihre Tochter, genannt Berthe, wird sogleich einer Amme in Versorgung gegeben und auch im Weiteren kümmert sich die Mutter nicht sehr um dieses Kind. Im Gegenteil, es ist ihr lästig, fällt ihr auf die Nerven. In einer signifikanten Szene stößt sie das Kind sogar von sich. Emma Bovary, in ihrer schwärmerischen Identifikation mit Phantasiehelden und einer Feenwelt, kann ihre Rolle als bürgerliche Hausfrau und Mutter nicht annehmen.

Die Affäre mit Léon, die vorerst nicht zur erotischen Erfüllung führt, füllt die Abschnitte 3 bis 6 des Zweiten Buches. Die Heldin schwelgt zunehmend in ihrer Liebeszuwendung zu Léon, die aber nicht zur Erfüllung führt. Als Léon nach Rouen übergesiedelt ist, „verwünschte [Emma] sich selbst, dass sie Léon nicht erhört hatte; sie lechzte nach seinen Lippen“. Sie verfällt jetzt der Melancholie, ihre Depression nimmt zu, sie „überließ [sich] einer düsteren Melancholie, einer starren Verzweiflung“ (MB, S. 147).

In diesem Moment taucht ein anderer Mann auf, ein gewisser Monsieur Rodolphe Boulanger, der einen Bauern begleitet, der sich bei dem Landarzt zur Ader lassen will. Dieser erfahrene Verführer „war vierunddreißig Jahre alt; er war rücksichtslos und von scharfem Verstand“ (MB, S. 155). Er macht sofort einen kalkulierten Plan, wie er die schöne Frau des Landarztes für sich gewinnen kann.

Und das ist nun die eigentliche *Tragik* dieser schönen Frau Emma Bovary: Mit ihrer schwärmerischen Leidenschaft und Liebessehnsucht wird sie zweimal Opfer einer kalkulierten Form von Verführung, die sie mit genau jener falschen Gefühlsrhetorik umgarnt, die sie aus den Liebesromanen kennt, hier aber nur als bewusstes Mittel der Verführung eingesetzt wird.

Die zentralen Kapitel für die Verführungskünste des Herrn Rodolphe sind die Kapitel 8 und 9 des Zweiten Buches, in denen diese vom Erzähler ironisch geschildert werden. Es ist Jahresversammlung der Landwirte in Yonville, vor deren Hintergrund und in deren Ambiente der Erzähler die Verführungsgeschichte einbettet. Die Textform nähert sich hier der *Collage* an. Wir hören auf dieser Landwirtschaftsschau, die einen gewissen Rummel in die Stadt trägt, die Stimme eines untergeordneten Präfekturrates, der von dem Aufschwung des „schönen Vaterlandes“ schwadroniert:

> Was sehe ich da? Überall stehen Handel und Kunst in Blüte, überall stellen neue Verkehrswege wie neue Arterien im Staatskörper neue Verbindungen her. Unsere großen Fabrikzentren funktionieren wieder. Die Religion ist gestärkt wieder in alle Herzen eingezogen. Unsere Hafenplätze sind voll belegt. Das Vertrauen kehrt zurück. Endlich atmet Frankreich auf! [...] (MB, S. 169)

Es ist eine der wenigen Stellen, in der auch das *politische Umfeld* des Frankreichs der Zeit des Napoleon Bonaparte III. in den Vordergrund tritt, eine Epoche der zunehmenden Industrialisierung – die aber gleichzeitig in dieser Rede auf eine verschwommene Weise mit der Stärkung der Religion, der Nation und dem Aufstieg von Handel und Künsten verbunden wird. Dies ist, so stellt es der Erzähler durchaus sprachkritisch dar, *politische Phrasen* der Zeit.

Dagegen aber setzt er nun den *Diskurs der Liebenden*, wobei der Leser ja weiß: Rodolphe setzt ihn durchaus strategisch ein. Also auch auf dieser Seite eine *sprachkritische* Brechung eben jener Rhetorik des Gefühls und der Empfindungen, die Emma wörtlich nimmt, die der Erzähler aber als eine Strategie der Verführung kenntlich macht. So bedient sich Rodolphe, der die unglückliche Emma Bovary verführen will, folgender Worte:

> Immer reden sie von Pflicht, ich kann das Wort nicht mehr hören. Alte Schafsköpfe in Flanellhemden und Betschwestern mit Wärmflaschen und Rosenkranz sind es, die uns ewig dieselbe Litanei vorsingen: die Pflicht! die Pflicht! Zum Teufel! unsere Pflicht ist es zu fühlen, was groß ist, zu lieben, was schön ist, und sich nicht allen Konventionen der Gesellschaft zu fügen, mit dem ganzen schändlichen Verhalten, das sie uns aufzwingt. (MB, S. 171)

Emma vermag auf diese Rede des Rodolphe nur ein stotterndes „dennoch ... dennoch“ zu antworten. Sie ist verwirrt, sie verfügt gerade nicht über die Gewandtheit der Rede, mit der Rodolphe sie bearbeitet:

> Nein! Warum wird immer gegen die Leidenschaften gewettert? Sind sie nicht das einzig Schöne, das man auf dieser Welt hat, sind sie nicht die Quelle des Heldentums, der Begeisterung, der Poesie, der Musik, der Kunst, kurz, alles Edlen? (ebd.)

Im Grunde haben wir es in dieser zentralen Stelle des Zweiten Buches der „Madame Bovary“ mit einer radikalen *Sprachkritik* zu tun. Weder die Sprache des bürgerlichen Präfekten, noch die Rhetorik der Empfindsamkeit sind authentische Formen der Äußerung. Beide funktionalisieren Phrasen, also lehrformelartige Worthülsen, der Politiker aus politischem Kalkül, der Verführer um der Verführung willen. Der heterodiegetische Erzähler aber sieht beides und lässt dies auch den Leser erkennen. Er ist somit in einer Doppelfunktion präsent: Er *zeigt* die Denk- und Sprechformen seiner Zeit, die er zugleich verhalten ironisch *auf Distanz* setzt.

Emma wird das Opfer der romantischen Rede Rodolphes und lässt sich nun von ihm verführen. Im 9. Kapitel des Zweiten Buches kommt es zu einem Ausritt der beiden an einem schönen Oktobertag, auf dem sie sich Rodolphe hingibt. Bezeichnend dabei ist – einmal mehr *zeigt* der Erzähler hier, was den Figuren selbst nicht bewusst wird – die Geste und die Haltung der Verführten:

> Das Tuch ihres Kleids verfing sich am Samt seines Rocks, sie bog ihren weißen Hals zurück, dem ein Seufzer entstieg und halb ohnmächtig, tränenüberströmt, mit einem langen Erbeben ihres ganzen Körpers und mit den Händen vor dem Gesicht gab sie sich hin. (MB, S. 190)

„[…] mit den Händen vor dem Gesicht“ – hiermit zeigt der Erzähler das latente Unglücklichsein der Heldin auch in dieser Szene. Die Geste der gekreuzten Hände „vor dem Gesicht“ verdeutlicht zur Genüge ihre Scham, ihre innere Gebrochenheit, ihre Nicht-Präsenz in dieser Szene der Hingabe.

Nun ist aber der Verführer selbst im Bann dieser schönen Frau, die er eigentlich nur verführen wollte. Über einige Wochen zieht sich eine geheime Liebesgeschichte zwischen den beiden hin, in der ihnen beiden die Liebe zueinander „unentbehrlich“ geworden ist. Zwar demütigt Rodolphe sie durch seine zunehmend frechen und herabwürdigenden Gesten, aber auch er kann nicht von seiner Geliebten lassen, ist ihrer Schönheit verfallen. Man plant sogar zu fliehen, gemeinsam Südfrankreich und Italien zu bereisen und sich ganz einem Traumleben in Liebe hinzugeben. In diesem Moment erwacht Rodolphe. In einem ebenfalls posenhaften Brief nimmt er Abschied von Emma und Reißaus aus der Stadt Yonville. Und wie nach der Abreise Léons wird die erneut Verlassene krank, doch nun viel schlimmer, bis hin zu den konvulsivischen Zuckungen ihres Körpers. Sie flüchtet sich wieder in eine Art Schwärmerei, diesmal in den Katholizismus, wobei der Erzähler schon zuvor in einem Gespräch der Emma mit dem Pfarrer des Ortes deutlich macht:

die Kirche vermag ihr in ihrer Seelennot nicht wirklich innere Hilfe zu geben (MB, S. 123ff und S. 250ff).

2.5.5 Die Katastrophe

Emma Bovary erholt sich wieder von dieser durch Rodolphe ausgelösten Krise. Der letzte Akt des dramatischen Geschehens wird durch die erneute Aufnahme der Liebesbeziehung zu Léon in Rouen ausgelöst. Emmas Schicksal gipfelt in der Verschuldung und Auflösung ihres Haushaltes – eine bürgerliche Katastrophe – und beendet ihr unglückliches Leben mit einem Selbstmord am Ende des Dritten Buches.

Bereits im Zweiten Buch gerät sie in ihrer Missachtung der bürgerlichen Lebensregeln zunehmend in die Fänge eines wucherischen Kaufmanns mit Namen Lheureux, der ihr Waren andient, mit denen sie sich schmückt und auch Rodolphe beschenkt. Die entstehenden Kosten belasten den Haushalt zunehmend. Lheureux gelingt es auch, ihr Wechsel abzutrotzen, die sie und das ganze Haus des Landarztes Charles Bovary am Ende zugrunde richten werden.

Vor ihrem Untergang aber stürzt sie sich in eine erneute Affäre mit Léon. Sie hat ihn an einem Opernabend in Rouen wiedergetroffen, wohin Charles sie ausführen wollte, um seine Frau seelisch aufzurichten. Und auch Léon ist nun nicht mehr der schwärmerische Notargehilfe, sondern – ähnlich wie Rodolphe – ein planvoller Verführer geworden. Er ist zum Mann gereift und wirkt erwachsener auf Emma. Nun will er sich unbedingt den Wunsch erfüllen, den er in Yonville nicht verwirklichen konnte. Eine der schönsten Szenen des Romans ist das Treffen der beiden nach ihrer dreijährigen Trennung vor einer Kathedrale, die sie erst besichtigen – durchaus desinteressiert an der Führung durch den Sakralbau –, um dann in einer verhängten Kutsche hin und her durch Rouen zu fahren. Der Leser kann nur erraten, was darin geschieht. Der Erzähler gewährt ihm hier nur eine Außenansicht:

> Und im Hafen, zwischen Lastkarren und Fässern, in den Straßen, an allen Ecken machten die Bürger große Augen beim Anblick dieses für die Provinz außerordentlichen Schauspiels: ein Wagen mit vorgezogenen Vorhängen, der immer wieder vorbeikam, versiegelt wie ein Grab und schwankend wie ein Schiff. (MB, S. 286)

Diese closed box-Präsentation des Liebesvollzugs ist sicher auch der Zensur im damaligen Frankreich geschuldet. Flaubert hatte ohnehin Schwierigkeiten mit der Veröffentlichung des Romans, der in den Augen konservativer Leser der Zeit den Ehebruch zu verherrlichen schien. Dieser Eindruck entsprach zwar nur einer oberflächlichen Lektüre, aber sie bestimmte auch die Rechtssprechung in Fragen der Moral in der Kunst im 19. Jahrhundert und über weite Strecken des 20. Jahrhunderts.

Bereits nach dieser ersten Szene des Dritten Buches aber zieht die Katastrophe unaufhaltsam herauf. In der Apotheke des Monsieur Homais nimmt Emma zufällig an einer Szene teil, in der auf die Gefahr des Arsenik hingewiesen wird, mit dem dort die Kinder in Berührung gekommen sind (MB, S. 289f). Sie weiß nun, wo das Gift in der Apotheke steht.

Nach diesem Gift wird Emma greifen, sobald der Rausch ihrer Liebe zu Léon verflogen sein wird und sich die Schlingen ihrer Schulden immer enger um ihren Hals zusammenziehen. Als Lheureux sie mit den fälligen Wechseln konfrontiert, sucht Emma Hilfe bei Rodolphe, den sie so sehr geliebt hat. Drei Jahre nach der Affäre kann und will er ihr aber nicht mehr helfen. Erschüttert von Rodolphes Zurückweisung stürzt sie in die Apotheke ihres Heimatortes und es gelingt ihr, im Warenlager an den Ort des Giftes zu gelangen:

> Sie trat in den Korridor, von dem man in das Laboratorium gelangte. An der Wand hing ein Schlüssel mit der Aufschrift *Warenlager.* […] Sie ging geradewegs auf das dritte Regal zu, so gut leitete sie ihr Gedächtnis, ergriff das blaue Glas, riss den Pfropfen heraus, fasste mit der Hand hinein und zog eine Handvoll von dem weißen Pulver heraus, das sie sofort aufaß. (MB, S. 365)

Der Schluss des Romans zeigt das langsame und auch qualvolle Sterben dieser jungen Frau, die der Erzähler bei aller kritischen Distanz seiner Beschreibung auch als ein sehr schmerzvolles Sterben schildert, als das Scheitern einer Frau, die sich mit ihrem Liebesverlangen in der bürgerlichen Welt, in der sie lebte, nicht unterbringen konnte. Wie ein flakkerndes Licht lässt er sie vor dem Auge des Lesers verglimmen:

> Lichtreflexe zitterten auf ihrem Seidenkleid, das so weiß war wie Mondschein. Emma verschwand darunter, und es schien ihm, als verflüchtige sie sich in alle Dinge ringsumher, als sei sie in der Stille, in der Nacht, im Wind, der vorüberstrich, in den feuchten Düften, die emporstiegen. (MB, S. 386).

Es war der Autor selbst, Gustave Flaubert, der nach der Fertigstellung des Romans in einem Gespräch gesagt haben soll: „Emma Bovary, das bin ich.“ Und der bekannte, den Geschmack des Giftes, das sie zugrunde richtete, selbst auf der Zunge gespürt zu haben. Mit Sicherheit ist der Erzähler nicht auf der Seite jenes fortschrittlichen Frankreichs, das in die Welt der Industrialisierung und der wissenschaftlichen-ökonomischen Moderne aufbricht, wie es auf der Jahresversammlung der Landwirte erscheint und in der Gestalt des Homais verkörpert wird. Emma scheitert, sie war Zeit ihres Lebens von Phantasien und Wahnideen besessen, aber sie ist die einzige Figur des Romans, die innere Wärme und Leidenschaft abstrahlt. Eine der schönsten Stellen des Romans zeigt sie als junge Frau bei der Ankunft in Yonville in ihrer Küche am Herd:

> Kaum war Madame Bovary in der Küche, ging sie zum Kamin. Mit den Fingerspitzen fasste sie ihr Kleid in der Höhe der Knie, zog es bis zu den Knöcheln hoch und hielt ihren mit einem schwarzen Halbstiefel bekleideten Fuß über einer am Spieß steckenden Hammelkeule gegen die wärmenden Flammen. Das Feuer beleuchtete ihre ganze Gestalt und drang mit hartem Licht in das Gewebe ihrer Kleider, in die gleichmäßigen Poren ihrer weißen Haut und selbst in ihre Augenlider, die sie ab und zu geblendet schloss. Ein tiefes Rot überfloss sie, wenn der Wind durch die halboffene Tür wehte und das Feuer anfachte. (MB, S. 96f)

Die Katastrophe der schönen Emma Bovary ist nicht untypisch für den modernen europäischen Roman. Ähnlich wie sie stirbt die schöne Anna Karenina in Tolstois gleichnamigem Roman von 1877 am Liebesmangel ihres Liebhabers und ihrer Zeit; ebenso die schöne Effi Briest endet – zwar nicht im Selbstmord –, aber in der traurigen Resignation nach dem Scheitern ihrer Ehe und der Unfähigkeit ihres Mannes zur Vergebung. Der große europäische bürgerliche Roman schildert so in diesen schönen, aber tragischen Frauengestalten auch das Defizit der zunehmend sich rational und industriell organisierenden bürgerlichen Gesellschaft des 19. Jahrhunderts: ihren Mangel an Liebe.

2.6 Flauberts Kritik der Moderne

Wenn wir Flauberts Meisterroman „Madame Bovary“ als ein *Mentalitätsdokument* der *Moderne* lesen, so müssen wir konstatieren: Ein begeisterter Vertreter der Moderne war der Autor Gustave Flaubert sicher nicht. Vielmehr zeigt er dem Leser am Ausschnitt eines Lebens in der Provinz in Frankreich im zweiten Drittel des 19. Jahrhunderts eine Welt relativer Starre und Kälte. Hinweise auf die Modernisierung Frankreichs werden dabei ähnlich kritisch gebrochen wie auf der anderen Seite die Schwärmerei der Protagonistin, eine moderne extensive Leserin. Wiederum speiste der Roman „Madame Bovary" als Skandalerfolg das extensive Leseverhalten eines europäischen Lesepublikums.

Gleichwohl ist es Emma Bovary in ihrer Irrealität und in ihrer bürgerlichen Unangepasstheit, die ganz offensichtlich die Leitperspektive des Romans ausmacht, und die der heterodiegetische Erzähler Flauberts – bei aller kritischen Distanz – doch mit viel *Sympathie* begleitet.

Das bürgerliche Leben in der Provinz, das ist die Quintessenz des Romans, hat etwas eigentümlich *Lebloses, Farbloses, Trauriges*. Sie ist durchzogen von jener *Melancholie der Moderne*, die offensichtlich ein Signum dieser Epoche im Europa des 19. Jahrhunderts ist und auch die Briefe des Autors durchzieht (dazu Heidbrink: Melancholie und Moderne; Bürger: Der Ursprung der ästhetischen Moderne aus dem *ennui*, In: Heidbrink (Hg.): Entzauberte Zeit, S. 101ff). Wir fanden dieselbe Grundstimmung ebenfalls in Flauberts „November" in der Gestalt der Marie und ihrem unerfüllten Glücksverlangen. In „Madame Bovary" wird noch deutlicher, dass es gerade die starre und reglementierte Alltäglichkeit der bürgerlichen Welt ist, die für jenes dionysische Glücksverlangen, das schon Marie in „November" und auch Emma Bovary umtreibt, keinen Platz mehr hat.

Flaubert schildert eine Welt, in der sich auch die Macht des *Glaubens* und der Kirche verflüchtigt hat, jedenfalls findet der Priester, dessen Gespräch Emma zeitweilig sucht, keinerlei Zugang zu der jungen Frau und ihren Problemen. So zeigt die Romanwelt, die Flaubert uns durch seine Erzähler sehen lässt, eine *kritische* Sicht der Moderne in ihrer *Sinnkrise*, in ihrer *inneren Leere*. Dabei ist es gerade die Randzone der Moderne – nicht etwa das Zentrum Paris –, die Flaubert als innerlich sinnentleert beschreibt. Zur selben Zeit allerdings beschreibt ein anderer Autor, Charles Baudelaire, das Paris in der Mitte des 19. Jahrhunderts in seinen „Pariser Bildern" aus den „Blumen des Bösen" ebenfalls als einen Ort des übertönenden Luxus, der lärmenden Langeweile, der leeren Transzendenz.

Flaubert hat keinen vergleichbaren Roman mehr geschrieben. Sein „Salambo" von 1862 wendet sich, ähnlich wie die „Verführung des heiligen Antonius", einem exotischen, wirklichkeitsfernen Thema zu: den aufständischen Söldnern nach Abschluss des ersten Punischen Krieges in Nordafrika, eine Art Monumentalroman, der die Vergangenheit wiederbeleben soll, aber nicht mit der Realitätsnähe und Beschreibungskompetenz der „Madame Bovary" zu vergleichen ist.

Eine Art Geheimtipp der Literaturkritik und auch der Autoren des 20. Jahrhunderts war lange Zeit der nicht vollendete Roman „Bouvain und Pécuchet“, der 1881 postum veröffentlicht wurde. Die beiden Hauptfiguren dieses Romans gefallen sich über weite Strecken in einer Art Wissenschaftsdiskurs, in dem sie über alles reden, enzyklopädisch zu begreifen und zu beschreiben versuchen. Diese Linie geht auf die Gestalt des Monsieur Homais in der „Madame Bovary“ zurück. Es ist aber nicht die Begeisterung über die Aufklärung, die diesen Roman speist, sondern im Gegenteil eine eher sprachkritische Einstellung.

Die für die literarische Moderne wichtigste und wegweisende Leistung aber war zweifellos jene strikte *Perspektivierung* der heterodiegetischen Erzählung, wie sie Flaubert in der „Madame Bovary“ vornimmt. Die Verbindung von *Einfühlung* und *Distanz*, die er dabei praktiziert, lässt eine subjektive Weltsicht – vor allem die der Emma Bovary – erkennbar werden und *zugleich* – in der *Konstruktion* der Erzählung, ihrer *Bildlichkeit*, ihrem *Handlungsverlauf* – die *kritische Distanz* dazu. Das ist eine Form der Erzählkonstruktion, die ein Franz Kafka, der ein großer Bewunderer von Flaubert war, zur Leitlinie seines Erzählens machen würde (siehe Kap. 5). Flaubert ist für viele große Romanciers des 20. Jahrhunderts zu einer Leitfigur geworden, Flaubert, der Vater des modernen Erzählens.

2.7 Literaturverzeichnis

Primärliteratur:

Flaubert, Gustave: Bouvard und Pécuchet. Übersetzt von Georg Goyert. Mit einem Vorwort von Victor Brombert und einem Nachwort von Uwe Japp. Frankfurt a. M. und Leipzig 1996.

Ders.: Briefe. Herausgegeben und übersetzt von Helmut Scheffel. Zürich 1977.

Ders.: Die Erziehung des Herzens. Geschichte eines jungen Mannes. Übersetzt von E. A. Rheinhardt. Mit den Rezensionen von Jules Barbey d'Aurevilly, George Sand und Émile Zola. Zürich 1979.

Ders.: Madame Bovary. Moeurs de province. In : Flaubert Œuvres I. Édition établie et annotée par A. Thibaudet et R. Dumesnil. Paris 1951.

Ders.: Madame Bovary. Sitten der Provinz. Aus dem Französischen von René Schickele und Irene Riesen. Mit den Rezensionen von Sainte-Beuve, Jules

Barbey d'Aurevilly und Charles Baudelaire sowie einem Nachwort von Heinrich Mann. Diogenes Verlag. Zürich 1979.

Ders.: Memoiren eines Irren. November, Erinnerungen, Aufzeichnungen und innerste Gedanken. Herausgegeben, übersetzt und mit einem Nachwort versehen von Traugott König. Diogenes Verlag. Erstmals veröffentlicht 1982. Zürich 2005.

Sekundärliteratur:

Auerbach, Erich: Mimesis. Dargestellte Wirklichkeit in der abendländischen Literatur. Erstmals veröffentlicht 1946. Tübingen und Basel 1994. Neunte Auflage.

Bruneau, Jean: Les débuts littéraires de Gustave Flaubert. 1831-1845. Paris 1962.

Digeon, Claude: Flaubert. Connaissance des lettres. Paris 1970.

Forster, Edward Morgan: Aspects of the novel. Erstmals veröffentlicht 1927. Harmondsworth, Middlesex 1966.

Frey, Gerhard Walter: Die ästhetische Begriffswelt Flauberts. Studien zu der ästhetischen Terminologie der Briefe Flauberts. München 1972.

Friedrich, Hugo: Drei Klassiker des französischen Romans. Stendhal. Balzac. Flaubert. Erstmals veröffentlicht 1961. Frankfurt 1973.

Haehnel, Gisela: Charles Bovary als Exempel Flaubertscher Menschendarstellung. Köln 2003.

Heidbrink, Ludger (Hg.): Entzauberte Zeit. Der melancholische Geist der Moderne. München 1997.

LaVarende, Jean de: Gustave Flaubert mit Selbstzeugnissen und Bilddokumenten. Rowohlt-Verlag. Erstmals erschienen 1958. Hamburg 2001.

Sartre, Jean-Paul: Der Idiot der Familie: Gustave Flaubert 1821-1857. Übersetzt von Traugott König. Reinbek/Hamburg 1977-1980.

3. MARCEL PROUST: Auf der Suche nach der verlorenen Zeit. Bd. 1: In Swanns Welt

3.1 Biographie

10.07.1871 Marcel Proust wird als ältester Sohn des Arztes Adrien Proust und seiner Frau Jeanne (geb. Weil) in Auteuil geboren.

1881 Marcel erleidet den ersten Asthmaanfall.

1882 Besuch des Lycée Condorcet.

1883 Aufgrund seiner Krankheit nimmt Marcel nur sporadisch am Unterricht teil.

1886 Letzter Ferienaufenthalt der Familie Proust in Illiers. Marcel erhält nun Privatunterricht. Er schreibt *Les nuages* (*Die Wolken*).

1888 Proust wird durch seinen Philosophielehrer Alphonse Darlu (Neukantianer) stark beeinflusst und erhält selbst den „Prix d'honneur de Philosophie". Er entdeckt seine homosexuellen Neigungen.

1889 Abitur. Proust absolviert im 76. Infanterieregiment der Garnison Orleans ein Freiwilligenjahr.

1890 Immatrikulation an Juristischer Fakultät der Sorbonne und der École libre des Sciences politiques.

1892 Gründung der Zeitschrift „*Le Banquet*". Proust verkehrt in Salons der Prinzessin Mathilde und der Madame Arman de Caillavet.

1893 Publikation der ersten Novelle „*Violante ou la mondanité*" in „*Le Banquet*". Freundschaft mit Robert de Montesquiou. Mehrere Texte erscheinen in „ *La Revue blanche*". Licence in Jura. Vorbereitung einer Licence ès lettres.

1894 Freundschaft mit Komponist R. Hahn. Beginn des Dreyfuß-Skandals.

1895 Beginn des Romanprojekts *Jean Santeuil* (veröffentlicht erst 1952).

1896	Publikation des ersten Buches *Les plaisirs et les jours* (Freuden und Tage).
1897–98	Reise mit Mutter nach Bad Kreuznach. Erste Beschäftigung mit John Ruskin. Engagement Prousts für Zola. Reise mit Mutter nach Trouville und nach Amsterdam zur Rembrandt-Ausstellung.
1899	Aufgabe von *Jean Santeuil*. 1952 Publikation der Fragmente.
1900	Tod Ruskins. Proust plant Übersetzung seines Werkes *The Bible of Amiens*. Reise nach Venedig.
1902	Heirat des Bruders. Tod des Vaters. Tiefe Verunsicherung Prousts.
1904	Publikation der Übersetzung *The Bible of Amiens*.
1905	Tod der Mutter. Trauer und Depression Prousts.
1909	Gleichzeitiges Entstehen zweier Werke: Essay über Sainte-Beuve und ein Roman. Fallenlassen von *Contre Sainte-Beuve*. 1954 Publikation der Fragmente.
1911–1912	Beendung des 1. Teils des Romans *Le temps perdu*. Titel des 2. Teils : *Le temps retrouvé*.
1913	Publikation des 1. Teils bei Grasset unter dem Titel *Du côté de chez Swann*. Obertitel des Gesamtwerks: *A la recherche du temps perdu*.
1914	Enge Beziehung zu seinem Fahrer und Sekretär Alfred Agostinelli. Tödlicher Unfall Agostinellis. Publikation der *Recherche* durch Kriegsereignisse unterbrochen
1915–16	Proust für kriegsuntauglich erklärt. Arbeit an weiteren Bänden der *Recherche*. Thema der Homosexualität gewinnt an Gewicht.
1917	Bekanntschaft mit Paul Morand und Jean Cocteau.
1918	Ausweitung der *Recherche* auf fünf, dann sechs Teile
1919	Neuauflage von *Du côté de chez Swann* bei Gallimard. Publikation von *Pastiches et mélanges* (*Nachgeahmtes und Vermischtes*) sowie des 2. Teils der *Recherche*, *A l'ombre des jeunes filles en fleurs* (*Im Schatten junger Mädchenblüte*). Dafür Erhalt des Prix Goncourt.
1920	Publikation des 3. Teils der *Recherche*, *Le côté Guermantes* (*Guermantes*).
1921	Veröffentlichung von Auszügen der *Recherche* in verschiedenen Zeitschriften. Schwächeanfall Prousts.
1922	Publikation von *Sodome et Gomorrhe*. Fertigstellung des handschriftlichen Manuskripts der *Recherche*. Verschlechterung des Gesundheitszustandes.
18.11.1922	Tod Prousts in Paris.

1923–1927 Aus dem Nachlass: Publikation von *La prisonnière* (*Die Gefangene*), *Albertine disparue* (Späterer Titel *La fugitive – Die Flüchtige*), *Le temps retrouvé* (*Die wiedergefundene Zeit*).

3.2 Handlungsabriss

Erster Teil: Combray

1. Kapitel

Der Ich-Erzähler Marcel beschreibt Zustände vor dem Einschlafen mit ihren „verworren durcheinanderwirbelnden Erinnerungsbildern" (14). Plätze und Personen der Kindheit tauchen in der Erinnerung auf, so der kleine Ort Combray in der Normandie, wo Marcel in seiner Kindheit zusammen mit seiner Familie die Ferien verbracht hatte. Das Heraufrufen der Erinnerungsbilder aus dem „Leben von früher" (16) gelingt nur bruchstückhaft: Besonders intensiv sind die Szenen, in denen das Kind Marcel das allabendliche „Zeremoniell" des Gutenachtkusses der Mutter erlebt, das der Vater übertrieben fand (22). Häufiger Gast im Hause war ein in Combray wohnender Monsieur Swann, der zwar sozial nicht mehr auf dem wohlhabenden Stand seiner Eltern lebte, aber ein durch „glänzendes Weltleben" (24) geprägter Mann war. Zum Familienleben in Combray gehörten auch die Großmutter und zwei Großtanten, bedient von der Angestellten Françoise. Die Familie verbringt ihre Ferienzeit im Hause der Tante Léonie.
Bedeutet Combray dem Erzähler später lange Zeit nicht viel mehr als die Erinnerung an sein tägliches Drama des Schlafengehens, so erfährt er eines Tages durch ein besonderes Ereignis einen inneren Umbruch seiner Erinnerungswelt: Seine Mutter kredenzt dem Ich-Erzähler einen Tee, in welchen dieser ein „ovales Sandtörtchen" mit Namen Madeleine taucht und dieses kostet. Der kleine Marcel hatte solche Madeleines mit Tee bei der Großtante Léonie genossen. Mit dem Geschmack der in Tee aufgeweichten Madeleine bricht nun ein „unerhörtes Glücksgefühl" der Kindheitserinnerung wieder auf (63). Die Erinnerung selbst eröffnet sich im Ich-Erzähler und entlässt das Panorama der erinnerten Welt der Kindheit aus sich.

Erzählte Zeit: Schilderung von Einschlafzuständen des Ich-Erzählers über eine „lange Zeit" sowie Kindheitsphasen der erinnerten Zeit. Plötzlicher Durchbruch der mémoire involontaire.

2. Kapitel

Die Bilder der Erinnerung erscheinen wie die „Projektionen der laterna magica" (68): Dazu zählen das Wohnzimmer seiner Tante Léonie; die Kirche des Ortes; die bucklige Eulalie; das schwangere Küchenmädchen; sein Onkel Adolphe und dessen geheimnisvolle Besucherin im rosa Kleid; die Weißdornblüten; sein Jugendfreund Bloch und die Verehrung für die Werke des Schriftstellers Bergotte, den der Nachbar Swann persönlich kennt. Zu den Figuren der Erinnerung gehören auch der Musiker Vinteuil und der Dichter Legrandin.

Zwei topographische Räume stehen im Zentrum der erinnerten Welt: Combray mit dem Wohnhaus der Großtante und die ländlichen Gegenden um Méséglise-la-Vineuse und um Guermantes.

Bei einem der Ausflüge in Richtung Méséglise sieht der kleine Marcel zum ersten Mal Gilberte, Swanns Tochter. Im Erzähler erwachen erste erotische Sehnsüchte. Auf einem seiner Spaziergänge beobachtet er lesbische Liebesspiele der Tochter Vinteuils mit ihrer Freundin.

Der Weg nach Guermantes, in der das Schloss Guermantes liegt, führt am Flusslauf Vivonne entlang. Eines Tages sieht der Erzähler in der Kirche von Combray die Herzogin de Guermantes. Er möchte ihr gefallen, möchte ein großer Dichter werden. An der Beschreibung der Kirchtürme von Martinville erprobt der kleine Marcel erstmals sein literarisches Talent, das er aber verwirft.

Im ersten Licht des anbrechenden Tages zerfallen die vom Erzähler heraufbeschworenen Erinnerungen.

Erzählte Zeit: Ein Sommerurlaub und Kindheitsrituale in Combray.

Zweiter Teil: Eine Liebe von Swann

Der Pariser Dandy Charles Swann lernt bei einem Theaterbesuch in Paris die junge Odette de Crécy kennen. Um ihn regelmäßig treffen zu können, führt Odette Swann in den Salon von Sidonie Verdurin im vornehmen Faubourg Saint-Germain ein.

Odettes Ähnlichkeit mit dem Bild von Botticellis „Sephora" weckt Swanns Interesse an dieser Frau. Eines Abends trifft er Odette nicht mehr im Salon der Verdurins an und macht sich auf die Suche nach ihr. Auf der Straße begegnet er Odette und nimmt sie in seiner Kutsche mit. An diesem Abend gibt sie sich ihm in ihrer Wohnung hin. Swann verliebt sich leidenschaftlich in sie; Odette fühlt sich geschmeichelt, verliert jedoch allmählich das Interesse an ihm. Eifersüchtig beobachtet Swann einen neuen regelmäßigen Gast

bei den Verdurins, Monsieur de Forcheville, und vermutet eine Liebschaft zwischen ihm und Odette.
In Gegenwart von Forcheville bekennt Odette sich zu ihren täglichen Treffen mit Swann. Doch an diesem Abend weist sie Swann in ihrer Wohnung ab. Da ihr Verhalten Swanns Misstrauen geweckt hat, kehrt er mitten in der Nacht zu Odettes Wohnung zurück. Dort muss er feststellen, dass sein Verdacht unbegründet war.
Um Odette für ein paar Tage von Forcheville fernzuhalten, reist Swann mit ihr an die Riviera, findet aber auch dort keine Ruhe. In seiner Fantasie stellen alle männlichen Gäste Odette nach. Die krankhafte Eifersucht beginnt seinen Charakter zu verändern.
Als Odette entgegen ihrer Gewohnheit bei einem Ausflug einer Einladung der Verdurins in deren Kutsche folgt, statt mit Swann zu fahren, protestiert Swann erfolglos und stößt dabei die Verdurins vor den Kopf.
Swann denkt nur noch an Odette. Er bringt Freunde und Bekannte dazu, unter Vorwänden Begegnungen mit Odette zu arrangieren, aber sie schützt immer häufiger konventionelle Bedenken und andere Verpflichtungen als Gründe der Absage vor. Mit Forcheville reist sie nach Bayreuth und Ägypten. Swann muss die Hoffnung auf die Liebe Odettes aufgeben. Eines Tages erhält er einen anonymen Brief, in dem es heißt, Odette sei nicht nur die Geliebte zahlloser Männer, darunter Forcheville, sondern sie liebe auch Frauen und suche Stundenhotels auf.
Bei nächster Gelegenheit bestürmt Swann Odette mit Fragen. Odette gibt zu, einige Male mit einer Frau zusammen gewesen zu sein und gesteht, dass sie an dem Abend, als Swann sie in Paris suchte, gerade von Forcheville kam.
Die Verdurins nehmen Odette auf ihrer Yacht auf Seereisen mit. Während ihrer Abwesenheiten gelingt es Swann schließlich, sich mehr und mehr von ihr zu lösen und die Erinnerung an seine unglückliche Liebe zu verdrängen.

Erzählte Zeit: Mehrere Monate.

Dritter Teil: Ortsnamen – Namen überhaupt

Wiederum erinnert sich der Erzähler zurück. Bilder von Reisen tauchen in ihm auf: Städte und Orte in der Normandie, in der Bretagne, Kunststädte wie Venedig und Florenz in Italien. Allein bei der Erinnerung der über die Namen evozierten Stadtbilder fühlt sich der Ich-Erzähler glücklich.
Er schildert eine Episode in Paris. Durch seine Krankheit und die anschließende Rekonvaleszenz an einer Reise nach Italien gehindert, trifft der Jun-

ge, nach dem Tode seiner Großtante Léonie, stets begleitet von Françoise, in den Anlagen der Champs-Elysées Swanns Tochter Gilberte wieder. Von nun an sucht er diesen Treffpunkt täglich auf, spielt mit Gilberte und ihren Freundinnen und verliebt sich in das Mädchen.
Im Verlauf dieser Freundschaft schenkt Gilberte dem Jungen eine Achatmurmel und ein Buch des Schriftstellers Bergotte, den der Junge verehrt.
Eines Tages erscheint Swann im Park, um seine Tochter abzuholen. Der Junge ist nicht sicher, ob Swann ihn wieder erkannt hat. In seiner Liebe zu Gilberte durchlebt er Hoffnungen und Enttäuschungen ähnlich wie Swann mit Odette. Ähnlich wie diese sagt sie ihm Adieu (539). Der junge Marcel muss erkennen, dass Gilberte seine Gefühle nicht erwidert.
Er kompensiert dies durch imaginative Briefe, die er von Gilberte zu empfangen erhofft und deren möglichen Text er sich ausmalt (540). Die Faszination und Bewunderung für Gilberte überträgt sich auf die ganze Familie Swann und ihr Haus, auch wenn die eigene Familie nicht mehr – wie in Combray – so eng mit dem Hause Swann verbunden ist. Der Junge idolisiert geradezu die Familie Swann, ihr Haus, zu dem er eine „Pilgerfahrt" (550) unternimmt. Er will werden wie Swann (547). Dieser verdient als Börsenmakler in Paris sein Geld. Auch Madame Swann fasziniert den jungen Marcel. Hier hält der Ich-Erzähler gegen Ende des Romans eine Überraschung parat. Madame Swann ist: Odette de Crécy (555). Ihr schönes Bild auf Spaziergängen auf den Straßen und in den Parks von Paris gehört zu den letzten prägenden Eindrücken des Jungen aus dieser Zeit.
Diese Jugendphase in Paris endet mit einem Sprung aus der erlebten Zeit der Kindheit in die Zeit der vergegenwärtigenden Erinnerung und einer desillusionierenden Reflexion über die Vergänglichkeit der Zeit: „Die Wirklichkeit; die ich einst kannte, existiert nicht mehr."

Erzählte Zeit: Reiserituale der Kindheit und der Verlauf der Freundschaft des jungen Marcel mit Gilberte über einige Wochen.

3.3 Subjektivität und die Poetik des modernen Erinnerungsromans

Wir sahen bereits in der Einleitung, dass die Modi der Subjektivität in vielfältigen Brechungen den modernen Roman strukturieren. Die moderne Literatur ist in diesem Sinne wesentlich *perspektivisch* strukturiert. Die moderne Literatur ist der Wahrnehmungswelt des Ich entsprungen und weiß dies. In diesem Sinne hatte Novalis gefordert:

> Das Ich muß sich, als darstellend setzen. […] Es wird damit nur angedeutet, dass nicht das Obj[ect] qua solches sondern *das Ich*, als Grund der Thätigkeit, die Thätigkeit bestimmen soll. (Novalis, Das philosophische Werk, HKA II, S. 282)

Die Modernisierung der Literatur, die sich in der romantischen Programmatik abzeichnet, definiert sich als eine *reflexive* Form der Darstellung, in der das literarische Subjekt selbst reflexiv weiß, dass es der „Grund" der literarischen Tätigkeit ist. Nicht eine Muse, nicht eine göttliche Begeisterung gibt den Text ein, wie dies die alte Inspirationslehre sich vorstellte, sondern das Subjekt selbst ist Grund der Tätigkeit des literarischen Schreibens. Damit aber ist auch der Text an diesen „Grund" – den Autor und seinen Agenten im Text: den Erzähler – rückgebunden. Der Erzähler eines modernen Romans kann nicht mehr so selbstverständlich, wie es das alte Epos konnte, zwischen dem Götterhimmel und der Erde hin und her springen, kann nicht mehr so omnipräsent an allen Schauplätzen sein, wie es das epische Erzählen konnte. Die literarische Subjektivität des modernen Erzählens zeigt reflexiv den „Grund", aber auch die Grenze des modernen Erzählens an.

Dabei steckt in der Forderung nach *Reflexivität* des modernen Erzählsubjekts, dass es sich nicht in den Darstellungswelten verliert, sondern das *darstellende Ich* als den transzendentalen „Grund der Thätigkeit" des Schreibens und Sprechens mit zur Darstellung bringt. Solche, die Subjektivität im Schreib- und Sprechakt mitrepräsentierenden Texte sind also in dem Maße *modern*, wie sie auf einen Begriff von Subjektivität zurückverweisen, den es in der Vormoderne noch nicht gab. Das auszeichnende Kriterium moderner Texte gegenüber der vormodernen Literatur ist, dass sie vielfach auch *Selbstdarstellung* der *Subjektivität* sind. Sie haben mithin einen *modern-reflexiven* Charakter. Und sie haben in dem Maße, wie sie nicht mehr auf das rationale Vernunft-Ich der Subjektphilosophie zurückgreifen, vielmehr das Ich als Materie der Selbsterforschung begreifen, einen *experimentellen* Charakter. Das wiederum unterscheidet moderne Texte grundsätzlich von der zwar ichhaften, aber nur mehr noch zitathaften Literatur der sogenannten Postmoderne.

Die von den Romantikern geforderte *Subjektivität, Reflexivität* des Schreibens kommt sehr viel *ausdrücklicher,* als wir dies im Roman

Flauberts gesehen haben, im nächsten Roman zum Vorschein: Marcel Prousts „Auf der Suche nach der verlorenen Zeit“. Dieser Roman zeigt uns ganz im Sinne der romantischen Theorie der Selbstreflexivität der Literatur den „Grund“ jener Romanwelt, die der Autor Proust entfaltet. Es ist das *erinnernde Ich* des homodiegetischen Erzählers Marcel, der den Prozess der Erzeugung der Erzählwelt aus dem erinnernden Ich selbst im Schreibprozess vorstellt. Damit wird Subjektivität als das zentrale Konstruktionsprinzip der literarischen Moderne in diesem Text selbst erfahrbar: nämlich als *Erinnerungsprozess*. Prousts Roman verweist mit allem, was er schildert, auf das zugrunde liegende, sich erinnernde Ich zurück. Sein Roman realisiert sich in diesem Sinne als experimentelle Suchbewegung eines Ich, das die Welt, die es beschreiben will, *in sich* findet und aus sich entlässt. Prousts Roman zeigt daher sehr deutlich, was Modernität in der Literatur heißt: reflexiv-experimentelle Selbsterforschung des Ich und *seiner* Welt. Und wenn moderne Literatur sich darin zu erkennen gibt, dass sie ihre Begründung im Ich weiß, so wird sie eben diese subjektive Wahrnehmungsform selbst mit thematisieren. Sie wird nicht mehr die ‚Welt an sich‘ darstellen, sondern ‚Welt‘ immer in der gebrochenen Modalität der *subjektiven Vorstellungswelt* eines schreibenden, sprechenden, sich erinnernden Ich.

Dabei soll ein Missverständnis vermieden werden. Es ist nicht so, dass Proust diese philosophischen Äußerungen der Frühromantik kannte und womöglich sein Schreiben an ihnen ausgerichtet hat. Die Bedeutung der Frühromantik und ihrer Subjektivitätsästhetik liegt aber gerade darin, dass sie einen *Epochentrend* der europäischen Moderne zum Ausdruck bringt. Im Fahrwasser der Subjektivierung der Ästhetik bewegt sich daher auch die Kunst und Literatur des 19. Jahrhunderts auch dann, wenn sie diese Quellen gar nicht genau kennt. Auf Proust wirkt das Denken der Zeit über andere Einflüsse: So über den Philosophen Henri Bergson, bei dem er 1890 in Paris an der Sorbonne studiert hat und der eine Lehre von der subjektiven Zeitwahrnehmung entwickelte. Auch an der Entwicklung eines die Subjektphilosophie Kants fortsetzenden neukantianischen Denkens hat Proust offenbar teilgenommen. In seinem Roman wird dies anhand der Gestalt des Philosophen Bergotte deutlich. Darauf kommen wir zurück.

3.4 Biographische Hinweise: Kultur des Dandy

Bevor wir auf den Roman zu sprechen kommen, noch ein Wort zur *Biographie* Prousts. Sie ist in mancher Hinsicht der Biographie Flauberts verwandt. Proust kommt, wie Flaubert, aus dem gut bürgerlichen Hause einer angesehenen Arztfamilie. Sein Vater ließ sich in Paris nieder. Das französische Bürgertum war liberal in religiösen Dingen, nur unter solchen Voraussetzungen hatte der von Hause aus katholische Adrien Proust die Jüdin Jeanne Weil heiraten können. Allerdings war dieses französische Bürgertum um 1871, dem Geburtsjahr Marcel Prousts, auch gebeutelt von den politischen Ereignissen. Weder hatte es sich bei den Aufständen der Pariser „Commune" durchsetzen können, noch konnte Frankreich sich im Krieg gegen Preußen behaupten. Die französische Gesellschaft im Ausgang des 19. Jahrhunderts entwickelte insbesondere in der Hauptstadt Paris eine eigene *Salonkultur*, die sich am Snobismus und am hierarchischen Gebaren des Adels orientierte, diese Attitüde aber in den Bereich der *Ästhetik* übertrug. Die *Kunst* ist das große Thema in diesen Salons, wie auch viele der angesehenen Künstler der Zeit – es ist eine Phase des verfeinerten Symbolismus, die in der Kunst- und Literaturästhetik des ausgehenden 19. Jahrhunderts in Frankreich vorherrscht – in diesen Kreisen verkehren.

Im vorliegenden Roman ist die Figur des Monsieur Swann ein Vertreter der Salonkultur des 19. Jahrhunderts. Der zweite Teil des Romans schildert sein Auftreten in dem Salon der großbürgerlichen Familie Verdurin. Die Salonabende dort, die Gespräche, konzertanten Einlagen, das Essen bilden den Hintergrund für jene Liebesgeschichte zwischen Swann und Odette, die der Roman im zweiten Teil bis in die Nuancen der hoffenden, glücklichen, enttäuschten Gefühlsregungen hinein entfaltet.

Dazu kommt der Habitus solcher Salons. Die Besucher der Salons definieren sich durch besonders verfeinertes Gebaren, durch kultivierte Rede, durch *Selbstinszenierung*. Auch Marcel Proust war ein solcher Dandy, der in den großen Salons der Pariser Gesellschaft verkehrte und dort auch ein gern gesehener Gast war. Flaubert war in dieser Hinsicht zurückhaltender und kritischer gegenüber dem Gebaren der bürgerlichen Gesellschaft. Im weiteren Verlauf seines Lebens führte auch Proust zunehmend das Leben eines Eigenbrötlers in kritischer Distanz zur Gesellschaft und zu seiner Zeit. Am Ende seines Lebens verließ Proust kaum noch sein Haus und lebte ganz in der inneren Welt seiner Erinnerung.

Eine weitere bemerkenswerte Parallele zwischen Flaubert und Proust fällt in die Augen: Wenn Flaubert schon früh durch ein Nervenleiden gezeichnet war, so ist es bei Proust das Asthma, das ihn als Kind befällt und Zeit seines Lebens quält. Beide Autoren sind also durch eine frühe körperliche *Verletzlichkeit* geprägt, die sicher zu ihrer Sensibilität und auch Überempfindlichkeit beigetragen hat. Auch diesen Zug seiner Biographie übernimmt der Autor zur Charakterisierung seines Ich-Erzählers Marcel. Proust wie Marcel funktionalisieren sogar die Krankheit schon in jungen Jahren, wenn sie ein intimes Verhältnis zur Mutter durch solche Krankheitsanfälle geradezu einklagen. Proust sticht damit den Bruder, der in der Familie Proust wie in der Familie Flaubert eher der Vaterseite folgt und Arzt wird, aus. Beide, Marcel Proust und Gustave Flaubert, orientieren sich an der Mutter, die Zeit ihres Lebens einen bestimmenden Einfluss auf die schreibenden Söhne hat. In Prousts Werk ist das ein zentraler Motivzug. Aber nun zum Romanwerk von Proust.

3.5 Analyse des Romans

3.5.1 Der Romanzyklus „Auf der Suche nach der verlorenen Zeit"

Der Romanzyklus von Marcel Proust: „Auf der Suche nach der verlorenen Zeit" gliedert sich in sieben Bücher, beginnend mit „In Swanns Welt" („Du côté de chez Swann"). Die übrigen Teile sind überschrieben: „Im Schatten junger Mädchenblüte" („À l'ombre des jeunes filles en fleurs"), „Die Welt der Guermantes" („Du côté de Guermantes"), „Sodom und Gomorrha" („Sodome et Gomorrhe"), „Die Gefangene" („La prisonnière"), „Die Entflohene" („Albertine disparue") und „Die wiedergefundene Zeit" („Le temps retrouvé"). Die Arbeitszeit des Autors umfasst die Jahre 1908 bis 1922, dem Todesjahr Prousts. Der Zyklus erschien ursprünglich in fünfzehn Bänden in den Jahren 1913 bis 1927. Ein Großteil des Werkes wurde erst nach dem Tod von Proust veröffentlicht. Die breite Rezeption des Werkes als ein großes Stück europäischer Weltliteratur setzte überhaupt erst nach dem Zweiten Weltkrieg ein.

Der französische Literaturforscher Gérard Genette hat die Entwicklung der sogenannten *erzählten Zeit*, das ist die Abfolge der geschichtlichen Ereignisse, zu rekonstruieren versucht. Diese erzählte Zeit reicht ungefähr von 1877 bis 1925. Ihr gegenüber steht die *narratologische* Darstellung dieser erzählten Zeit in elf Erzählblöcken (dazu: Genette: Die Erzählung, S. 62ff). Im Ganzen aber, so die Ergebnisse von Genette, hält sich die „Recherche" in ihrer Grobgliederung „[...] an die chronologische Reihenfolge" der Ereignisse (ebd., S. 31). Das eigentliche Thema der „Suche nach der verlorenen Zeit" aber ist die *Erinnerung* selbst als jene Kraft, welche das Vergangene, die verlorene Zeit, wieder in sich und aus sich erstehen lassen kann. Proust könnte in Abwandlung des Motivs des französischen Philosophen René Descartes sagen: Ich erinnere mich, also bin ich. Und: So lange ich mich erinnere, ist die Welt, die in meiner Erinnerung aufgehoben ist, nicht untergegangen. Auch dies ist ja eine Absage an den ‚An sich'-Charakter der Wirklichkeit. Sie ist nicht an sich da, sondern nur in der Bewusstseinsform des Menschen, hier in der *Erinnerung*.

Wir konzentrieren uns bei unserer Analyse auf den ersten Teil des Romanzyklus, „In Swanns Welt", der in der Beschreibung des Erinnerungsprozesses selbst den „Grund" für den gesamten Romanzyklus legt.

3.5.2 Die Darstellung des Erinnerungsprozesses

Der Roman „Auf der Suche nach der verlorenen Zeit" von Marcel Proust beginnt mit der breiten Darstellung des *Erinnerungsprozesses*, aus dem der Roman entspringt. Das ist zunächst der Zustand *vor* dem Auftauchen der Erinnerung in ihrer ganzen Fülle, der vormemoriale Zustand des Bewusstseins. Der erste Satz des Romans lautet: „Lange Zeit bin ich früh schlafen gegangen." (SW, S. 9) In der manchmal rascheren, manchmal zögerlichen Phase des Einschlafens wird das zuvor Gelesene unruhig hin- und hergewälzt:

> [...] im Schlafe hatte ich unaufhörlich über das Gelesene weiter nachgedacht [...] (SW, S. 9)

Dabei verbinden sich alle möglichen subjektiven Assoziationen mit dem Gelesenen:

> [...] aber meine Überlegungen waren seltsame Wege gegangen; es kam mir so vor, als sei ich selbst, wovon das Buch handelte [...] (Ebd.)

In späteren Schlafphasen tauchen autobiographische Erinnerungsbilder einer „für immer abgelaufene[n] Phase aus meinem kindlichen Urzustand“ (SW, S. 10) auf, Erinnerungen an kindliche Ängste, „wenn mein Großonkel mich an den Locken zog“. Dann Phantasiebilder einer Frau, aus einer verdrehten Körperlage „wie Eva aus der Rippe Adams“ (SW, S. 11) in der Vorstellung erzeugt. Zuweilen erkennt das träumende Ich in solchen Phantasien die Züge von Frauen, die es kannte und daraufhin wieder treffen wollte (SW, S. 14). Später kehren Bilder von Verwandten „ins Gedächtnis zurück“, dann „aus einer anderen Körperhaltung“ eben die Bilder jenes Combray – es ist der poetische Name für das Städtchen Illiers in der Normandie –, in dem der Ich-Erzähler seine Kindheit verbracht hat.

Aber das alles stellt sich im Halbschlaf-Bewusstsein des Ich-Erzählers zunächst nur in der Form punktueller und „verworren durcheinanderwirbelnde[r] Erinnerungsbilder“ – „évocations tournoyantes et confuses“, wie es im französischen Original heißt – ein („Du côté de chez Swann“, S. 14). Diese diffusen Erinnerungsbilder lassen noch keine feste Kontur erkennen, sind zeitlich instabil und fügen sich nicht zu einer ganzheitlichen Welt. Die Modernität des Romananfangs von Proust aber liegt genau in dieser erzählerischen Offenlegung der diffusen Anschubphase der subjektiven Vorstellungskraft des Protagonisten. Zur modernen Textualität der Erinnerung gehört die Beschreibung ihrer *Genese* aus den Tiefenzonen einer noch ungeklärten, „verworrenen“ und instabilen *Vorstellungssphäre*. Und wenn schon die Erinnerungsarbeit am Anfang des Romans einzelne Szenen aus Combray zutage fördert – darunter die innige des Mutterkusses vor dem Einschlafen – so liefern solche wie von „bengalische[n] Feuern“ oder „Illumination durch elektrisches Licht“ ausgeleuchteten Szenen (SW, S. 61) nur Erinnerungs*spots*, nicht ein Ganzes. Bis an diesen Punkt des Romans liefert die Erinnerung nur erst ‚verworrene‘ Bruchstücke, kein ganzheitliches Panorama.

Die Beschreibung des eigentlichen Aufbruchs der Erinnerung gehört zu den berühmtesten Textstellen der modernen Romanliteratur. Nach einer Phase willkürlicher Erinnerungsstimulationen („mémoire volontaire“) ist es die „mémoire involontaire“, die sich an einem Winterabend beim Eintauchen eines Madeleine-Kekses in einer von der Mutter bereiteten Tasse Lindenblütentee *von sich aus* öffnet, um die Befreiung der Welt der Erinnerung im Ich und aus dem Ich plötzlich wie eine religiöse Offenbarung einzuleiten:

> In der Sekunde nun, als dieser mit dem Kuchengeschmack gemischte Schluck Tee meinen Gaumen berührte, zuckte ich zusammen und war wie gebannt durch etwas Ungewöhnliches, das sich in mir vollzog. Ein unerhörtes Glücksgefühl, das ganz für sich allein bestand und dessen Grund mir unbekannt blieb, hatte mich durchströmt. Mit einem Schlage waren mir die Wechselfälle des Lebens gleichgültig, seine Katastrophen zu harmlosen Mißgeschicken, seine Kürze zu einem bloßen Trug unsrer Sinne geworden; es vollzog sich damit in mir, was die Liebe vermag, gleichzeitig aber fühlte ich mich von einer köstlichen Substanz erfüllt: oder diese Substanz war vielmehr nicht in mir, sondern ich war sie selbst. Ich hatte aufgehört, mich mittelmäßig, zufallsbedingt, sterblich zu fühlen. Woher strömte diese mächtige Freude mir zu? (SW, S. 63f)

Die Frage nach dem „unerhörten Glücksgefühl", der „mächtigen Freude", die aus dem Ich aufsteigt, führt auf das Geheimnis der Erinnerungsöffnung im Ich selbst: „ich war sie selbst" („elle était moi"). Durch diese Selbsterfahrung des Ichs in der *mémoire involontaire* wird es mit einem Schlag durch die aus ihm selbst entborgene Welt aus der Kontingenz seiner Randexistenz befreit: „Ich hatte aufgehört, mich mittelmäßig, zufallsbedingt, sterblich zu fühlen." Aber auch von der Welt der „Wechselfälle des Lebens" und seinen „Katastrophen" rückt das Ich im Akt des Eintauchens in seine Erinnerungswelt ab. Das erinnernde Ich wird von einem vitalen Lebensgefühl durchströmt, das es – verdeckt vor sich selbst – in sich getragen hatte und das nun jenes Ich im lebendigen Prozess des Erinnerns selbst vitalisiert. Das Ich: *Es* selbst *ist* dieser lebendige Prozess der Erinnerung, ist jene Lebenskraft, die, von ihm ausgehend, von nun an das Ich durchströmt.

In seiner Untersuchung der Erinnerungsfunktion bei Marcel Proust weist Karl Hölz darauf hin, dass kein anderes Erlebnis eine solche Erfülltheit und Authentizität aufweist, wie die Impressionen der „mémoire involontaire": „In keinem anderen Erlebnis, wie z.B. der Liebe oder der Reise, begegnet Marcel einem Eindruck, in dem sich in ähnlicher Weise Vorstellung und Wirklichkeit als adäquat erweisen. [...] Als Erinnerungserlebnis bringt die *mémoire involontaire* zugleich mit den Eindrücken der Vergangenheit ein ehemaliges Ich wieder, das, die Fesseln der Zeit abstreifend, mit neuem Leben erfüllen wird." (Hölz: Das Thema der Erinnerung bei Marcel Proust, S. 55f)

Allerdings ist auch dieser Erinnerungszustand noch nicht stabil. In analytischer Selbstreflexion versucht das Ich die Erinnerungserfahrung gedanklich zu erforschen und ihre Ankunft erneut herbeizuführen. Das Ich wird von allen störenden Fremdeindrücken frei gemacht. Das Erinnerungsbild, das zum Geschmack des Tees und des Madeleine-Gebäcks gehört, scheint von Ferne in der Erinnerung auf. Das Ich aber bleibt unsicher, ob es „bis an die Oberfläche meines Bewusstseins“ dringen wird. Und dann, eher träge geworden von der Anstrengung der Reflexion und der Erinnerungsstimulierung den Tee trinkend, stellt sich die Erinnerung plötzlich wieder ein:

> Und dann mit einem Male war die Erinnerung da. (SW, S. 66)

Diese nun *dauerhafte* Rückkehr der Erinnerung – *sie* ist das eigentliche Subjekt des Erzählens – vergleicht der Erzähler mit dem japanischen Ritual des Eintauchens von Papierstückchen in eine Porzellantasse derart, dass die Papierstücke durch die Benetzung sich vollsaugen, dabei „auseinandergehen, sich winden, Farbe annehmen und deutliche Einzelheiten aufweisen, zu Blumen, Häusern, zusammenhängenden und erkennbaren Figuren werden“ (SW, S. 67). Das Bild aus der Japan-Mode der damaligen Zeit ist geeignet, die *projektive, weltentfaltende* Kraft der *Erinnerung* ansichtig zu machen. Es ist die Erinnerung selbst, die, aus den Tiefenzonen des Bewusstseins aufsteigend, einen *Kosmos* im Ich und aus ihm heraus entfaltet. Und es ist das Ich, das sich in dieser Erinnerungswelt als der intensivsten Form seiner Existenz wiederfindet.

Dabei kann an dieser Stelle darauf hingewiesen werden, dass die Vorstufe der „Recherche“, der 1896–1904 entstandene autobiographische Roman „Jean Santeuil“ (veröffentlicht postum 1952), die Darstellung der Erinnerungsproblematik selbst noch nicht enthielt. Proust hat diese *reflexive* Stufe des Romans erst später eingebaut, ihn dabei aber in dem Sinne modernisiert, wie es schon das von Novalis formulierte romantische Programm einer Sichtbarmachung der ästhetischen Subjektivität als „Grund“ der literarischen Produktion vorsah.

In der Proust-Forschung wird die Erinnerung und die Welt, die es aus sich entlässt, häufig mit *räumlichen* Metaphern beschrieben: Die Zeit des Erinnerns sei in der Madeleine-Erfahrung „in die erinnerte Zeit übergegangen“, diese bedeute „Evocation der wiedergefundenen Kindheit“, der „Weg des Erinnerns“ sei ein Weg zurück in „die wiedergefundene Zeit“ (Jauß: Zeit und Erinnerung [...], S. 102 f) Diese Beschreibung ist sicher nicht falsch. Sie *verdeckt* aber etwas anderes, das sich in der Madeleine-Erfahrung ereignet: jene *Produktivität* des Geistes selbst, die in den Eingangspassagen des Romans zum reflexiven Thema des Romans selbst wird. Proust beschreibt ja nicht einfach die ‚Rückkehr‘ in eine ‚wiedergefundene‘ Kindheitswelt, sondern evoziert im Schreibprozess jene *Erweckung* einer *Erinnerungsproduktivität*, aus der heraus und in der die vergangene Welt allererst in jener Leuchtkraft *erzeugt* wird, die in der Tat den Reichtum und die Lebendigkeit des Romans ausmacht. Das Glück, das der Erzähler in der Schilderung der „köstlichen Substanz" spürt, ist die Leuchtkraft des Erinnerns selbst. Im Binnenraum des Ichs verbreitete diese Welt einen beinahe sakralen Glanz: „Ich hatte aufgehört mich mittelmäßig, zufallsbedingt, sterblich zu fühlen." (SW, S. 64)

Somit finden wir in Prousts Romanwerk *zwei* sehr unterschiedliche Raum-Zeitebenen, die in sich vielfältig differenziert und gebrochen sind: die *erste* Raum-Zeitebene des *Erinnerungsaktes* in der Gegenwart des sich *erinnernden* Ichs mit seinen Vorstufen der Schilderung von Einschlafzuständen in der *mémoire volontaire* und dann – in der *mémoire involontaire.* Und eine *zweite* Raum-Zeitebene mit der Schilderung eben jener Vergangenheitswelten des *erinnerten* Ichs, die die Erinnerung aus sich entlässt, um so das erinnerte Ich und seine vergangene Kindheitswelt neu zu erzeugen und lebendig werden zu lassen. So wird auch der Leser in die Zeit-Räume der Erinnerung entführt.

3.5.3 Die erinnerte Welt der Kindheit

Das erste Buch des Romanwerks, auf das wir uns in dieser Analyse konzentrieren, ist vielleicht das schönste der „Recherche", und das ist kein Zufall. Denn es ist die Schönheit der Kindheitswelt in der französischen Provinz der Normandie, die der Erzähler darin beschwört. Dabei ist bemerkenswert, wie unterschiedlich Proust die französische Provinz darstellt verglichen mit der starren und toten Provinzwelt von Tostes und Yonville der „Emma Bovary". Auch Proust ist ein *modernekritischer* Autor. Aber er kritisiert die Moderne gerade nicht in der Darstellung der erstarrten französischen Provinzwelt, sondern verklärt geradezu diese Welt der französischen Provinz, die das prägende Erlebnis seiner Kindheit war.

Zwar scheinen alle Handlungen und Lebensformen des kleinen Städtchens Combray auf den ersten Blick trivial. So die Beschreibung der in ihren zwei Zimmern residierenden Tante Léonie in ihrer entleibten Körperlichkeit und ihrer „traurige[n], bleiche[n], ausdruckslose[n] Stirn", ihrem schematischen Tagesablauf zwischen Pepsinverabreichung und Vichywasser, und auch der Ort Combray, der sich – ähnlich wie Yonville – als ein „eher trübseliger Ort" darstellt (SW, S. 73, 138, 68). Vater und Mutter gewinnen ebenso wie die weitere Verwandtschaft und Dienerschaft in dieser Beschreibung der Kindheitsphase nur umrisshaft Kontur. Trivial erscheint vom Handlungsverlauf auch der Alltag des Kindes selbst:

> [...] was es zum Abendessen gäbe; das unterhielt mich täglich in einer ähnlichen Weise wie andere die Nachrichten in der Zeitung [...]. (SW, S. 160)

Die Szene von Combray/ Illiers: ein kleiner französischer Ort in der Normandie, äußerlich gesehen hässlich, das Leben darin nichtig. Man kann in solchen Orten trübselig werden. Flauberts Madame Bovary jedenfalls resigniert mit ihren Lebenswünschen in der Kleinstadt Yonville-l'Abbaye bei Rouen.

Der Reiz aber, den Prousts Beschreibung auslöst, der *Glanz*, den sie über Combray ergießt, entspringt der *Erinnerung* selbst als der alle Lebensbereiche durchströmenden und sie noch einmal verlebendigenden *Vitalkraft*. Diese speist sich in Combray aus den Erfahrungen der *Kindheit*. Im Kontext der wunderbaren Beschreibung der Landschaftswege von Combray nach Méséglise und nach Guermantes reflektiert der Autor über die Kraft der Eindrücke der Kindheit:

> Aber wie an tiefe Schichtungen meines geistigen Heimatbodens, wie an festgegründete Bezirke, auf denen ich noch heute sicher schreiten kann, denke ich besonders an die beiden Wege nach Méséglise zu und nach Guermantes zurück. Weil ich an Dinge und Wesen noch geglaubt, während ich jene Gegenden durchschritt, sind die Dinge und Wesen, die ich in ihnen kennenlernte, die einzigen, die ich heute noch ernst nehmen kann und die mir Freude schenken. (SW, S. 245)

Die Reflexion legt so die Quellen für die Vitalität gerade der frühkindlichen Erinnerung frei: Sie speist sich aus einer *vormodernen* Erfahrungsform, die sie verklärt, einer innigen kindlichen Verbundenheit mit dem Erfahrungsraum, dessen Rekonstruktion in der Erinnerung auch noch dem um das verlorene Paradies wissenden Gegenwartsbewusstsein „Freude" schenkt.

In der Erinnerungswelt von Combray sind auch alle initiatorischen Elemente jener Erinnerungsarbeit enthalten, die der Roman entfalten wird. Bereits die Tante Léonie zelebriert die Madeleine-Zeremonie (SW, S. 73). Ihre genaue Beobachtung auch nur der „geringsten Empfindungen", die sie „in einem ständigen Monolog" vor sich hinspricht (SW, S. 71) ist das direkte Vorbild jener *Beobachtungsgenauigkeit* und Energie der *Versprachlichung*, die den Ich-Erzähler in Prousts Roman auszeichnet und seine Substanz ausmacht. Das Urbild der Erinnerungsarbeit des Romans ist also eine Erinnerungsfigur selbst: Tante Léonie, im übrigen eine eher zickige und biestige Alte. Der kleine Marcel aber drängt sich geradezu in den Dunstkreis jener Farben und Gerüche, der sie wie eine Aura umgibt:

> Die Luft ist dort gesättigt vom zarten Hauch einer Stille, die so bekömmlich ist, so lockend, daß ich mich mit einer Art von Gier in sie hineinbegab, besonders in den noch kühlen Morgenstunden der Osterwoche, wo ich am meisten Sinn dafür hatte, da wir ja eben erst in Combray angekommen waren [...]. (SW, S. 70)

In einer schönen Studie über das Imaginäre der Proustschen „Recherche" – zugleich Hommage an den Proust-Forscher Hans Robert Jauß – hat Rainer Warning auf die Funktion der *Imagination* in der Proustschen Erinnerung hingewiesen. Nach Proust ist die Erinnerung der Imagination überlegen, weil im Modus der Repräsentation von Wirklichkeit *realer*. Warning weist zu Recht auf das *Imaginäre* auch in der Erinnerungswelt des Romans hin. Thematisch ist dieses Imaginäre nach Warning vor allem in der „Manifestation eines Vereinigungswahns" greifbar, der alle – unglücklichen – Liebesgeschichten der „Recherche" durchzieht, auch die des Erzählers Marcel (Warning: Das Imaginäre in der Proustschen ‚Recherche', S. 24). Aber nicht nur sie: Das Leitmotiv der ganzen „Recherche" ist ja eben jene universale *Rückkehrsehnsucht*, die die Moderne noch in sich trägt, aber nicht mehr erfüllen kann.

Somit ist die Suche nach dem Imaginären in der Proustschen Erinnerungsarbeit lohnend. Bereits die Kinderwelt der „Recherche" zeigt sich von Phantasie durchtränkt. Gleichwohl bleibt der Modus der Erinnerung die Dominante des Textes. Was der Ich-Erzähler an Kindheitsphantasien schildert, sind eben doch erinnerte Phantasien. Anders als im romantischen Erzähltext E. T. A. Hoffmanns, wo der Modus der Phantasie den Text dominiert, phantasiert sich hier der Text nie ganz aus der erinnerten Realität heraus. Lesen, Phantasieren, Träumen sind Modi des Bewusstseins, aber eben solche, die schon die Kindheit des Ich-Erzählers Marcel prägen und somit zu dem erinnerten Bewusstseinsgut des Erzählers Marcel gehören.

Dabei spielt auch hier – wie bei Flaubert – die Lektüre eine prägende Rolle. Sie hat aber eine andere Funktion als bei Flaubert. Proust schildert das Glück der Lektüreeinsamkeiten auf dem Bett im Zimmer oder im Garten sehr viel ungebrochener als Flaubert, der solche Lektüre auch als Quelle des Unglücks der Emma Bovary sichtbar macht. Für den kleinen Marcel ist die Lektüre ein Glückserlebnis. Gleichwohl verbindet sich retrospektiv mit der Lektüre auch eine moderne Entfremdungsproblematik:

> Und war nicht die Welt meiner Gedanken selbst wie eine solche Hütte, in deren Tiefe ich sogar auch dann verborgen blieb, wenn ich einen Blick auf die Dinge warf, die sich draußen zutrugen? Sobald ich einen Gegenstand außerhalb von mir wahrnahm, stellte sich das Bewußtsein, daß ich ihn sah, trennend zwischen mich und ihn und umgab ihn rings mit einer geistigen Schicht, die mich hinderte, seine Substanz unmittelbar zu berühren; [...]. (SW, S. 115)

Der Roman bewegt sich hier im Fahrwasser auch der ‚idealistischen' Philosophie eines Philosophen mit Namen Bergotte, in dem sich Einflüsse Henri Bergsons und auch des Neukantianismus wiederfinden. Der eigene Vorstellungsraum des Erzähler-Ichs wird so reflektiert als eine Art „Schirm, den mein Bewußtsein beim Lesen in mir ausspannte", aber auch wie eine *Trennwand* zur Welt der Dinge (SW, S. 115). An der Stimulierung und Steigerung der Vorstellungswelt durch Romanlektüre hat bereits das erinnerte Ich des Erzählers begierig Anteil. Und so erzeugt, aber auch kompensiert die Romanlektüre jene Entfremdungserfahrung, die bereits die alltägliche Welt vom Ich abspaltet.

> Die Erfindung des Romanschriftstellers war nun, diese für die Seele undurchdringlichen Partien durch eine gleiche Menge immaterieller Teile zu ersetzen, das heißt solcher, die unsere Seele sich anverwandeln kann (SW, S. 117)

Die Lektüre und ihre Projektion von Vorstellungswelten auf den „Schirm" des inneren Bewusstseins des Lesenden scheint die Barriere gegen jenes ‚Draußen' der Welt zu überspringen, die sich zugleich auch mit der Lektüre aufbaut. Subjektivität als *Grenze* gegen die äußere Dingwelt und zugleich als Möglichkeit reicher *innerer* Erfahrung – diese reflexive Struktur der Erfahrung baut sich bereits in der Kindheit in Combray auf. Der Roman zeigt hier die Entwicklung einer Bewusstseinsauffassung, deren Voraussetzung eben jene Entfremdung von der primären Welt der Erfahrung ist, dabei aber eben jenes *innere* Reich der Vorstellung entfaltet, die die Erfahrungswelt des Romans eröffnet.

Wie gesagt: Das ist eine andere Form von Lektüreerfahrung als bei Flaubert. In beiden Romanen, in der „Madame Bovary" wie in „Swanns Welt", bedeutet Lektüre Aufbau einer eigenen Vorstellungswelt. Während aber Flaubert diese als Entfremdung von der Welt reflektiert, sieht Prousts Erzähler zwar auch diesen Aspekt, bewertet ihn aber positiv als Konstruktion einer *reichen inneren* Welt gegen die äußere. Die Protagonistin von Flaubert bleibt in ihrer schwärmerischen Aneignung von Lektürestoff ja auch rein passiv deren Wunschbildern hingegeben, während bei Proust die Lektüre die spätere Welt der Innerlichkeit vorbereitet, aus der sich der Roman speist. Madame Bovary bleibt ein passives Opfer ihrer Lektüreerfahrung, Prousts Protagonist *gestaltet* eine eigene und reiche Welt der Innerlichkeit: die Quelle seiner Romanwelt.

3.5.4 Erste Schreibversuche

In den Spaziergängen von Méséglise und Guermantes wird bereits das Thema der *Schriftstellerexistenz* angeschnitten. Der jugendliche Marcel meint sich eingestehen zu müssen, „daß ich keine Begabung fürs Schreiben besaß und darauf verzichten mußte, je ein berühmter Schriftsteller zu werden" (SW, S. 237). Diese kritische Selbsterfahrung aber findet Trost in der genauen Wahrnehmung von Details und deren erinnernder Rekapitulation:

> So nun, völlig außerhalb von jeder literarischen Absicht und ohne einen Gedanken daran, fühlte ich meine Aufmerksamkeit gefangen von einem Dach, einem Sonnenreflex auf einem Stein, dem Geruch eines Weges, und zwar gewährten sie mir dabei ein spezielles Vergnügen, das wohl daher kam, daß sie aussahen, als hielten sie hinter dem, was ich sah, noch anderes verborgen, das sie mich zu suchen aufforderten und das ich trotz aller Bemühungen nicht zu entdecken vermochte. Da ich genau fühlte, daß es in ihnen war, blieb ich unbeweglich stehen, um sie anzuschauen, einzuatmen, um den Versuch zu machen, mit meinem Denken über das Bild oder über den Duft noch hinauszugelangen. Wenn ich dann meinen Großvater einholen und meinen Weg fortsetzen mußte, suchte ich sie wiederzufinden, indem ich meine Augen schloß; [...] (SW, S. 237)

Die Genauigkeit der Wahrnehmung, die später die Schreibweise des Autors Proust prägen wird, übt das kindliche Ich in dieser „Arbeit meines Bewußtseins" (SW, S. 238) bereits ein und bereitet so eben die Wahrnehmungsgenauigkeit des späteren Schriftstellers vor.

Der überwältigende Eindruck der Kirchtürme von Martinville fungiert dann als Auslöser für die *Verschriftlichung* dieses Eindrucks aus der – allerdings kurzzeitigen – Erinnerungsperspektive in der fahrenden Kutsche:

> Ohne mir zu sagen, daß das, was hinter den Türmen von Martinville verborgen war, einem wohlgelungenen Satz entsprechen mußte, da es mir ja in Gestalt von Worten, die mir Freude machten, aufgegangen war, bat ich den Doktor um Bleistift und Papier, und trotz der Stöße des Wagens verfaßte ich, um mein Bewußtsein zu entlasten und aus Begeisterung das folgende kleine Stück Prosa [...]. (SW, S. 240)

Dabei wird – und darauf hat die Forschung nachdrücklich hingewiesen – ein weiteres zentrales Schlüsselereignis für die Selbstfindung des Künstlers erst im letzten, 7. Band, der „Recherche" geschildert. Es ist die in Venedig erfahrene „résurrection" der Zeit, zugleich Appell an den Künstler, die zu erneuter Präsenz gelangte Erinnerung *niederzuschreiben*. Nach Jauß „vollendet sich die Architektonik" der „Recherche" in diesem Spannungsbogen zwischen der Madeleine-Erfahrung des Anfangs und diesem Schlussteil der „Recherche" mit dem Titel „Le Temps retrouvé" (Jauß: Zeit und Erinnerung, S. 277).

3.5.5 Salonkultur, die Liebesgeschichte Swanns

Die bürgerliche Welt, die Marcel Prousts „Auf der Suche nach der verlorenen Zeit" beschreibt, konzentriert sich im „Eine Liebe von Swann" überschriebenen zweiten Teil des Romans „In Swanns Welt" auf den großbürgerlichen Salon der Familie Verdurin. Die Erzählperspektive dieses Mittelteils des Romans ist auch die des homodiegetischen Ich-Erzählers, der aber die Salonwelt der Familie Verdurin und die Liebesgeschichte mit Odette weitgehend aus der personalen Perspektive von Swann entwirft. Im Salon der Verdurins trifft Swann, den Herr Verdurin für einen „Poseur" hält (SW, S. 302), auf Odette. Dort herrscht eine Atmosphäre der kultivierten Rede und des Kunstgenusses vor, deren Verfeinerung der Erzähler genau beschreibt, die aber in ihrer Irrealität durchaus Züge jener Entfremdung bemerkbar macht, die auch Flaubert an jenem Ausschnitt der bürgerlichen Gesellschaft, die er zeigt, aufweist. Emma berauscht sich an der Literatur. Für Swann ist es die Musik, bei der er sich rauschhaft vergessen kann. So beschreibt der Erzähler ausführlich die Wirkung eines Komponisten mit Namen Vinteuil auf Swann, und dessen „Lieblingsthema":

> Da er aber in dem kleinen Thema einen Sinn suchte, in den seine Intelligenz nicht einzudringen vermochte, fand er einen seltsamen Rausch darin, seiner innersten Seele alle Hilfen vernunftbestimmten Denkens zu entziehen und sie einzig durch den engen Weg, den dunkeln Filter des Klanges hindurchpassieren zu lassen. Er begann zu verspüren, wieviel Schmerzliches, vielleicht sogar im geheimen Unbeschwichtigtes auf dem Grunde der Süße dieses Themas lag, aber er litt darunter nicht. (SW, S. 315)

Prousts Swann gibt sich wie auch Hanno Buddenbrook in Thomas Manns Roman „Die Buddenbrooks" dem „seltsamen Rausch" der Musik hin. Der Erzähler verfolgt geradezu die Ausschaltung des „vernunftbestimmten Denkens" durch die emotionalisierende Wirkung der Musik. Aber anders als die deutschen Romanhelden „litt er nicht darunter".

Auch wenn der Held in Prousts Roman nicht an dem Kunstgenuss leidet, so weist das Motiv doch auf ein offenbar verbreitetes Phänomen in der bürgerlichen und auch adeligen Gesellschaft des ausgehenden 19. beginnenden 20. Jahrhunderts hin: die Erfahrung eines Ungenügens an der Realität, die sich in den Kunstgenuss flüchtet, um der Realität zu entgehen. Es ist bei Proust eine verfeinerte Dekadenz auch in der Verführung, mit welcher Swann Odette gewinnt, nicht das so grobschlächtige Verführungsgebaren eines Rodolphe gegenüber Emma Bovary. Aber hier wie dort speist die Flucht in die Phantasie und in die Kunst ein *Ungenügen* an der Realität der bürgerlichen Gesellschaft, wie sie sich ganz unterschiedlich bei Flaubert und Proust zeigt.

Die unterschiedlichen Erzählperspektiven in beiden Romanen machen allerdings deutlich, wie unterschiedlich die Wahrnehmungswelten der beiden männlichen Protagonisten sind. Flauberts Erzähler zeigt, wie wenig Charles Bovary vom Leiden und später von den Eskapaden seiner Frau mitbekommt, die er tollpatschig noch befördert. Prousts Protagonist Swann dagegen ist ein hochsensibler Mann, der die Gefühlsnuancen seiner Liebe und auch die der Odette wahrnimmt und reflektiert. Der ‚intelligente' Müßiggang, dem er sich hingibt, ist auch für den Ich-Erzähler anziehend, der sich in dieser Figur spiegelt (SW, S. 257).

Schon die Annäherungen Swanns an Odette sind stark *ästhetisch* überhöht. Sie zeigen den subjektiven Blick eines Ästheten auf die Welt. Odette füttert diese Wahrnehmung. Bei einem Nachhausegang von den Verdurins pflückt sie eine Chrysantheme, die sie beim Abschied Swann schenkt, der sie während der Heimfahrt an den Mund presst, als spüre er so schon Odettes Hauch (SW, S. 292).

Im Salon der Verdurins wird die Sonate von Vinteuil eine Art „Nationalhymne ihrer Liebe" (SW, S. 290). Aber erst die von seinem Blick ersehene Ähnlichkeit zwischen Odette und einem Frauenbild von Botticelli – der Gestalt der Sephora – macht ihm Odette wirklich kostbar, „da diese Ideenverbindung seinen raffiniertesten Kunstansprüchen entgegenkam" (SW, S. 298). In der „ästhetischen Kultur" in der er sich bewegte, eröffnet erst diese Kunstanalogie seine eigene ästhetisch überhöhte Emotionalität:

> Sie erlaubte ihm, Odettes Bild in eine Welt der Träume hineinzunehmen, zu der es bisher keinen Zugang gehabt hatte und in der es eine Veredelung erfuhr. (SW, S. 298)

Der ästhetische Blick Swanns kodiert Odette selbst zu einem *ästhetischen Gebilde* um, und erst in dieser Transformation kann sie ganz auf ihn wirken. Das ist allerdings auch die Stelle im Roman, wo Herr Verdurin Swann einen „Poseur" nennt (SW, S. 302).

Gleichzeitig aber beginnt nun die Geschichte der Eifersucht, die Odette auch kunstvoll inszeniert. Während ihre erste Hingabe durch sein Zupfen an einer an ihrer Brust angesteckten Cattleyablüte eingeleitet wurde, und der schüchterne Swann auch weiterhin eine solche Hilfsbrücke zu ihrer Körperlichkeit brauchte, lässt sie ihn nach einem Salonabend stehen:

> – Also keine Cattleya heut abend? fragte er, und ich hatte doch so auf eine kleine liebe Cattleya gehofft.
> – Aber nein, Liebling, keine Cattleya heut abend, du siehst doch, wie angegriffen ich bin! (SW, S. 360)

Dazwischen hatte das rauschhafte Erleben der Musik im Salon der Verdurins gelegen, aber auch bereits die Einsicht Odettes, „daß Swann in geistiger Hinsicht ihren Erwartungen nicht entsprach" (SW, S. 320), wichtiger noch: „daß er ihren Träumen nicht entsprach" (SW, S.325). Die Verdurins, die Swann anfänglich „so reizend" fanden (SW, S. 286), empfinden ihn nun als „tödlich langweilig, dumm und außerdem unerzogen" (SW, S. 382), das Todesurteil für einen Salonbesucher. Sie fördern die Verbindung von Odette mit Monsieur Forcheville, dem sich Odette hingegeben hatte, als Swann sie für treu hielt.

Überhaupt entdeckt Swann, der in seiner ästhetischen Traumwelt gefangen war, nun auch die anderen Seiten Odettes, ihre Existenz als Edelkurtisane, die sich auch von Swann Geld zustecken lässt (SW, S. 353).

Der Erzähler der Schlusspassagen von „Eine Liebe von Swann" lotet seine Gefühlsambivalenzen aus, spürt „jener merkwürdigen Alchemie seines Leidens" nach (SW, S. 402) bis hin zur Abkühlung und Beruhigung der Gefühlswelt Swanns, der recht lange braucht, bis er begreift, „daß Odettes Gefühle für ihn nicht wiederkehren, daß seine Hoffnungen auf Glück sich niemals erfüllen würden" (SW, S. 465). Am Ende dieses zweiten Teils von „In Swanns Welt" hat er diese bittere Erfahrung verinnerlicht. Er sitzt beim Friseur und rechnet mit sich selbst ab:

> „Wenn ich denke, daß ich mir Jahre meines Lebens verdorben habe, daß ich sterben wollte, daß ich meine größte Leidenschaft erlebt habe, alles wegen einer Frau, die mir nicht gefiel, die nicht mein Genre war!" (SW, S. 503)

3.5.6 Die Gilberte-Episode

Diese Episode führt uns in die Stadt Paris nach dem Sommeraufenthalt in Combray. Im Zentrum stehen zunächst Erinnerungen an Reisen: in die Normandie, in die Bretagne, nach Italien, die der jugendliche Marcel schon unternommen hat. Die Namen der Kunststätten und –städte beflügeln seine Erinnerung.

Die Gilberte-Episode ist auf den ersten Blick eine Art Kontrafaktur zum zweiten Teil des Romans: der Liebesgeschichte Swanns. Der junge Marcel verliebt sich in dessen Tochter Gilberte, die er – begleitet von Françoise – auf einem Spielplatz trifft. An einem schönen Wintertag kommt sie „mit weit geöffneten Armen" auf den jungen Marcel zu, „als wolle sie mich an ihr Herz ziehen" (SW, S. 526). Der Gedanke an Gilberte besetzt Marcel ähnlich wie der Gedanke an Odette Swann besetzt hat, auch wenn er sich kritisch eingesteht, dass sein „Verlangen nach ihr" etwas „bloß Subjektives, Irreales, Ödes, Ohnmächtiges" (SW, S. 529) sein könnte. Ähnlich wie in Combray vergleicht der junge Marcel sein inneres Bild mit der äußeren Realität und erkennt im Fahrwasser der „idealistischen Philosophie" Bergottes, dessen Buch Gilberte ihm geschenkt hat, wie weit beide oftmals auseinanderliegen (SW, S. 530).

Gilberte bestärkt das Gefühl von Marcel, indem sie ihm eine Achatkugel schenkt (SW, S. 532), wendet sich aber ähnlich abrupt, wie ehemals Odette von Swann, von ihm ab:

> - Mein Lieber, du kannst ganz sicher sein, daß ich morgen nicht komme! Ich muß zu einer großen Teegesellschaft gehen, übermorgen auch nicht. (SW, S. 539)

Und auch die nächsten Tage und Wochen nicht. Sie wolle auch gerne an die Riviera fahren. Und wenn sie in Paris sei,

> […] komme ich nicht hierher, denn ich mache dann Besuch bei Mama. Adieu, eben ruft Papa. (Ebd.)

Ähnlich wie Swann wird auch Marcel in seine Einsamkeit zurückgestoßen, die er – ähnlich wie jener – mit seinen Wunschimaginationen füllt. Seine Idolisierung der Familie Swann – Marcel will werden wie

Swann (SW, S. 541) – dann auch des Hauses und der Mutter von Gilberte, Madame Swann, ist selbst Ausdruck seiner leer laufenden Projektion, die wie in einer libidinösen Metonymie alles idealisiert, was mit der entschwundenen Gilberte zusammenhängt.

Die Überraschung des retrospektiven Ich-Erzählers ist dann freilich die Aufdeckung der Identität von Madame Swann: Odette de Crécy. Eine Pointe, die die Einsamkeit des kleinen Marcel erhöht, denn mit dieser Eröffnung zeigt sich das Werben Swanns um Odette nachträglich doch noch als erfolgreich, während die Liebe zu Gilberte unerfüllt bleibt.

Erst in einem späteren Teil der „Recherche“, in „Im Schatten junger Mädchenblüte“, wird der Ich-Erzähler auch in der Liebe zu Albertine Erfüllung finden, hinter der sich allerdings die Phantasie eines männlichen Liebhabers durch den homosexuellen Autor Proust verbirgt.

Der Roman „In Swanns Welt“ springt abschließend aus der Erlebniszeit der Kindheit in die erinnernde Zeit des schreibenden Ich-Erzählers viele Jahre danach. Sie endet in einer desillusionierten Retrospektive des Erzähler-Ichs, die einsehen muss:

> Die Wirklichkeit, die ich einst kannte, existierte nicht mehr. (SW, S. 564)

3.6 Ländliches Frankreich, Kindheitswelt und Modernekritik Prousts

Gegen die Auslöschung der Zeit aber hat Proust die „Recherche“ geschrieben. Dabei liegt ein besonderer Glanz auf dem ersten Band des Erzählwerkes „Auf der Suche nach der verlorenen Zeit“, in der minutiösen Beschreibung der Welt der *Kindheit* und der vormodernen Welt des ländlichen Frankreichs als einer Rekonstruktion der *Erinnerung*. Sie lässt noch einmal aufleben, was eigentlich vergangen ist, in der Erinnerung aber eine präsentische Spur hinterlässt. Es ist nicht nur das Glück der Kindheit, der Kuss der Mutter, sondern auch der *Mutterboden*, das alte, *vormoderne* Frankreich in der Provinz, das der Ich-Erzähler noch einmal aufleben lässt. Es ist die ländliche Szene entlang des Laufes des Flusses Vivonne, an der sich dieses alte vormoderne Frankreich wie eine verklärte Landschaft noch einmal zeigt:

> [...] die andere Seite des Flusses war eine einzige weite Wiesenniederung, die bis zum Dorf reichte und zum Bahnhof, der etwas entfernt davon lag. Sie war mit halb im Grase versunkenen Resten des Schlosses der ehemaligen Grafen von Combray übersät, die im Mittelalter auf dieser Seite den Lauf

> der Vivonne zur Verteidigung gegen die Herren von Guermantes und die Äbte von Martinville nutzten. Jetzt waren nur noch die Trümmer von ein paar über die Wiesen herausragenden Türmen übrig, von denen man nicht viel sah, einige wenige Zinnen, von denen einst der Armbrustschütze Steine schleuderte und der Türmer Novepont, Clairefontaine, Martinville le Sec und Bailleau-l'Exempt überwachte, alles Ortschaften, die zur Herrschaft Guermantes gehört hatten und zwischen denen Combray als Enklave lag; heute waren sie alle dem Erdboden gleichgemacht, das Gras wuchs, wo die Kinder der von Brüdern geleiteten Schule ihre Schulaufgaben machten oder die Freizeit genossen – alles gehörte einer Vergangenheit an, die fast in die Erde zurückgesunken war oder sich nur noch am Ufer des Flusses lagerte wie ein Spaziergänger, den es ins Freie gezogen hat [...]. (SW, S. 223)

Aber auch die Erinnerung muss sich gegen die Zeit behaupten. Im letzten Band der „Recherche" wird die Abschwächung der Erinnerungsintensität selbst thematisiert. Es ist ein Zustand, der nicht mehr durch das „alles erfassende Aufzucken der Erinnerung" verklärt ist, sondern dadurch, „daß meine Empfindungs- und Vorstellungskraft doch offenbar abgenommen" habe (Proust: DWZ, S. 10). Der Erzähler findet an diesem Punkt nicht einmal mehr Lust an dem Gedanken, Combray wiederzusehen und die vertrauten Wege dort abzuschreiten. Im Medium des Erinnerungstextes der „Recherche" zeigt sich so die Zeit als eine *zerstörerische* Kraft, die sich darin auswirkt, „daß auch unser Nervensystem dem Altern ausgesetzt ist" (Proust: DWZ, S. 16). Jene Erinnerung, die Zeitlichkeit aufhebt, ist selbst eine Funktion der Zeit. Zwar ist der Schluss des Romans tröstlich: Die bei einem Empfang der Guermantes wiedergesehenen Gäste sind gealtert, aber das Romanwerk, das der Erzähler am Ende im Kampf mit der eigenen Lebenszeit dieser abringt, scheint die „wiedergefundene Zeit" zu sein, die Resurrektion der Zeit im Medium der Literatur. Die „Kathedrale" des Werks steht gegen das Altern, gegen Krankheit und gegen den Tod. Dabei gebraucht der Erzähler selbst die Metapher der Kathedrale, wenn auch im eingeschränkten Sinne: „Wie viele gewaltige Kathedralen bleiben unvollendet!" (Proust: DWZ, S. 486)

Auf das Schwinden der Zeit und des Zeitbewusstseins auch beim Leser verweist der Roman am Ende:

> Denn sie würden meiner Meinung nach nicht meine Leser sein, sondern die Leser ihrer selbst, da mein Buch nur etwas wie ein Vergrößerungsglas sein würde, ähnlich jenen, die der Optiker in Combray einem Käufer über den Ladentisch reichte – mein Buch, durch das ich ihnen ermöglichen würde, in sich selbst zu lesen. (Proust: DWZ, S. 486f)

Der letzte Band des großen Erinnerungswerkes von Proust enthält den eigentlichen Epochenumbruch der Moderne nach der Jahrhundertwende 1900: den Ersten Weltkrieg. Der Roman referiert darauf und auf die moderne, apokalyptische Ästhetik der neuen Technik im letzten Band der „Recherche“, so der Hinweis auf die „Schönheit der im Dunkel aufsteigenden Flugzeuge“ (Proust: DWZ, S. 102). Gleichwohl macht der Roman deutlich genug: Proust ist kein Futurist. Er feiert nicht diese neue Ästhetik der modernen Technik. Der Roman enthält vielmehr eine sentimentalische Absage an die Moderne: „Kann jemand diese Automobile so elegant finden wie die Equipagen von einst?“ (Proust: SW, S. 561) – so hatte es schon in „In Swanns Welt“ am Ende geheißen. Der ganze Schlussteil des Romanwerks ist mit seiner Beschreibung der Auswirkungen des Ersten Weltkrieges auf die französische Gesellschaft ein Abgesang auf die ‚gute alte Zeit‘.

Prousts Romanwerk aber ist formal in der Realisierung der Textualität der Erinnerung selbst eines der großen Beispiele für die *modern-subjektive* Form der Romanästhetik. Dabei geht der Befund dahin, dass solche Textualität der Erinnerung durchwoben ist von *Imaginärem*, von genauer *sinnlicher Wahrnehmung*, von *Assoziationen* wie von *Reflexion* und einer empathischen *Emotion*. Die Erinnerungsleistung des Werks ist über weite Strecken auch alles andere als ein Geschenk der „mémoire involontaire“. Sie ist ein in harter schriftstellerischer Arbeit der Erinnerung abgerungenes Werk, das aber die Öffnung der Romanwelt jener verdankt. In keiner Hinsicht stellt sich die Textualität der Erinnerung in Prousts Romanwerk als eine monochrome Struktur dar. Sie realisiert sich als ein Geflecht verschiedener moderner Textformen, die jedoch unter der Dominanz der Erinnerung und ihrer schriftstellerischen Erforschung stehen. Die Textualität der Erinnerung ist die Leitkategorie in Prousts Romanwerk. Alle anderen Textformen ordnen sich ihr unter. Der Roman „Auf der Suche nach der verlorenen Zeit“ ist das ausgeformteste Beispiel für Erinnerungsarbeit im modernen europäischen Roman.

3.7 Literaturverzeichnis

Primärliteratur:

Proust, Marcel: Auf der Suche nach der verlorenen Zeit. Übersetzt von Eva Rechel-Mertens. Frankfurt a. M. 1981ff, Bd. 1: In Swanns Welt. Frankfurt a. M. 1981.

Bd. 2: Im Schatten junger Mädchenblüte.

Bd. 3: Die Welt der Guermantes.

Bd. 4: Sodom und Gomorrha.

Bd. 5: Die Gefangene.

Bd.6: Die Flüchtige.

Bd. 7: Die wiedergefundene Zeit.

Ders.: a la recherche du temps perdu. È Michel Berman, Thierry Laget u. a. 3 Bde. Paris 1987.

Sekundärliteratur:

Bardèche, Maurice: Marcel Proust romancier. 2 Bde. Paris 1971.

Genette, Gérard: Die Erzählung. München 1994.

Hölter, Achim (Hg.): Marcel Proust – Leseerfahrungen deutschsprachiger Schriftsteller von Th. W. Adorno bis Stefan Zweig. Frankfurt a. M. 1998.

Hölz, Karl: Das Thema der Erinnerung bei Marcel Proust. Strukturelle Analyse der mémoire involontaire in A la recherche du temps perdu. München 1972, S. 55 f.

Jauß, Hans Robert: Zeit und Erinnerung in Marcel Prousts ‚A la recherche du temps perdu'. Ein Beitrag zur Theorie des Romans. Frankfurt 1986 (erstmals erschienen Heidelberg 1955).

Kapp, Volker (Hg.): Marcel Proust – Geschmack und Neigung. Tübingen 1989.

Keller, Luzius: Proust lesen. Frankfurt a. M. 1999.

Köhler, Erich: Marcel Proust. Göttingen 1958.

Lagercrantz, Olof: Marcel Proust oder vom Glück des Lesens. Aus dem Schwedischen von Angelika Gundlach. Frankfurt a. M. 1995.

Müller, W. und Naumann, U. (Hg.): Marcel Proust. Dargestellt von Karlheinrich Biermann. Reinbek bei Hamburg 2005

Warning, Rainer: Das Imaginäre der Proustschen ‚Recherche'. Mit einem Beitrag von Karlheinz Stierle zur Erinnerung an Hans Robert Jauß. Konstanzer Universitätsreden. Konstanz 1999

4. RAINER MARIA RILKE: Die Aufzeichnungen des Malte Laurids Brigge.

4.1 Biographie

4.12.1875 In Prag geboren. Vater: Josef Rilke, Mutter: Sophie (Phia), geb. Entz.

1882 Deutsche Volksschule.

1885 Trennung der Eltern, Rilke bei der Mutter.

1886–91 Militärschulzeit (St. Pölten, Mährisch-Weißkirchen).

1894 *Leben und Lieder*, erster Gedichtband.

1895 Abitur in Prag, ab Wintersemester Studium in Prag (Kunstgeschichte, Literatur, Philosophie), ab Sommersemester 1895: Rechts- und Staatswissenschaftliche Fakultät, dazu Kunstgeschichte. Gedichtband *Larenopfer.*

1896/7 Studium in München. Begegnung mit Lou Andreas-Salomé.

1898 Berlin (Studium). Reise nach Florenz, Zoppot, Viareggio. Erzählung *Ewald Tragy.*

1899 Berlin. Erste russische Reise mit Ehepaar Andreas-Salomé. Besuch bei Tolstoi und L. Pasternak. *Mir zur Feier.*

1900 Zweite russische Reise. August: Worpswede. Bekanntschaft mit Clara Westhoff. *Vom lieben Gott* (Erzählungen).

1901 Heirat mit Clara Westhoff, Wohnsitz Westerwede. Geburt der Tochter Ruth. Aufführung von *Das tägliche Leben* in Berlin.

1902 28.08.02 bis Ende Juni 1903 in Paris 11, rue Toullier. Am 01.09.02 Besuch bei Rodin. *Das Buch der Bilder*, das erste der *Neuen Gedichte*, *Der Panther,* entsteht.

1903 Arbeit an Monographie über Rodin. Viareggio (22.03. – 28.04.), dritter Teil des *Stundenbuchs,* September Rom (bis Juni 1904). Dort nach Zeugnis von Maurice Betz Vorarbeiten zum *Malte*.

1904 08.02.: Beginn der eigentlichen Arbeiten am *Malte*. Vorbild anfänglich: Sigbjörn Obstfelder. Auf Einladung von Ellen Key

Reise über Kopenhagen nach Schweden. Neuausgabe der *Geschichten vom lieben Gott.*

1905 Oberneuland, Dresden, Göttingen. Wiedersehen mit Lou. 12.09.05 – 29.06.06 zweiter Parisaufenthalt. *Das Stundenbuch.*

1906 Privatsekretär bei Rodin in Meudon. 14.03. Tod des Vaters. Trennung von Rodin. Neuausgabe *Das Buch der Bilder. Die Weise von Liebe und Tod des Cornets Christoph Rilke.* Reise nach Flandern.

1907 04. Dezember bis 20. Mai in Villa Discopoli auf Capri. Reise nach Wien, Venedig, Oberneuland. Neuausgabe *Auguste Rodin. Neue Gedichte.*

1908 Oberneuland, Capri, Neapel, Rom, Paris. *Der Neuen Gedichte anderer Teil. Requiem* für eine Freundin und für Wolf Graf Kalckreuth. Arbeit am *Malte.* Briefe an Clara und Sidonie Nádherný von Borutin im Oktober.

1909 Paris. Reisen in die Provence. Begegnung mit der Fürstin Marie von Thurn und Taxis im Dezember.

1910 Rilke verlässt Paris am 08.01. Leipzig, Weimar, Berlin. März und April in Rom (letztmalig). April: Gast auf Schloß Duino bei Triest. Venedig. Paris. An Anton Kippenberg am 25.03.: „Gestern... Schluß der Malte-Korrektur (der Fahnenabzüge)". An Gräfin Manon zu Solms-Laubach am 11. April: „Die *Aufzeichnungen* sind nun abgeschlossen, um ihretwillen war ich in Deutschland, wir sind dabei, sie zu drucken. Malte Laurids hat sich, seit Sie nicht von ihm gehört haben, zu einer Gestalt entwickelt, die, ganz von mir abgelöst, Existenz und Eigenart gewann..." *Die Aufzeichnungen des Malte Laurids Brigge* erscheinen in zwei Bänden im Insel-Verlag Leipzig.

1911 Neapel, Ägyptenreise. Paris, Winter im Schloß Duino. Brief an Lou am 28. Dezember: „Ob er (Malte), der ja zum Teil aus meinen Gefahren gemacht ist, darin untergeht, gewissermaßen um mir den Untergang zu ersparen... Kannst Du's begreifen, dass ich hinter diesem Buch recht wie ein Überlebender zurückgeblieben bin, im Innersten ratlos..." Innere Abkehr von Rodin.

1912 Schloß Duino, erste *Elegien.* Sommer in Venedig, Herbst in München.

1913 Spanienreise. Paris (25.02. – 06.06.). Reisen in Deutschland. *Erste Gedichte.*

1914 18.10 1913 – 25.02.1914 in Paris. Berlin, Venedig, Mailand, Paris (ab 26.03.), Duino, Venedig, Mailand, Paris (25.05. – 19.07.). *Fünf Gesänge* feiern den Kriegsausbruch. Rilke verliert seine Habe. Reisen in Deutschland.

1915 München bei Clara und Ruth. Musterung, Einberufung.

1916 Militärdienst, seit Februar im Kriegsarchiv.

1917/18 München. Gut Böckel in Westfalen bei Herta Koenig. Sympathien für Ernst Toller und für die Revolution.

1919 München. Vortragsreise in die Schweiz. Begegnung mit den Brüdern Reinhart in Winterthur. Begegnung mit Nanny Wunderly-Volkart.

1920 Locarno, Venedig, Basel, Zürich. Begegnung mit Baladine Klossowska.

1921 Schloß Berg. Valéry-Lektüre. Schloß Muzot. Einzug am 26. Juli. Das Schloß bleibt Wohnsitz Rilkes bis zu seinem Tod.

1922 Vollendung der *Duineser Elegien*. Arbeit an den *Sonetten an Orpheus*. Heirat Ruth Rilkes mit Carl Sieber.

1924 Sanatorium Val-Mont. Viele französische Gedichte entstehen. Begegnung mit Paul Valéry.

1925 Letzter Paris-Aufenthalt. Ausführlicher Brief an Witold Hulewicz zu philologischen Verständnisfragen des *Malte*.

1926 Val-Mont. 29. Dezember: Rilke stirbt an Leukämie. Beisetzung am 02. Januar 1927 in Raron. Im selben Jahr erscheinen die *Gesammelten Werke*, Bd. 1-6.

4.2 Zur Tradition der Großstadtliteratur

Im Rahmen unserer Analyse des modernen europäischen Romans kommt einem deutschen Text eine besondere Bedeutung zu, den „Aufzeichnungen des Malte Laurids Brigge“ von Rainer Maria Rilke. Dieser Text ist deshalb so bedeutsam, weil er der erste Roman in der deutschen Literatur, aber auch in der europäischen Romanliteratur der Moderne ist, der rückhaltlos das neue und erschreckende Phänomen der modernen *Großstadt* und die *Existenzform* der Moderne auslotet. Es ist das Paris des frühen 20. Jahrhunderts, das diese Erfahrung vermittelt. Zwar gibt es bereits im 19. Jahrhundert gerade in Paris auch eine Großstadtliteratur. Die Brüder Goncourt und Emile Zola (1840-1902) haben das literarische Schreiben bereits an den Erfahrungsraum der modernen Großstadt herangeführt. Zudem hatte Charles Baudelaire (1821-1867) in einer anderen Gattung, in der Lyrik, die europäische Großstadt Paris mit ihren neuen und auch schockanten Erfahrungen literarisch verarbeitet. Insbesondere die „Pariser Bilder“ („Tableaux Parisiennes“) in den „Blumen des Bösen“ („Fleurs du mal“) von Baudelaire sind ein neuer Typus von Großstadtliteratur, in der die von Walter Benjamin so genannte „schockhafte“ Großstadtwahrnehmung ihren Ausdruck findet (Benjamin: Über einige Motive bei Baudelaire, S. 209ff).

In der deutschen Literatur gab es bis dahin keine vergleichsweise schockante Darstellung der modernen Großstadt und konnte es auch nicht geben, weil es bis in die Mitte des 19. Jahrhunderts in Deutschland eine moderne Großstadt wie Paris oder London nicht gab. Daher trägt auch der erste literarische Erzähltext, der die große Stadt in der deutschen Literatur zum Thema hat, E. T. A. Hoffmanns späte Erzählung „Des Vetters Eckfenster" von 1822 eher idyllische Züge. Das Berlin, in dem Hoffmann lebte und dessen bunte Marktszene diese Erzählung aus jenem Blickwinkel nahe dem Gendarmenmarkt in Berlin schildert, wo Hoffmann damals wohnte, war eine eher idyllisch biedermeierliche Szene. Erst Ende des 19. Jahrhunderts expandiert die damals neue Reichshauptstadt Berlin zu einer europäischen Großstadt mit großen Wachstumsraten und entwickelt dann ja auch im Expressionismus eine Großstadtlyrik, die an die große französische Tradition von Baudelaire und Rimbaud anknüpfen kann und die auch Ähnlichkeiten mit jenem Roman aufweist, dem wir uns jetzt zuwenden wollen.

4.3 Biographischer Hintergrund Rilkes und seine literarische Annäherung an die Großstadt

Als Rilke am 08.02.1904 mit der Arbeit an den „Aufzeichnungen des Malte Laurids Brigge" begann, war er 28 Jahre alt. Er war am 28.08.1902 erstmals nach Paris gekommen, wohnte damals – bis Ende Juni 1903 – in der rue Toullier. Die erste Eintragung des „Malte" wird lauten: „11. September, rue Toullier". Diese erste ungeschützte Erfahrung einer modernen Großstadt war für den sensiblen und religiös gestimmten Rilke, der die Stille und die Einsamkeit der russischen Weiten in zwei Rußland-Reisen in sich aufgenommen hatte (1899 und 1900), der in der Zurückgezogenheit der Worpsweder Künstlerkolonie mit seiner Frau Clara Westhoff gelebt hatte, ein Schock ohnegleichen. Aus einem Brief Rilkes an die von ihm geliebte und verehrte Lou Andreas-Salomé erfahren wir etwas von der Unmittelbarkeit dieses Wahrnehmungsschocks, den Rilke aber bezeichnenderweise erst aus einer gewissen Rückschau, nämlich in Worpswede am 18. August 1903, formulieren konnte:

> Ich möchte Dir sagen, liebe Lou, daß Paris eine ähnliche Erfahrung für mich war wie die Militärschule; wie damals ein großes banges Erstaunen mich ergriff, so griff mich jetzt wieder das Entsetzen an vor alledem was, wie in einer unsäglichen Verwirrung, Leben heißt. (AM, S. 287)

Bezeichnend an dieser Textstelle ist die Steigerung von „banges Erstaunen" an der Militärschule 1886 in St. Pölten zu „Entsetzen" angesichts der Eindrücke der Großstadt Paris.

Im selben Brief aus dem Sommer 1903 heißt es auch:

> O es haben tausend Hände gebaut an meiner Angst und sie ist aus einem entlegenen Dorf eine Stadt geworden eine große Stadt, in der Unsägliches geschieht. (AM, S. 288)

Diese sprachliche Personalisierung der Angst ist ungewöhnlich. Rilke spricht von seiner Angst („meine Angst"), identifiziert sie mit „einem entlegenen Dorf" – einem vorindustriellen Lebensraum wie Worpswede. Dieses Dorf war bereits die Angst. Rilke trug sie somit bereits in sich, als er nach Paris kam. In Paris aber ist seine Angst „eine Stadt geworden". Wir können sagen: Jener erzählerische Entwurf, den wir in den „Aufzeichnungen des Malte Laurids Brigge" ausgeführt finden, ist selbst ein Spiegel des Autors. Die Erzählwirklichkeit insbesondere der Eingangspassage des Romans ist das Projekt einer bestimmten *Perspektive* – nämlich des angst-offenen Blicks, mit dem Rilke Paris betreten und beschrieben hat, dabei aber auch Paris als einen Topos der Angst entdeckte.

Was eine solche Perspektive eröffnet, zeigt sich bereits in dem Brief an Lou vom 18. August 1903:

> Als ich zum ersten Mal am *Hotel Dieu* vorüberkam fuhr gerade eine offene Droschke ein, in der ein Mensch hing, schwankend bei jeder Bewegung, wie eine zerbrochene Marionette schief, und mit einem schweren Geschwür auf dem langen, grauen, hängenden Halse. Und was für Menschen bin ich seither begegnet, fast an jedem Tage; Trümmern von Karyatiden, auf denen noch das ganze Leid, das ganze Gebäude eines Leides lag, unter dem sie langsam wie Schildkröten lebten. Und sie waren Vorübergehende unter Vorübergehenden, alleingelassen und ungestört in ihrem Schicksal. Man fing sie höchstens als Eindruck auf und betrachtete sie mit ruhiger sachlicher Neugier wie eine neue Art Thier, dem die Noth besondere Organe ausgebildet hat, Hunger- und Sterbeorgane. [...] Sie lebten, lebten von nichts, vom Staub, vom Ruß und vom Schmutz auf ihrer Oberfläche [...] O was ist das für eine Welt. Stücke, Stücke von Menschen, Theile von Thieren, Überreste von gewesenen Dingen […]. (AM, S. 288f)

Der Text konfrontiert zwei Wahrnehmungsperspektiven: die einer „ruhige[n] sachliche[n] Neugier“, die offensichtlich nicht die des Briefschreibers ist, mit der seinen, die emotional betroffen und erschüttert die Eindrücke wahrnimmt. („O was ist das für eine Welt.“). Diese emotional anteilnehmende Beobachtung der verelendeten und ‚zerbrochenen‘ Erscheinungen der Großstadt entwirft bereits hier die typische Topographie des späteren Romans und auch in der eigenen Metaphorik, mit der Rilke sie sieht. Es ist nicht das Paris der Salons, des Luxus, der ästhetischen Selbstdarstellung, das er aufsucht und beschreibt, obwohl er sicher später als Sekretär Rodins dazu Zugang gefunden hätte. Die Orte, die *Rilkes* Paris ausmachen, sind Orte der *Armut* und der *Krankheit*: das „Hotel Dieu“, das Armenhospital und älteste Krankenhaus der Großstadt. Die Figuren, die sein Paris-Erlebnis charakterisieren, sind elende, gebrochene, fast zu Marionetten ‚zerbrochene‘ Menschen, ein neues Elends-Subproletariat, das Rilke aber nicht mit dem soziologischen Blick des am Elendsmilieu interessierten Naturalisten anschaut, sondern mit dem erschütterten Blick eines Mit-Leidenden.

Dabei stilisiert Rilke – ähnlich wie später der Erzähler in Döblins „Berlin Alexanderplatz“ – das menschliche Leiden zu einem biblischen Archetypus. Er findet das Urbild des menschlichen Leidens wieder in der Gestalt des mit allen Plagen geschlagenen Hiob, dessen Buch Rilke im Alten Testament nachliest: „Und oft vor dem Einschlafen las ich das 30. *Capitel* im Buche Hiob und es war alles wahr an mir, Wort für Wort.“ (AM, S. 287)

In der Tat lässt sich das Bild des mit „schwerem Geschwür“ geschlagenen Menschen noch aus dieser archaisch-anthropologischen Ebene der Bibelsprache verstehen. Genau besehen aber enthüllt die Beschreibung typische Züge einer *Condition moderne* in der *modernen Großstadt*: So das Bild des Menschen als „zerbrochene Marionette“, als Trümmer- und Stückwerk und – mehr noch – das Bild einer „neue[n] Art Thier“-Existenz, die den Staub, Ruß, Schmutz der großen Stadt in sich hineinfrisst – eine neue Spezies Mensch an der Grenze zum Untermenschlichen und mit der schmutzigen Oberfläche der Stadt verschmolzen. Es sind Menschen, die, in die moderne Großstadt geworfen, selbst ein Stück Auswurf dieser modernen Großstadt geworden sind. Genau dieses Bild werden wir dann im „Malte Laurids Brigge“ selbst finden:

> Denn das ist mir klar, daß das die Fortgeworfenen sind, nicht nur Bettler; nein, es sind eigentlich keine Bettler, man muß Unterschiede machen. Es sind Abfälle, Schalen von Menschen, die das Schicksal ausgespieen hat.

> Feucht vom Speichel des Schicksals kleben sie an einer Mauer, an einer Laterne, an einer Plakatsäule, oder sie rinnen langsam die Gasse herunter mit einer dunklen, schmutzigen Spur hinter sich her. (AM, S. 36f)

Wir werden über die Soziologie dieses neuen Typus von ‚Großstadtauswurf' noch sprechen. Wir können aber an dieser Stelle zunächst einmal festhalten, dass eine solche Großstadtbeschreibung, wie sie Rilke schon im Brief an Lou und dann im „Malte Laurids Brigge" entwirft, für die Romanliteratur und die deutsche Literatur im Besonderen ein Novum darstellt. Auch die französischen Naturalisten, allen voran Emile Zola, weichen zwar dem Großstadtelend nicht aus, aber schildern es keineswegs in einer solcher Metaphorik des Schrecklichen und des Schrekkens, zu der Rilke schon im Brief an Lou greift und die viele Textpassagen des „Malte" prägt.

Wenn man die deutsche Großstadtliteratur bis zum Anfang des 20. Jahrhunderts Revue passieren lässt, so findet sich darin zunächst eher die Faszination der Großstädte London oder Paris auf den Reisenden Georg Christoph Lichtenberg, oder in den Reiseberichten eines Georg Forster über Paris (Brüggemann: Großstadt und literarische Wahrnehmung, S. 22ff; Wiedemann (Hg.): Rom-Paris-London, S. 345ff). Auch noch die Elendsschilderungen des deutschen Naturalismus haben durchaus zumindest passagenweise kleinstädtisch-idyllische Züge. Das hängt auch mit der politisch-soziologischen Zurückgebliebenheit der deutschen Verhältnisse bis an das Ende des 19. Jahrhunderts zusammen. Die Schilderungen Rilkes markieren das Ende jeglicher Stadt-Idylle. Das Entsetzen vor einer neuen, spezifisch modern-großstädtischen Lebensform breitet sich aus. Das Entsetzen vor dem Absturz des Menschen in eine Bodenlosigkeit des Elends, die noch unter der des Proletariats liegt. Paris – das bedeutet für Rilke den Schock einer neuen Wahrnehmung menschlichen Elends.

4.4 Rodins Einfluss

Dabei verdankt sich die Intensität der Beschreibung Rilkes auch noch einem anderen literarischen Einfluss: dem Einfluss Flauberts. Es ist nicht die „Madame Bovary", die im „Malte" zitiert wird, wohl aber eine kleine Erzählung Flauberts: „Die Legende vom Sankt Julian dem

Gastfreien“ (AM, S. 64), einem Heiligen, der mit seinem Körper die Aussätzigen wärmt. Rilkes Malte räsoniert im Anschluss an diese Erzählung:

> Es kommt mir vor, als wäre das das Entscheidende: ob einer es über sich bringt, sich zu dem Aussätzigen zu legen und ihn zu erwärmen mit der Herzwärme der Liebesnächte, das kann nicht anders als gut ausgehen. (AM, S. 64f)

Was Rilkes Malte hier beschreibt und als literarische Haltung übernehmen will, ist nicht nur eine radikal christliche Ethik des Mit-Leidens, sondern auch ein *poetologisches Programm*, das sich in der Erzählung Flauberts direkt-körperlich darstellt: Es ist eine Poetik der *Annäherung an* und *Empathie mit* jenen Unterschichten, die Rilke und ihm folgend Malte in Paris auf den Straßen findet. Es geht also um eine *Erzählhaltung*, die dem Erzählten nicht einfach distanziert gegenübertritt, sondern sich in es einfühlt, um es so in die Sprache heben zu können. Erst in einem zweiten Schritt geht es dann auch um eine Form der *Distanz* in der Verschriftlichung der Erfahrung. Darauf kommen wir in der Analyse des Romans zurück.

Paris – das ist auch: der Maler und Bildhauer Auguste Rodin (1840-1917). Mitte Dezember 1902 hat Rilke seinen Essay über Rodin abgeschlossen, den er am 1.9. 1902 auch persönlich trifft und für den er dann als Sekretär tätig wird. Rilkes Rodin-Aufsatz ist für die Bestimmung und Entwicklung seiner Ästhetik wichtig: Bis dahin war Rilke vor allem als Lyriker hervorgetreten. Seine Gedichtsammlung „Leben und Lieder“ von 1894, die „Larenopfer“ von 1895, der lyrische Prosatext über den „Cornet Rilke“, erschienen 1906, sowie die großen Lyriksammlungen „Das Stundenbuch“ mit ihren drei Teilen von 1899, 1901 und 1903, als Sammlung erschienen 1905 und „Das Buch der Bilder“ von 1902, in erweiterter Fassung 1906, prägten in der Öffentlichkeit das Bild eines Lyrikers, der mit einem fast preziösen, symbolistischen Ästhetizismus vielfach um Fragen der Ästhetik selbst kreiste, dabei Nuancen der Seele zur Sprache brachte und der, wie Rilke selbst zu Katharina Kippenberg in Bezug auf das „Stunden-Buch“ äußerte, auf ähnliche Weise endlos hätte weiterdichten können.

Der Rodin-Essay aber konfrontiert Rilke mit einem neuen, *nachsymbolistischen* Stand der Ästhetik – allerdings: im Medium der Plastik. Und hier finden sich höchst aufschlussreiche Beobachtungen Rilkes: Er resümiert zunächst die Geschichte der plastischen Kunst in Europa: Antike, Mittelalter, Renaissance und fragt dann selbst:

> Und jetzt? War nicht wieder eine Zeit gekommen, die nach diesem Ausdruck drängte, nach dieser starken und eindringlichen Auslegung dessen, was in ihr unsagbar war, wirr und rätselhaft? (Rilke: Werke Bd. V, S. 146)

In der Form einer rhetorischen Frage erkundet der Autor, ob nicht die Kunst „eine[r] Zeit"– seiner eigenen modernen – helfen könne, „deren Qual es war, daß fast alle ihre Konflikte im Unsichtbaren lagen". „Ihre Sprache", so Rilke in der Betrachtung der Plastik von Rodin, „war der Körper." (Rilke: Werke Bd. V, S. 146)

Die Problematik der ästhetischen Moderne – wie sie Rilke in dieser Zeit sah – bringt der Rodin-Aufsatz auf diesen Punkt: Die Qual einer (modernen) Konfliktstruktur, die ins Unsichtbare reicht, *körperlich* darstellen zu müssen und damit: *sichtbar* zu machen.

Und wie leistet dies Rodin? Rilke kommt hier auf das „Grundelement" der Rodinschen Kunst, seinen Umgang mit der *Fläche*, zu sprechen:

> Und schließlich war es diese Oberfläche, auf die seine Forschung sich wandte. Sie bestand aus unendlich vielen Begegnungen des Lichtes mit dem Dinge […] Es gab weder Pose, noch Gruppe, noch Komposition. Es gab nur unzählbar viele lebendige Flächen, es gab nur Leben, und das Ausdrucksmittel, das er sich dazu gefunden hatte, ging gerade auf dieses Leben zu […] Rodin erfaßte das Leben, das überall war, wohin er sah. Er erfaßte es an den kleinsten Stellen, er beobachtete es, er ging ihm nach. (Rilke: Werke Bd. V, S. 149f)

Das Kunstprinzip, das Rilke an Rodin entdeckt, ist das der *Dezentrierung*. Die Teilelemente des Kunstwerks werden nicht mehr durch eine „Komposition" des Ganzen zusammengehalten, sondern verselbständigen sich als fragmentarische Teilstücke und Flächenelemente („Es gab nur unzählbar viele lebendige Flächen"). Rilke interpretiert das lebensphilosophisch. Es ist aber ein Prinzip der Moderne, das ihm hier an Rodins Plastik aufgeht und das in der Tat auch zum ästhetischen Leitprinzip seines eigenen Paris-Romans werden wird: das Leben der Stadt „an den kleinsten Stellen" zu suchen und aufzufinden. Rilkes Formel vom Ende der Komposition und den „unzählbar vielen lebendigen Flächen" wird im „Malte" zu einem Panorama vieler, nicht mehr durch eine Gesamtkomposition zusammengehaltener *Textinseln* führen, vergleichbar den „unzählbar vielen lebendigen Flächen" in der Plastik Rodins.

Diese Beobachtung nimmt nun schon Richtung auf das *a-kompositorische* Kompositionsprinzip des „Malte". Bevor wir darauf zu sprechen kommen, noch einige Hinweise auf die Briefe Rilkes. Hier finden sich Anspielungen auf die wichtigsten literarischen, philosophischen und kunstgeschichtlichen Quellen seiner Arbeit am „Malte". Es sind die Hinweise auf den Schriftsteller Sigbjörn Ostfelder, der eine Zeit lang das Vorbild zum Malte abgab, der Hinweis auf den dänischen Philosophen Kierkegaard. Auch waren Künstler der Moderne für ihn bedeutsam, allen voran Baudelaire, aber auch Dostojewski, Flaubert, und die bildenden Künstler Cézanne, van Gogh. Baudelaires „Petits poèmes en prose" erwähnt Rilke bereits im zitierten Brief an Lou vom 18. August 1903 und sein Gedicht „Une Charogne" im Brief vom 19. Oktober 1907 an Clara Rilke. Das Gedicht, das in der Beschreibung des am Strand gefundenen Stückes Aas eine neue, spezifisch moderne Ästhetik des Hässlichen in die Literatursprache einführt, verbindet sich, wie bereits erwähnt, im selben Brief mit dem Hinweis auf Flaubert und dessen Legende von Saint-Julien. Dabei ist für Rilke die Beschreibungshaltung des Erzählers in Flauberts Legende beispielgebend. Aber analysieren wir nun den Text, in dem Rilke sein Paris-Erlebnis literarisch gestaltet.

4.5 Analyse des Romans

Vorbemerkung: Es ist nicht sinnvoll, einen schematischen Handlungsabriss des Romans voranzustellen, weil der Roman eine solche schematisch darstellbare Handlung nicht aufweist. Die Eingangshandlung des „Malte" sind Akte der projektiven Wahrnehmung des Sehens, Riechens, Hörens in Paris. An diese schließen sich Erinnerungen an die Elternhäuser des Protagonisten an und im zweiten Teil zunehmend Reflexionen über die *condition humaine* in Geschichte und Moderne. Diese Struktur des Romans, die in der Forschung auch die Frage aufgeworfen hat, ob es sich hier überhaupt um einen Roman handelt, wird Gegenstand unserer Analyse sein. Der Herausgeber des Romans in der Reclam-Ausgabe, Manfred Engel, hat die Aufzeichnungen durchnummeriert und dabei 71 Aufzeichnungen auf 213 Seiten gezählt (AM, S. 253ff). Man kann anhand dieser Durchnummerierung der Abschnitte selbst die relative Kürze der einzelnen Eintragungen und das Sprunghafte der Aufzeichnungen erkennen.

4.5.1 Die Wahrnehmung der modernen Großstadt und ihre literarische Konstruktion

Gleich die Eingangspassagen des „Malte" zeigen die Kühnheit des Textverfahrens von Rilke:

> So, also hierher kommen die Leute, um zu leben, ich würde eher meinen, es stürbe sich hier. Ich bin ausgewesen. Ich habe gesehen: Hospitäler. Ich habe einen Menschen gesehen, welcher schwankte und umsank. Die Leute versammelten sich um ihn, das ersparte mir den Rest. Ich habe eine schwangere Frau gesehen. Sie schob sich schwer an einer hohen, warmen Mauer entlang, nach der sie manchmal tastete, wie um sich zu überzeugen, ob sie noch da sei. Ja, sie war noch da. Dahinter? Ich suchte auf meinem Plan: Maison d'Accouchement. Gut. Man wird sie entbinden – man kann das. Weiter, rue Saint-Jacques, ein großes Gebäude mit einer Kuppel. Der Plan gab an Val-de-grâce, Hôpital militaire. Das brauchte ich eigentlich nicht zu wissen, aber es schadet nicht. Die Gasse begann von allen Seiten zu riechen. Es roch, soviel sich unterscheiden ließ, nach Jodoform, nach dem Fett von pommes frites, nach Angst. Alle Städte riechen im Sommer. Dann habe ich ein eigentümlich starblindes Haus gesehen, es war im Plan nicht zu finden, aber über der Tür stand noch ziemlich leserlich: Asyle de nuit. Neben dem Eingang waren die Preise. Ich habe sie gelesen. Es war nicht teuer.
> Und sonst? ein Kind in einem stehenden Kinderwagen: es war dick, grünlich und hatte einen deutlichen Ausschlag auf der Stirn. Er heilte offenbar ab und tat nicht weh. Das Kind schlief, der Mund war offen, atmete Jodoform, pommes frites, Angst. Das war nun mal so. Die Hauptsache war, daß man lebte. Das war die Hauptsache. (AM, S. 7)

Bereits hier erkennen wir: Rilkes Malte beginnt seine Aufzeichnungen in einer Art *Tagebuchform*, welche das Spontane, Persönliche der Aufzeichnungen unterstreicht. Die Sprache beginnt aber nicht mit einem persönlichen Betroffenheitsgestus der Art: ‚Was ich heute gesehen habe, hat mich schockiert', sondern mit einer Kette von Aussagesätzen, in denen die beobachtete Welt selbst sich darstellt. Das Ich des Textes führt dies ein mit den lapidaren Sätzen: „Ich bin ausgewesen" und „Ich habe gesehen" sowie einer Deutung, die den Todes- und Verfallscharakter der ganzen Beobachtungskette schon vorweg resümiert.

Diese Eingangspassagen des Romans entwerfen eine *Beobachtungswelt,* die *Zeichencharakter* hat. Sie gehören in eine Textualität der *sinnlichen Wahrnehmung*, aber mit starker *symbolischer* Überhöhung. Denn in ihnen – im Bild der schwangeren Frau, die sich kaum noch halten kann, in den Gerüchen: Jodoform, Pommes frites, im Bild des Kindes mit dem Ausschlag – entsteht eine Szenerie der Armut, der Krankheit.

Diese Befindlichkeit der Angst prägt Rilkes Bild der großen Stadt als einen Ort der Heillosigkeit der Moderne. Dabei wandert die Dominanz der sinnlichen Wahrnehmung vom *Auge* („Ich habe gesehen") zum *Geruchs*sinn („Es roch") und im folgenden Abschnitt zum *Gehör*.

Das Offensive der Objektwelt dringt dabei noch bedrohlicher in das Innere des Ich vor. Der dritte Absatz beschreibt das Eindringen der aggressiven Stadtwelt in den Innenraum des im Halbschlaf ungeschützten Ich:

> Dass ich es nicht lassen kann, bei offenem Fenster zu schlafen. Elektrische Bahnen rasen läutend durch meine Stube. Automobile gehen über mich hin. Eine Tür fällt zu. Irgendwo klirrt eine Scheibe herunter, ich höre ihre großen Scherben lachen, die kleinen Splitter kichern. (AM, S. 7f)

Das sind ähnliche Erfahrungen, wie wir sie fast gleichzeitig, aber unabhängig von Rilke, auch in der Lyrik des Expressionismus finden: die *Personalisierung* der Dinge, die zu dämonischen Akteuren werden und die Beschreibung einer *Dissoziation* des Ich, das relativ passiv diesen aggressiven Signalen der Objektwelt ausgesetzt ist (Vietta/Kemper: Expressionismus, S. 40ff).

In jedem Falle gilt: Das Sehen, das Riechen, das Hören, das Hereinlassen der schreckensvollen Bilder prägen die Eingangspassagen dieses Romans, der dadurch auch eine ganz andere Form der – wie auch immer stilisierten – *Direktheit* der Sprache aufweist. Es ist bemerkenswert, dass Rilke auch erwogen hat, den Roman mit folgendem Text beginnen zu lassen:

> An einem Herbstabende eines dieser letzten Jahre besuchte Malte Laurids Brigge, ziemlich unerwartet, einen von den wenigen Bekannten, die er in Paris besaß. Es war ein schwerer, feuchter, gleichsam beständig fallender Abend; [...]. (AM, S. 218)

Man sieht sogleich: Diesem viel konventionelleren Text fehlt jene Direktheit und auch Brutalität der Präsentation, welche die spätere Fassung auszeichnet. Auch die Konvention eines Bekanntenbesuches nimmt der Stadtwahrnehmung jene Direktheit der Wahrnehmung und Ausgesetztheit des Lebensgefühls, die Rilkes „Malte" in der späteren Fassung des Romaneingangs aufweist. Dort sind es sofort die Orte der Armut, Orte der Not, des Schreckens, mit denen Malte in seiner Einsamkeit konfrontiert wird: Hospitäler, das Maison d' Accouchment, das Asyle de Nuit, sein eigenes Zimmer, das ihm wie ein aufgerissener Raum erscheint, das Hôtel-Dieu, das Hôpital militaire, die Straßen um den Boulevard St. Michel, schließlich sind es unbestimmte Plurale – „viele Städte, Stadtteile, Friedhöfe, Brücken" – die den entgrenzten großstädtischen Raum als einen *ubiquitär bedrohlichen* Raum der Moderne erkennbar werden lassen. Eine Aufzeichnung beginnt mit dem Satz:

> Die Existenz des Entsetzlichen ist in jedem Bestandteil der Luft. (AM, S. 65)

Rilkes Text entwirft also von Anfang an einen ganz anderen Raum, als es die bisher analysierten Romane von Flaubert und Proust taten, und auch seine eigene erste Eröffnungsvariante es getan hätte. Dabei weist der Ich-Erzähler diesen Räumen und den Figuren darin eine weit über die Einzelerscheinung hinausweisende Bedeutung zu. Wie konstruiert der homodiegetische Erzähler diesen Raum und die Figuren darin? Das ist an einer kleinen, scheinbar harmlosen Szene gut zu beobachten. Malte beschreibt hier die Wahrnehmung eines Gemüsehändlers, der blind ist und seine Gemüse ausschreit:

> Ich bin immer unterwegs gewesen. Weiß der Himmel in wie vielen Städten, Stadtteilen, Friedhöfen, Brücken und Durchgängen. Irgendwo habe ich einen Mann gesehen, der einen Gemüsewagen vor sich herschob. Er schrie: Chou-fleur, Chou-fleur, das fleur mit eigentümlich trübem eu. Neben ihm ging eine eckige, häßliche Frau, die ihn von Zeit zu Zeit anstieß. Und wenn sie ihn anstieß, so schrie er. Manchmal schrie er auch von selbst, aber dann war es umsonst gewesen, und er mußte gleich darauf wieder schreien, weil man vor einem Hause war, welches kaufte. Habe ich schon gesagt, daß er blind war? Nein? Also er war blind. Er war blind und schrie. Ich fälsche, wenn ich das sage, ich unterschlage den Wagen, den er schob, ich tue, als hätte ich nicht bemerkt, daß er Blumenkohl ausrief. Aber ist das wesentlich? Und wenn es auch wesentlich wäre, kommt es nicht darauf an, was die ganze Sache für mich gewesen ist? Ich habe einen alten Mann gesehen, der blind war und schrie. Das habe ich gesehen. Gesehen. (AM, S. 41)

Der Text ist bemerkenswert, weil er das *literarische Verfahren* des Ich-Erzählers bloßlegt. Es ist ein literarisches Verfahren der *Reduktion* und zugleich *Entgrenzung* der Wahrnehmung. „Irgendwo" hat Malte einen Gemüsehändler gesehen, der blind war. Auch hier nimmt er das Marionettenhafte der Figur wahr: Er schreit seine Ware aus, wenn ihn die ihn begleitende „eckige, häßliche Frau" anstößt. Er ruft: „Chou-fleur", sein Rufen hat also ein Objekt, das er mitteilen will. Der Blick und das Gehör des Malte aber lösen das Bild aus diesem Objektbezug und damit verändert es sich ums Ganze:

> Ich habe einen alten Mann gesehen, der blind war und schrie. (Ebd.)

Der Text versteckt nicht das poetologische Verfahren, sondern macht es offenkundig: Malte löst das Bild aus der Objektwahrnehmung und macht es so – für ihn – zur *Chiffre* einer *existentiellen Not*, eines Menschen, der „blind war und schrie“. Das Bild ist vergleichbar mit jenem Bild eines schreienden Menschen, das Edvard Munch 1906 malte. Rilkes Malte ist sich bewusst, dass *er*, das Ich der Wahrnehmung und des Erzählens, diese Deutung vornimmt. Bedeutsam für ihn ist, „was die ganze Sache für mich gewesen ist“. Er bekennt sich also zu seinem *subjektiven* Blick, für den in der Tat dieses Bild zu einem der existentiellen Not des modernen Menschen wird. Der Erzähler kodiert so durch einen scheinbar einfachen Kunstgriff die Wahrnehmung eines Gemüsehändlers um in ein Bild der existentiellen Not des modernen Menschen.

4.5.2 Ästhetik des Hässlichen

Und noch ein anderes Stilprinzip ist für die Wahrnehmung der modernen Großstadt und ihre literarische Kodierung in Rilkes Text bedeutsam: die *Ästhetik des Hässlichen.* Die Konstruktion der Stadt, wie sie der homodiegetische Erzähler in Rilkes „Malte“ durchführt, ist nicht die Welt des Luxus in und der Salons von Paris, der gemächlichen Flanerie durch diese Stadt. Es ist eine entfremdete Welt des Hässlichen, die Malte aufsucht und im Text zur Chiffre einer entfremdeten und unbehausten Moderne umkodiert. Paradigmatisch dafür ist das Bild einer Mauer, an dem die Ortlosigkeit und die Angst der Moderne wie eine klebrige Masse ansichtig werden. Es schließt sich gleich an die Szene mit dem schreienden Mann an:

> Wird man es glauben, daß es solche Häuser giebt? Nein, man wird sagen, ich fälsche. Diesmal ist es Wahrheit, nichts weggelassen, natürlich auch nichts hinzugetan. Woher sollte ich es nehmen? Man weiß, daß ich arm bin. Man weiß es. Häuser? Aber, um genau zu sein, es waren Häuser, die nicht mehr da waren. Häuser, die man abgebrochen hatte von oben bis unten. Was da war, das waren die anderen Häuser, die danebengestanden hatten, hohe Nachbarhäuser. Offenbar waren sie in Gefahr, umzufallen, seit man nebenan alles weggenommen hatte; denn ein ganzes Gerüst von langen, geteerten Mastbäumen war schräg zwischen den Grund des Schuttplatzes und die bloßgelegte Mauer gerammt. Ich weiß nicht, ob ich schon gesagt habe, daß ich diese Mauer meine. Aber es war sozusagen nicht die erste Mauer der vorhandenen Häuser (was man doch hätte annehmen müssen), sondern die letzte der früheren. Man sah ihre Innenseite. Man sah in den verschiedenen Stockwerken Zimmerwände, an denen noch die Tapeten klebten, da und dort den Ansatz des Fußbodens oder der Decke. Neben den Zimmerwänden blieb die ganze Mauer entlang noch ein schmutzigweißer

> Raum, und durch diesen kroch in unsäglich widerlichen, wurmweichen, gleichsam verdauenden Bewegungen die offene, rostfleckige Rinne der Abortröhre. (AM, S. 41f)

Ein scheinbar belangloses Bild: ein Haus wird abgerissen. Der existentiell deutende Blick Maltes aber sieht mehr darin. Und diese Deutung, die sich gerade an den hässlichen Spuren des vergangenen Lebens in diesem Haus festmacht („Abortröhre"), rekonstruiert aus ihnen das vergangene Leben darin:

> Da standen die Mittage und die Krankheiten und das Ausgeatmete und der jahrealte Rauch und der Schweiß, der unter den Schultern ausbricht und die Kleider schwer macht, und das Fade aus den Munden und der Fuselgeruch gärender Füße. Da stand das Scharfe vom Urin und das Brennen vom Ruß und grauer Kartoffeldunst und der schwere, glatte Gestank von alterndem Schmalze. Der süße lange Geruch von vernachlässigten Säuglingen war da und der Angstgeruch der Kinder, die in die Schule gehen, und das Schwüle aus den Betten mannhafter Knaben. (AM, S. 43)

Und auch hier, wie beim vorigen Textbeispiel, meldet sich das beobachtende, deutende Ich direkt zu Wort in seiner Erkenntnisfunktion:

> Denn das ist das Schreckliche, daß ich sie erkannt habe. Ich erkenne das alles hier, und darum geht es so ohne weiteres in mich ein: es ist zu Hause in mir. (Ebd.)

Was ist es denn, was der Icherzähler hier ‚erkennt' und das „Schreckliche" in seiner Wahrnehmung ausmacht? Es ist der *selektive Blick* des Protagonisten, der in der Großstadtwelt auf einen scheinbar trivialen Gegenstand – eine Abrissmauer – visionär das ganze Szenario der Angst, der Unbehaustheit, der Verlorenheit des Ich in der Stadt *imaginativ* hinaufprojiziert. Der Erzähler *konstruiert* so eine Wahrnehmungswelt, die ihrerseits über den konkreten Raum hinaus *zeichenhaft* ist für die *Unbehaustheit* der *Moderne*.

In diesen Zusammenhang gehört auch die Welt der „Fortgeworfenen" (AM, S. 36). Es ist ein neues großstädtisches Subproletariat, das in die großen Städte flüchtet, aber hier weder Arbeit noch Unterkunft noch eine rechte menschenwürdige Lebensgrundlage findet. Alle großen Metropolen Europas sind schon im 19. und zunehmend auch im 20. Jahrhundert Anlaufstellen für große Migrationsbewegungen vom Lande in die Stadt und aus den noch industriell unterentwickelten Zonen Europas in die großen Städte. Paris hat um 1800 ca 500 000 Einwohner, 1850 über eine Millionen, um 1900 aber ca 2, 7 Millionen Einwohner. Viele, die in die Stadt geströmt sind, gehören zu jenen, die ohne Habe und

Bleibe in die Stadt flüchteten und nun hier eine Bleibe suchen. Diese „Fortgeworfenen“ meint Malte, wenn er ihnen auf den Straßen von Paris, unter den Brückenbögen und anderswo begegnet. Zur Angst des Ich-Erzählers gehört, dass seine eigene Existenz in der Großstadt der Welt dieser ‚Unbehausten‘ nahe ist:

> Die sehen mich an und wissen es. Die wissen, daß ich eigentlich zu ihnen gehöre [...]. (AM, S. 36)

Diejenigen, die Malte als einen der ihren erkennen, sind jene „Abfälle, Schalen von Menschen, die das Schicksal ausgespieen hat“, die, „feucht vom Speichel des Schicksals an einer Mauer kleben“ (AM, S. 37). Der Ich-Erzähler gehört zu ihnen. Das erkennen sie. In einer an Baudelaire geschulten Metaphorik des *Viskosen*, *Schleimigen* beschreibt der Ich-Erzähler diesen ‚Auswurf‘ der modernen Großstadt, zu dem er selbst gehört. Der Erzähler mobilisiert diese Bilder des Ekels, um die Unbehaustheit, Verlorenheit dieses Subproletariats der modernen Großstadt – sich selbst eingerechnet – zu beschreiben.

Die gesamte *Bildlichkeit* des Romans ist von dieser Ästhetik des Hässlichen diktiert. Wir haben bereits eingangs auf diese Bildlichkeit hingewiesen: Bilder des *Zerbrechens* (Trümmer, Marionette), Bilder der körperlichen *Deformation*, der körperlichen *Krankheitssymptome* (Geschwülste, Geschwüre, Aussatz), Bilder des *Schmutzes* und des *Auswurfes* formieren in diesem Roman ein Großstadtszenario, in welcher der Ich-Erzähler selbst sich am Rande der Zonen des Ekels und des Erschreckens bewegt. Diese Metaphorik findet sich übrigens auch in der expressionistischen Lyrik dieser Zeit, so in Gottfried Benns Lyriksammlung „Morgue“ von 1912. Die „Morgue“, das Leichenhaus, ist auch ein symbolischer Ort in den „Aufzeichnungen“ mit dem Bild einer „jungen Ertränkten“ (AM, S. 67). Die Metaphorik des Romans sollte Schule machen. Sie findet sich auch in späteren Texten der französischen Literatur, so in der Beschreibung der Pest in Camus’ gleichnamigen Roman und in Jean Paul Sartres „Ekel“ (dazu: Inca Rumold: Die Verwandlung des Ekels).

4.5.3 Identitätsstiftung durch Aufschreiben: Doppelfunktion des Erzählers

Gegenläufig zur Dissoziation der Großstadterfahrung im „Malte“ läuft von Anfang an auch ein Prozess der *Integration* und *Selbstfindung* des

Ich. Er ist organisiert über die *Sehschule* und die *Schreibarbeit* des Protagonisten. Bereits die Eingangspassagen thematisieren *beide* Prozesse:

> Ich lerne sehen. (AM, S. 8)

und

> Ich habe etwas getan gegen die Furcht. Ich habe die ganze Nacht gesessen und geschrieben [...]. (AM, S. 17)

Gegen die Dezentrierung der Großstadterfahrung setzt Malte von Anfang an die Kräfte einer *identitätsstiftenden* Arbeit am Text, die – im Durchgang durch jene –, zunehmend zur Bedingung der Möglichkeit der *Ich-Stabilisierung* wird. Gerade weil die Ich-Behauptung in der kritischen Erfahrung der Großstadt gelingt, kann Malte jene Nähe des Entsetzlichen aushalten, das ihm in Paris auf Schritt und Tritt begegnet.

Wir haben also neben der Ebene der Beobachtung eine zweite *reflexive* Ebene des Schreibens und der Selbstbeobachtung des Schreibens, in dem sich ein Ich formiert und in welcher die Formierung des Textes selbst kritisch gebrochen wird. Auf diese Ebene einer *distanzierten Beobachtung* gehören auch jene Rückzüge des Ich in die „Bibliothèque Nationale", in welcher der Protagonist einen eigenen Reflexionsraum der Selbstfindung hat:

> Bibliothèque Nationale.
> Ich sitze und lese einen Dichter. [...] ich habe einen Dichter. (AM, S. 35)

Es ist an dieser Stelle nicht wichtig, welchen Dichter Malte liest, es ist allein wichtig, *dass* er hier sitzen und lesen kann und damit in Zwiesprache mit einer anderen Welt der Dichtung steht.

Damit zeichnet sich für den homodiegetischen Erzähler des Romans eine *Doppelfunktion* ab: Einerseits ist er *teilnehmendes Ich* an der bedrohlichen und unbehausten Großstadtwelt. Andererseits *reflektiert* er dies und *schreibt* es auf. Der Erzähler setzt damit das „Entsetzliche" auch auf *Distanz*. Die Doppelfunktion des Erzählers lässt diesen in die Bilder des Schreckens selsbst einrücken, zugleich aber auch im Prozess der Aufschrift und der Reflexion aus ihnen heraus. Der Erzähler ist *in* den Bildern des „Entsetzlichen" und zugleich die Instanz seiner Bewältigung.

Als Malte nach Paris kommt, ist er nicht viel mehr als die „Fortgeworfenen", ein verarmter Aristokrat, anonym und vereinsamt in der

Großstadt Paris. Nicht viel mehr als ein „Nichts". Aber ein ‚Nichts', das zu denken und zu schreiben beginnt.

> Es ist lächerlich. Ich sitze hier in meiner kleinen Stube, ich, Brigge, der achtundzwanzig Jahre alt geworden ist und von dem niemand weiß. Ich sitze hier und bin nichts. Und dennoch, dieses Nichts fängt an zu denken und denkt, fünf Treppen hoch, an einem grauen Pariser Nachmittag diesen Gedanken [...]. (AM, S. 22)

Den wiederum das Erzähler-Ich aufschreibt. Das Ich – ein Nichts unter anderen nichtigen Großstadtexistenzen – *formiert* sich so erst im Prozess dieses Romans als ein *denkendes, schreibendes Ich*, das anschreibt *gegen* den Schrecken der Außenwelt und auch *gegen* die Nichtigkeit der eigenen Existenz. Das Schreiben wird so zu einem *identitätsstiftenden* Prozess und diese dynamische Konzeption eines im Schreibprozess um sich selbst ringenden Ichs gibt dem Roman neben der Fülle seiner Beobachtungen auch eine eigene Form von existentieller Dichte und Lebendigkeit. Der Erzähler ist nicht einfach ‚da' in diesem Text, er *generiert* sich selbst im Prozess der Niederschrift des Romans.

Am Ende der Aufzeichnungen wird der Protagonist diesen Schreibprozess gewonnen haben, indem er sich durch seine Erfahrungswelt hindurch gearbeitet hat und vermerkt:

> Ende der Aufzeichnungen. (AM, S. 213)

4.5.4 Weitere Erzählebenen des Romans und die Einsamkeit des modernen Ich

Neben den Ebenen der *Stadtbeobachtung* und der Ebene der schreibenden *Ich-Reflexion* hat der Roman noch mindestens *zwei* weitere Erzählebenen. Die *eine* ist die erzähltechnisch viel konventioneller gestaltete Darstellung der Eltern- und Großelternhäuser des Protagonisten in der Form eingeblendeter *Erinnerungen* und somit in einer von der Großstadtwahrnehmung abweichenden *Textualität* der *Erinnerung* geschrieben. Diese Erinnerungswelt ist konventioneller in der Erzählsprache. Sie führt zum einen in die Welt des Großvaters väterlicherseits, des Grafen Brahe auf Urnekloster und andererseits in die Welt des Großvaters mütterlicherseits, des Kammerherrn Christoph Detlef Brigge auf Schloß Ulsgaard. Diese Textebene der Erinnerung verläuft auch inhaltlich kontrastiv zur Paris-Beschreibung, insofern sie – so in der Beschreibung des Todes des Großvaters Christoph Detlef Brigge auf Schloss

Ulsgaard – ein *Gegenbild* zum anonymen Tod der Großstadt entwirft. Wiederum steht diese Textebene aber auch in innerer *Analogie* zur Großstadterfahrung, insofern sie in diesem Tod auch jene Angst, jene Unbehaustheit, jene Verlassenheit aufspürt, die für die großstädtische Moderne kennzeichnend sind. Auch die erschreckend depersonalisierende Szene des Knaben Malte vor einem Spiegel gehört zu den Erfahrungen, in denen sich die Ich-Bedrohung auch schon in der Kindheit vorbereitet (AM, S. 92).

Eine *zweite* Ebene des Erzählens aber geht – vor allem im zweiten Teil des Romans – weit über die Gegenwart und auch die nahe Vergangenheit hinaus in die Welt des *Mittelalters* und die des *Alten Testamentes*. Hier schildert Rilkes Malte jenes Schicksal Hiobs, das schon der Brief an Lou beschwört, er schildert die Geschichte des elenden und wahnsinnigen Königs Karl VI. von Frankreich, dessen Schicksal Rilke der Chronik Jean de Juvénal des Ursins entnimmt (Small: Rilke-Kommentar zu den „Aufzeichnungen des Malte Laurids Brigge"; S. 155f Stahl: Rilke-Kommentar zu den „Aufzeichnungen des Malte Laurids Brigge" S. 23f). Was interessiert den Erzähler an solchen von Krankheit und Wahnsinn gezeichneten Figuren der Vormoderne? Es ist die Demut und Hingabe, mit der dieser König seine eigene schreckliche Krankheit und Entstellung erträgt und annimmt:

> [...] und wir haben nie etwas Längeres gesehen als das Elend. Der König aber soll dauern. [...] Dann leuchtete einer vor, und da erst entdeckten sie die jäsige Wunde auf seiner Brust, in die das eiserne Amulett eingesunken war, weil er es jede Nacht an sich preßte mit aller Kraft seiner Inbrunst; nun stand es tief in ihm fürchterlich kostbar, in einem Perlensaum von Eiter wie ein wundertuender Rest in der Mulde eines Reliquärs. (AM, S. 177f)

Das Wort „jäsig" hat Rilke selbst im Brief an Witold Hulewicz erklärt: „voll Eiter und Fäulnis stehend" (AM, S. 300). Wir finden auch hier in den Geschichtsforschungen Maltes jene Metaphorik des Schleimigen, Kranken, die auch Maltes Großstadtwahrnehmung prägen. Dabei ist bemerkenswert, dass diese Ekelbilder des körperlichen Zerfalls, wie sie Malte auch auf den Spuren des sozialen Elends in Paris aufspürt, von der sozialen Frage abgelöst und mit einer *religiösen* Metaphorik verbunden werden. In seiner körperlichen Fäulnis verklärt sich die Figur des todkranken Königs Karl VI. für Malte zu einer Figur religiöser Inbrunst. Das Mysterium des Leidens, das Mysterium der Liebe, das er für jenen repräsentiert, resultiert eben aus der äußersten Schwere seines Erdendaseins und der Intensität, mit der er dies Schicksal annimmt.

Insofern repräsentiert er „das Dasein im Paradies“, obwohl oder gerade weil er körperlich geradezu ein Stück Aas geworden ist.

Der Ausgriff Maltes auf die symbolische Ebene des Alten Testamentes und der historischen Chroniken ist aber vermittelt durch seine Erfahrungsform der Moderne, die er im Theater von Orange exemplarisch ausspricht:

> Laßt uns doch aufrichtig sein, wir haben kein Theater, so wenig wie wir einen Gott haben: dazu gehört Gemeinsamkeit. (AM, S. 192)

Diese Passagen sind im Manuskript an den Rand des Textes geschrieben. Wenn überhaupt eine Erlösung in der Moderne sichtbar ist – und das prägt nun auch ihren Blick auf die Vorgeschichte –, dann nur in einer Haltung der Religiosität, die in der gedemütigten und leidvollen *Diesseitigkeit* das Jenseits antizipiert und erahnen lässt. In diesem Sinne ist, wie die Forschung zu Recht bemerkt, aber auch kritisiert hat, Rilkes *Liebesphilosophie* eine *Verdiesseitigung* der christlichen Theologie. Maltes große Beispiele für eine solche Liebeserfüllung sind die Frauen Abelone, die unverheiratete jüngste Schwester seiner Mutter sowie der Reigen der großen, einsam liebenden Frauenfiguren der Weltgeschichte: Sappho, Heloise, Gaspara Stampa, Louise Labbé, die Portugiesin Marianna Alcoforado, auch Bettina von Arnim. Denn diese Frauen in ihrer einsamen selbstlosen Liebe sind für Malte Beispiele einer solchen, das Selbst übersteigenden, objektlosen Liebe. Malte formuliert diese Liebesauffassung in einer späten Eintragung:

> Lieben ist: Leuchten mit unerschöpflichem Öle. Geliebtwerden ist vergehen. Lieben ist dauern. (AM, S. 205f)

Die zeitenthobene Form des ‚Dauerns‘ wird hier von der reinen Liebe abgelöst jeglicher Gegenliebe zugeschrieben. Damit begründet Malte auch ein neues theologisches Verhältnis zu Gott. Er beschreibt es symbolisch in der den Roman abschließenden Parabel vom „Verlorenen Sohn“ aus dem Neuen Testament (Lk. 15,11-32). Bei Lukas ist das ein Bild eines in Sünde ‚gestorbenen‘ und in Reue wieder ‚auferstandenen‘ Sohnes, den daher der Vater auch gerne wieder in die Familie aufnimmt. Bei Rilke wird die Parabel umkodiert zu einem einsamen Ich, das sich in seinem „Alleinsein“ der Familie entzieht, um sich der „stillen Arbeit“ einer „langen Liebe zu Gott“ hinzugeben, der aber selbst in eine Dimension der Unerreichbarkeit abgerückt ist:

> Aber während er sich sehnte, endlich so meisterhaft geliebt zu sein, begriff sein an Fernen gewohntes Gefühl Gottes äußersten Abstand. (AM, S. 211)

Der Moderne als einer Epoche der „negativen Theologie" – siehe Kap. 5 – entspricht so bei Rilke eine neue Form der religiösen *Selbstgenügsamkeit* in der „langen Liebe zu Gott" als einem Bezugspunkt, der angestrebt, aber unerreichbar ist in seinem „äußersten Abstand". Schließlich, so heißt es in Rilkes Parabel, „vergaß" der verlorene Sohn „Gott beinahe über der harten Arbeit, sich ihm zu nähern" (AM, S. 211). So entspricht der Ich-Konstitution am Anfang der „Aufzeichnungen des Malte Laurids Brigge" am Ende eine Form der religiösen Erfahrung, die im Ich gründet und im Ich zentriert bleibt auch dort, wo sie nach der unerreichbaren Transzendenz ausgreift.

4.5.5 Das Problem der Einheit des Romans

Zu den großen Problemen der Analyse des Romans von Rilke, darüber hinaus aber der modernen Romanliteratur insgesamt, gehört das Problem der *formalen Einheit*. Der Held des übernächsten großen Romans, den wir analysieren werden, Ulrich, hat dies in einer berühmten poetologischen Reflexionen ausgesprochen. Der Protagonist Ulrich erfährt seine Gegenwart als eine Epoche der *Zusammenhanglosigkeit* und der Erzähler beschreibt sie als eine der *epischen Dissoziation*. Die Dissoziation der Einheit, die Ulrich erfährt, schlägt nach innen und prägt die psychische Disposition des modernen Menschen: „Die innere Dürre [...], das ungeheure Verlassensein des Menschen in einer Wüste von Einzelheiten [...]" (Musil: Der Mann ohne Eigenschaften, S. 40). Gleichwohl aber hält die private Biographie am „ordentlichen Nacheinander" von Daten und Fakten noch fest, „obgleich öffentlich alles schon unerzählerisch geworden ist und nicht einem ‚Faden' mehr folgt, sondern sich in einer unendlich verwobenen Fläche ausbreitet" (Musil: MoE, S. 650). Wir kehren zu dieser Reflexion im übernächsten Kapitel zurück.

Wir können uns aber hier schon fragen, ob die im „Mann ohne Eigenschaften" konstatierte Auflösung des „primitiv Epischen" im Sinne einer linearen Kausalkette der Ereignisse nicht schon lange vor Musil in der literarischen Moderne – und insbesondere im „Malte Laurids Brigge" – zu beobachten ist. In der Tat löst sich die traditionelle Kategorie der *linearen Einheit* in diesem Roman unter dem Eindruck der

Überlast an großstädtischen Bildern und Schockerfahrungen sowie Erinnerungen und essayartigen Einschüben weitgehend auf. Dabei ist diese Formproblematik ja nicht nur für die Literatur, sondern auch für die bildende Kunst eines Rodins kennzeichnend, an der Rilke das Zerbrechen von Einheit als ästhetisches Formproblem der Moderne allererst aufgegangen ist (Rilke: Rodin, S. 220).

Was aber organisiert – wenn nicht die traditionelle Handlungsabfolge – die *Einheit* einer solchen *disparaten* Form von Text, wie es Rilkes „Malte" darstellt? Auf den ersten Blick wirkt der Text formlos, und der Vorwurf der *Formlosigkeit* zieht sich ja auch durch die Rezeptionsgeschichte dieses Romans. Bereits Ulrich Fülleborn hat in einem Aufsatz aus dem Jahre 1961 diesem Eindruck widersprochen, indem er darauf hinwies, dass die scheinbar wahllos gereihten fiktiven Aufzeichnungen des Dichters Malte nach dem „Gesetz der Komplementarität" geordnet seien. Dies manifestiere sich darin, „daß die einzelnen Bilder und gedanklichen Fixierungen bei Rilke eine Tendenz besitzen, Bildzeichen und Gedanken entgegengesetzten Sinnes nach sich zu ziehen" (Fülleborn: Form und Sinn der „Aufzeichnungen [...]", in: Engelhardt: Materialien, S. 184). Ähnlich wie Fülleborn deutet Walter Seifert die „Polarität" als Aufbauprinzip des Textes, sieht dabei aber eine Tendenz zur „Überwindung der Antithese durch eine Synthese" am Werk (Seifert: Das epische Werk Rainer Maria Rilkes, S. 204). Judith Ryan unterstreicht die hypothetische, fiktive Funktion des Erzählens. Ryans Begriff der „assoziativen Phantasie" erklärt allerdings letztlich nicht die innere Struktur der Folge von Wahrnehmungs- und Texteinheiten, zumal Ryan methodisch von der problematischen Annahme ausgeht, „die äußere Wirklichkeit – und somit die ‚Tatsachen' – [seien] für Malte unzugänglich", die „äußere Wirklichkeit [sei] für ihn in erster Linie da, um von ihm durch Phantasie ergänzt zu werden" (Zitiert in: Engelhardt: Materialien, S. 257f). Letztlich wird so der ganze Roman zu einer Art narzisstischer „Spiegelung der eigenen Probleme" (Engelhardt: Materialien, S. 267), ein Befund, der – bei aller Anerkenntnis der Phantasiearbeit des Erzählers – den *objektiven Modernitätsgehalt* des Romans eher verdeckt als offenlegt.

Gerade die Anfangspassagen des „Malte" in ihrer losen Beobachtungsfolge konstruieren ein *neues Formprinzip* und gehören als solche zu den *modernsten* Passagen der europäischen Romanliteratur des 20. Jahrhunderts. Sie präsentieren die Erfahrung der Großstadt Paris in ihrer Diffusität der Wahrnehmungseinheiten ja nicht als ein episches Chaos, sondern als eine *neue Form*, nämlich als eine *Textur* von *Beobachtungseinheiten*, die gleichwohl ein *Gesamtbild* bilden. Das einzelne

Wahrnehmungsdetail hängt zwar nicht mehr in einer hierarchisch-epischen Handlungskette, sondern bildet ein *Flächengewebe offener Textfelder*, das gleichwohl *eine* Botschaft mitteilt: die moderne Großstadt als Ort der Einsamkeit, der Angst *und* die Möglichkeit der Selbstfindung des Ichs darin im Schreibprozess. An die Stelle der konsekutiven Handlung, wie wir sie zum Beispiel in der „Madame Bovary", aber passagenweise auch noch bei Proust finden, tritt die *flächenhafte Vernetzung* der Texteinheiten. Diese verweist auf die *Parallelität* und *innere Verwandtschaft* der Bilder.

Die *Analogie* der Bilder tritt so an die Stelle einer linearen Kausalkette des Handlungsgeschehens. Alle Textfelder, in denen sich die Großstadt ausbreitet, gehören derselben Paradigmenklasse an: eben dem Bild der Großstadt als Zone der Angst und der Unbehaustheit des modernen Menschen. In diesem Sinne lässt das Nebeneinander der Wahrnehmungsfelder sehr wohl einen *Zusammenhang* erkennen: den einer entwurzelten, angstvollen, von Armut, Elend, Absturz, Verlorenheit, Mechanisierung geprägten *condition humaine*, die sich in den Bildern und durch sie hindurch entfaltet und mitteilt. Dieses ist die *Dominante* des Wahrnehmungstextes und seiner literarischen Konstruktion der Moderne. In ihr artikuliert sich bereits das visionäre und reflexive Ich des Erzählers. Diese Dominante der Moderneerfahrung aber stiftet Einheit auch in der Zerrissenheit der Einzelbilder.

Dazu kommt als eine *einheitsstiftende Funktion* die mitreflektierte Präsenz des *beobachtenden, schreibenden Ich*, mithin die *Konstruktion des Schreibaktes* im Text. Der Leser nimmt Teil an der Geburt des Erzählers im Text und dieser Erzähler gibt dem Leser auch Einblick in das Verfahren der Textkonstitution. Somit werden die diffusen Eindrücke und Bilder auch in der *Reflexion* des homodiegetischen *Erzählers* gebündelt, der selbst damit zu einem *Identitätszentrum* des Textes wird.

Schließlich ist es die *autobiographisch erinnerte* Familiengeschichte des Erzähler-Ichs, sind es jene Schicksalsfiguren der Vormoderne, in denen die Armut und Schwere der menschlichen Existenz sich spiegelt, die eine Erfahrungseinheit des Textes stiften. Dem Roman „Die Aufzeichnungen des Malte Laurids Brigge" liegt auch dort, wo kein Ich-Erzähler explizit spricht, eine Deutung der menschlichen Existenz zugrunde, die den ganzen Roman durchzieht, jene Deutung, die im Brief an Lou sich in der erschrocken-rhetorischen Frage: „O was ist das für eine Welt [...]" noch vergleichsweise plan offenbart. Der Roman selbst nimmt diese explizite Deutung weitgehend in die *Selbstrepräsentation* der autonomen Bildfelder und dargebotenen Erzähleinschübe zurück. Insofern bildet der Roman – in seiner Offenheit – durchaus eine Einheit, welche ihm z. T. die ältere Forschung absprechen wollte. Die Dominante des Romans und seiner drei Textebenen – Parisbeobachtungen, biographische Erinnerungen und die Legenden aus Mittelalter und Neuem Testament mit den dazugehörigen Reflexionen –, sie alle konstituieren in ihren Brechungen *einen* Bedeutungsraum, in dem sich als Dominante eine Form der Erfahrung und Darstellung einer menschlichen Existenz herausschält, die durch irdische Not, Armut, Leid geprägt ist, und die sich gleichwohl darin im Prozess des Aufschreibens behauptet.

4.6 Literaturverzeichnis

Primärliteratur:

Rilke, Rainer Maria: Die Aufzeichnungen des Malte Laurids Brigge. Hg. und kommentiert von Manfred Engel. Stuttgart 1997.

Ders.: Sämtliche Werke. Hg. Vom Rilke-Archiv in Verbindung mit Ruth Sieber-Rilke. Besorgt durch Ernst Zinn. Frankfurt a. M. 1987.

Sekundärliteratur:

Becker, Sabina: Rilkes Aufzeichnungen des Malte Laurids Brigge. In: Dies.: Urbanität und Moderne. Studien zur Großstadtwahrnehmung in der deutschen Literatur 1900-1930. St. Ingbert 1993, S. 73-130 u. 376-389.

Benjamin, Walter: Über einige Motive bei Baudelaire. In: Illuminationen. Ausgewählte Schriften. Frankfurt 1977.

Betz, Maurice: Rilke in Frankreich. Wien 1938.

Brüggemann, Heinz: ‚Aber schickt keinen Poeten nach London'. Großstadt und literarische Wahrnehmung im 18. und 19. Jahrhundert. Reinbek 1985.

Eckel, Winfried: Wendung. Zum Prozess der poetischen Reflexion im Werk Rilkes. Würzburg 1994.

Engelhardt, Hartmut (Hg.): Materialien zu Rainer Maria Rilke: Die Aufzeichnungen des Malte Laurids Brigge. Frankfurt 1974.

Freisfeld, Andreas: Das Leiden an der Stadt: Spuren der Verstädterung in deutschen Romanen des 20. Jahrhunderts. Köln und Wien 1982.

Fülleborn, Ulrich: Form und Sinn der Aufzeichnungen des Malte Laurids Brigge: Rilkes Prosabuch und der moderne Roman. In: Deutsche Romantheorien. Hg v. Reinhold Grimm. Frankfurt 1968.

Grimm, Sieglinde: Rilke, Kafka und die Rettung des Ich im Roman der klassischen Moderne. Tübingen 2003.

Gutjahr, Ortrud: Erschriebene Moderne. Rainer Maria Rilkes Die Aufzeichnungen des Malte Laurids Brigge. In: Piechotta, Hans Joachim u. a.: Die literarische Moderne in Europa. Bd. 1: Erscheinungsformen literarischer Prosa um die Jahrhundertwende. Opladen 1994, S. 370-397.

Grimm, Sieglinde: Sprache der Existenz: Rilke, Kafka und die Rettung des Ich im Roman der klassischen Moderne. Tübingen 2003.

Hattemer, Matthias: „Er war mein Ich und war ein anderer". Rainer Maria Rilke und sein Ausgestoßener. In: Ders.: Das erdichtete Ich. Zur Gattungspoetik der fiktiven Autobiographie bei Grimmelshausen, E. T. A. Hoffmann, Thomas Mann und Rainer Maria Rilke. Frankfurt a. M. 1989, S. 119-140.

Jäger, Marlene: Rilkes Aufzeichnungen des Malte Laurids Brigge in ihrer dichterischen Einheit. Diss. Tübingen 1960.

Kruse, Bernhard Arnold: Auf dem extremen Pol der Subjektivität. Zu Rilkes Aufzeichnungen des Malte Laurids Brigge. Wiesbaden 1994.

Naumann, Helmut: Malte-Studien. Untersuchungen zu Aufbau und Aussagegehalt der Aufzeichnungen des Malte Laurids Brigge von Rainer Maria Rilke. Rheinfelden 1983.

Ders.: Neue Malte-Studien. Untersuchungen zu Aufbau und Aussagegehalt der Aufzeichnungen des Malte Laurids Brigge von Rainer Maria Rilke. Rheinfelden 1989.

Rumold, Inca: Die Verwandlung des Ekels. Zur Funktion der Kunst in Rilkes Malte Laurids Brigge und Sartres' „La Nausée". Bonn 1979.

Ryan, Judith: Hypothetisches Erzählen. Zur Funktion von Phantasie und Einbildung in Rilkes Malte Laurids Brigge. In: Jahrbuch der Deutschen Schillergesellschaft. 1971, S. 341-374.

Schulz, Georg-Michael: Rainer Maria Rilke: Die Aufzeichnungen des Malte Laurids Brigge. In: Erzählungen des 20. Jahrhunderts. Interpretationen Bd. 1. Stuttgart 1996, S. 120-138.

Seifert, Walter: Das epische Werk Rainer Maria Rilkes. Bonn 1969.

Small, William: Rilke-Kommentar zu den Aufzeichnungen des Malte Laurids Brigge. Chapel Hill 1983.

Söring, Jürgen: Zur Methode poetischer Wirklichkeitserfahrung in Rilkes Aufzeichnungen des Malte Laurids Brigge. In: Ders./ Walter Weber: Rencontres Rainer Maria Rilke [...]. Frankfurt a. M. 1993, S. 11-36.

Stahl, August: Rilke-Kommentar zu den Aufzeichnungen des Malte Laurids Brigge. München 1979.

Ders.: Rilke-Kommentar. In: Werke in vier Bänden. Kommentierte Ausgabe. Hg. von Manfred Engel u. a. Bd. 3. Frankfurt a. M./ Leipzig 1996. S. 866-1053.

Storck, Joachim (Hg.): Rainer Maria Rilke. 1875 – 1975. Ausstellungskatalog des Deutschen Literaturachivs. München. 1975.

Thibaut, Matthias: Rilkes Die Aufzeichnungen des Malte Laurids Brigge (1910) – Kunstritual und poetische Totalität. In: Ders.: Sich-selbst-Erzählen. Schreiben als poetische Lebenspraxis. Untersuchungen zu diaristischen Prosatexten von Goethe, Jean Paul, Dostojewski, Rilke und anderen. Stuttgart 1990. S. 175-207.

Vietta, Silvio und Hans-Georg Kemper: Expressionismus. München 2005.

Wiedemann, Conrad (Hg.): Rom, Paris, London. Erfahrung und Selbsterfahrung deutscher Schriftsteller und Künstler in den fremden Metropolen. Stuttgart 1988.

5. FRANZ KAFKA: Der Proceß

5.1 Biographie

3.07.1883 Franz Kafka wird als erstes Kind des jüdischen Kaufmanns Herrmann Kafka und dessen Frau Julie (geb. Löwy) in Prag geboren.

1901–1906 Kafka studiert zwei Semester Germanistik und Kunstgeschichte, danach Jura an der Deutschen Universität in Prag.

23.10.1902 Beginn der Freundschaft mit Max Brod (1884–1968).

1904/05 *Beschreibung eines Kampfes* ist das früheste erhaltene literarische Werk. Kafka vernichtet später einen großen Teil seines Frühwerks.

1906 Abschluss des Studiums mit dem juristischen Doktorgrad. Kafka absolviert die vorgeschriebene einjährige Rechtspraxis beim Prager Land- und Strafgericht.

1907 Arbeit als Aushilfskraft in der privaten Versicherungsgesellschaft Assicurazioni Generali. Das Romanfragment *Hochzeitsvorbereitungen auf dem Lande* erscheint.

1908–1922 Kafka arbeitet für die „Arbeiter-Unfall-Versicherungs-Anstalt“ für das Königreich Böhmen.

1909/10 Kafka besucht Zusammenkünfte tschechischer Anarchisten, bei denen er die Lehren russischer Revolutionäre kennen lernt.

1910 Beginn der Tagebuchaufzeichnungen.

1911 Aufenthalt im Sanatorium aufgrund einer Lungenerkrankung.

1912 Anfang des Jahres entstehen erste Entwürfe zum *Verschollenen* (von Brod als *Amerika* betitelt). Veröffentlichung des ersten Buches *Betrachtung*, einer Sammlung kurzer Prosastücke. Erste Begegnung mit Felice Bauer und Beginn eines umfangreichen Briefwechsels. Mit der Niederschrift des *Urteils* gelingt Kafka der literarische Durchbruch.

1913 Erste öffentliche Lesung von *Das Urteil* in Prag. Das Eingangskapitel des *Verschollenen*, *Der Heizer*, wird separat publiziert.

1914 Kafka verlobt sich mit Felice Bauer, trennt sich aber noch im selben Monat von ihr, um sich ganz der literarischen Arbeit widmen zu können. Aufgrund seiner beruflichen Tätigkeit wird Kafka im Ersten Weltkrieg nicht eingezogen. Beginn der Arbeit an seinem Hauptwerk *Der Proceß.*

1915 Carl Sternheim leitet den ihm verliehenen Fontane-Preis aus Verehrung an Kafka weiter. Die Erzählung *Die Verwandlung* erscheint. Kafkas Überlegung, diese Erzählung zusammen mit *Das Urteil* und *In der Strafkolonie* unter dem gemeinsamen Titel *Strafen* herauszugeben, wird nicht verwirklicht. Publikation des von Kafka als Legende bezeichneten Stückes *Vor dem Gesetz.*

1917 Juli: Zweite Verlobung mit Felice Bauer, die Kafka jedoch im Dezember erneut löst. September: Diagnose einer Lungentuberkulose. Übersiedlung nach Zürau zur Schwester Ottla.

1919 Verlobung mit Julie Wohryzek. Kafka verfasst den autobiographischen Text *Brief an den Vater.*

1920 April: Anlässlich der Übersetzung des *Heizers* ins Tschechische beginnt Kafka einen Briefwechsel mit der Journalistin und Übersetzerin Milena Jesenskà. Trennung von Julie Wohryzek.

1922 Der Roman *Das Schloß* entsteht. Die Erzählung Ein *Hungerkünstler* erscheint in der *Neuen Rundschau.* Pensionierung zum 1. Juli.

1923 Kafka beginnt in Berlin mit der 25jährigen Dora Diamant ein gemeinsames Leben. Er beschäftigt sich mit hebräischer Literatur und hört Vorlesungen an der „Hochschule für die Wissenschaft des Judentums“. In dieser Zeit entstehen die Erzählung *Eine kleine Frau,* in der Kafka das von Ängsten angefochtene neue Leben reflektiert, und das ebenfalls autobiographische Erzählfragment *Der Bau.*

1923/24 Inflation und politische Unruhen im Deutschen Reich sowie Kafkas verschlechterter Gesundheitszustand veranlassen ihn, nach Prag zurückzukehren. Er verfasst sein letztes Werk *Josefine, die Sängerin oder Das Volk der Mäuse.*

3.06.1924 Franz Kafka stirbt im Sanatorium in Kierling (Wien).

5.2 Handlungsabriss

1. Kapitel: Verhaftung

Der Bankangestellte Josef K., 30 Jahre alt, wird eines Morgens verhaftet. Zwei „Wächter" überbringen ihm die Botschaft, machen sich auch gleich über sein Frühstück her und engen seinen Freiheitsspielraum ein. „Das Verfahren" sei gegen K. „eingeleitet" (11), ohne dass K. erfährt, welcher „Proceß" welcher Behörde da gegen ihn eingeleitet sein soll. Seine Sicherheit, „in einem Rechtsstaat" zu leben, wird empfindlich gestört. Irgendwelche Legitimationen können die „Wächter" „nicht vorweisen", seine eigenen bürgerlichen „Legitimationspapiere" weisen sie zurück. Sie stellen sich als „niedrige Angestellte" vor, die sich mit Legitimationspapieren kaum auskennten. Sie behaupten, „unsere Behörde [...] wird wie es im Gesetz heißt von der Schuld angezogen und muß uns Wächter ausschicken. Das ist Gesetz." (14) K. hält das Ganze zeitweilig für einen Scherz seiner Bankkollegen anlässlich seines 30. Geburtstages, lässt sich aber zunehmend auf die Zwangssituation ein. Ein Aufseher erscheint, der K. zwar zu seiner Arbeit in die Bank gehen lässt, aber nun im Status „der Verhaftung". Zuvor hatte K. noch den Wunsch geäußert, den Staatsanwalt Hasterer, seinen Freund, zu benachrichtigen, gibt diesen Plan aber wieder auf, als der Aufseher ihm das als ‚sinnlos' vor Augen führt. Drei Mitarbeiter der Bank, die offenbar mit der Prozessbehörde kollaborieren, begleiten K. zu seinem Arbeitsplatz.

Erzählte Zeit: Ca. eine halbe Stunde.

2. Kapitel: Gespräch mit Frau Grubach. Dann Fräulein Bürstner

Der normale Lebensstil des Bankprokuristen Josef K. wird rekapituliert. Lange Arbeitszeiten im Büro bis gegen 9 Uhr abends, kleiner Spaziergang danach, Besuche einer Bierstube und wöchentlicher Besuch eines Schankmädchens namens Elsa. An diesem Abend im Frühjahr aber hat K. das Bedürfnis, mit seiner Vermieterin, Frau Grubach, zu sprechen, die ihn zu beruhigen sucht. Er sei ja nicht „wie ein Dieb verhaftet worden". „Nehmen Sie es doch nicht so schwer, Herr K." (30) Im Dunkeln lauert K. im Flur einer aus dem Theater kommenden Mitbewohnerin seines Hauses auf, Fräulein Bürstner. Diese kommt um halb zwölf und bittet K. widerwillig in ihr Zimmer, um keinen Lärm auf dem Flur zu veranstalten. K. entschuldigt sich für die Unordnung, die einer der Bankangestellten auch in ihrem Zimmer angerichtet habe und spielt ihr die Verhaftungsszene vor. Dabei nennt er seinen eigenen Namen so laut, dass im Nebenzimmer heftig geklopft wird, wo der Neffe der Frau Grubach übernachtet. Im Weggehen überfällt K. Fräulein

Bürstner mit seinen Küssen „auf den Mund und dann über das ganze Gesicht, wie ein durstiges Tier" (39).

Erzählte Zeit: Drei Stunden am Abend desselben Tages.

3. Kapitel: Erste Untersuchung

K. wird telefonisch verständigt, dass „am nächsten Sonntag eine kleine Untersuchung in seiner Angelegenheit stattfinden würde" (41). K. wird in die „Juliusstraße" in der Vorstadt bestellt, aber ohne genaue Zeit und Hausnummer. An einem Sonntag, etwa zehn Tage nach der Verhaftung (53), sucht K. den Ort der „Untersuchung" auf. Eine private Einladung des Direktor-Stellvertreters, den K. als bedrohliche Konkurrenz empfindet, muss er deshalb absagen. Schon beim Weggang trifft er auf die drei Beamten seiner Bank, die bei seiner Verhaftung präsent waren. Es ist „trübes Wetter" und K. bereits beim Weggang „sehr ermüdet" (43). In der Juliusstraße findet er „hohe graue von armen Leuten bewohnte Miethäuser" vor (44). K. weiß nicht, wo und wie er den Untersuchungsort finden kann. Er erfindet einen „Tischler Lanz", den er angeblich sucht, um Gelegenheit zu haben, in die Wohnungen hinein zu schauen, ob dort die gesuchte Versammlung sei. In den Wohnungen herrscht eine Art Lageratmosphäre mit Kranken und Schlafenden in den Betten. Man reicht ihn weiter, bis eine junge Frau auf seine Anfrage nach dem Tischler Lanz öffnet und ihn in der Tat hereinbittet. Der Raum ist dicht gefüllt von einer Versammlung, die offenbar zwei sich befehdende Parteien bildet. Ein Vorsitzender, ein „kleiner dicker schnaufender Mann" (48), herrscht ihn an, K. habe schon vor einer Stunde und fünf Minuten erscheinen sollen. K. übernimmt bald selbstbewusst die Gesprächsführung und kehrt die vermeintliche Untersuchung in eine Anklage gegen die Prozessinstanz um. Sieben Mal setzt er zu einer Apologie und Kritik an. Er geißelt die Korruption der unteren Beamten, die er schon an den „Wächtern" kennen gelernt habe, macht ein „Heftchen" des „Untersuchungsrichters" lächerlich: „Vor diesem Schuldbuch fürchte ich mich wahrhaftig nicht." (52) Dann weitet K. seine Kritik aus: „Es ist das Zeichen eines Verfahrens, wie es gegen Viele geübt wird. Für diese stehe ich hier ein, nicht für mich." (52) K. bezweifelt nicht, dass „eine große Organisation" mit vielen Hilfskräften, „vielleicht sogar Henkern" (56), hinter allem stehe, die aber eben korrupt und undurchsichtig sei. Ein kreischender Schrei am Saalende unterbricht die Szene: die Waschfrau, die ihn eingelassen hat, wird von einem Mann bedrängt. Beim Weggehen sieht K.: Alle Teilnehmer der Versammlung, fast alles alte Männer, die ihn auch mit ihren Körpern abblocken, tragen das gleiche Abzeichen am Rockkragen, gehören also der selben kollektiven Organisation an. Ihren Parteienkampf deutet K. daraufhin eher als Schein. Der Vorsitzende läuft hinter K. her. K. habe sich durch sein Verhalten eines Vorteils beraubt, „den ein Verhör für den Verhafteten in jedem Falle bedeutet" (58f).

Erzählte Zeit: Einige Stunden am Sonntag der Untersuchung etwa zehn Tage nach der Verhaftung.

4. Kapitel: Im leeren Sitzungssaal. Der Student. Die Kanzleien

K. wird nicht mehr zum Verhör gebeten, geht aber am nächsten Sonntag freiwillig hin in der Annahme, er sei „stillschweigend in das gleiche Haus für die gleiche Zeit wieder vorgeladen" (60). Der Sitzungssaal aber ist leer, bis auf die dort mit ihrem Manne wohnende Frau. K. sieht Bücher auf dem Tisch, will diese begutachten, was ihm die Frau nach einigem Zögern erlaubt, weil sie von K. „Verbesserungen", vielleicht sogar ihre Flucht erhofft. Die „Gesetzbücher" enthalten schlecht gemachte Pornografien. Die Frau will K. helfen. K. erfährt, dass der Mann, der sie bei der Verhörszene bedrängt hat, der Student der Rechtswissenschaften Bertold sei und auch der Untersuchungsrichter ihr nachstelle. Die Frau macht K. erotische Avancen, weist ihn auf ihre Einflussmöglichkeiten auf den Untersuchungsrichter hin, der lange Berichte über K. verfasse. Da erscheint Bertold, nimmt die Frau sogleich in intimem Gespräch in Beschlag. K. will das stören. Bertold packt die Frau auf seine Schulter, schleppt sie weg. Über die Schulter ruft sie K. zu: „Es hilft nichts, der Untersuchungsrichter lässt mich holen, ich darf nicht mit Ihnen gehen, dieses kleine Scheusal läßt mich nicht." (69) K. erlebt das als „die erste zweifellose Niederlage" (70). Er will sehen, wohin die Frau entführt wird, stößt dabei auf eine kleine hölzerne Treppe hinauf zum Dachboden. Dies ist der „Aufgang zu den Gerichtskanzleien", wie es auf einem kleinen Zettel geschrieben steht. Er trifft dort einen Mann, Gerichtsdiener, den Ehemann der Waschfrau, der sich darüber beklagt, dass man immerfort seine Frau ‚wegtrage'. Er weiß auch, dass sie „sogar die größte Schuld" daran trägt. „Sie hat sich ja an ihn gehängt." (73) Die Gerichtskanzleien sind fensterlos, stickig, dunkel, durch Holzverschläge von den Büros abgetrennte lange Gänge. In einem Wartezimmer sitzen Menschen, Angeklagte wie K., vernachlässigt, elend, „gedemütigt", voller „Angst" (75). Einer der Angeklagten, den K. anredet, kann nur stockend antworten. K. will raus aus den Kanzleien. Er stellt fest, „ daß das Innere dieses Gerichtswesens ebenso widerlich war wie sein Äußeres" (79). Ein Unwohlsein überfällt ihn, was eines der Mädchen der Kanzleien wahrnimmt und das ihm anbietet, ihn in ein Krankenzimmer zu führen. K. lehnt das ab. Er will nur weg von hier. Ein Beamter, der „Auskunftgeber", lacht über ihn. „Dem Herrn ist nur hier nicht wohl, nicht im allgemeinen" (81) und führt K., der mittlerweile so geschwächt ist, dass er kaum allein gehen kann, zusammen mit dem Mädchen hinaus ins Freie.

Erzählte Zeit: Ein Sonntagvormittag.

5. Kapitel: Der Prügler

Aus einer Rumpelkammer in der Bank hört K. dröhnende Geräusche. Er reißt die Tür auf, sieht, dass die Wächter Franz und Willem, die ihn verhaftet hatten, von einem „Prügler" mit einer Rute abgestraft werden, „weil Du Dich beim Untersuchungsrichter über uns beklagt hast" (87). Dabei sei das korrupte Verhalten der Wächter gegenüber dem Angeklagten durchaus „Tradition" (88). Einer der Wächter, Franz, will sich retten, indem er Willem anschwärzt: „Weißt du, wodurch er so fett geworden ist? Er hat die Gewohnheit, allen Verhafteten das Frühstück aufzuessen." (89) Vorher hatte der Prügler gesagt: „Du mußt ihnen nicht alles glauben. Sie sind durch die Angst vor den Prügeln schon ein wenig schwachsinnig geworden." (89) K., den die beiden dauern und der die „hohen Beamten" zur Rechenschaft ziehen will, muss ansehen, wie gerade Franz bis zum Krampf auf der Erde durchgeprügelt wird. Auch eine angebotene Bestechung kann den Prügler nicht abhalten. „Ich bin zum Prügeln angestellt, also prügle ich." (90) K. schmeißt die Tür entsetzt zu, gelobt sich die Szene ebenfalls gerichtsöffentlich zur Sprache zu bringen. Anderntags geht er wieder an dem selben Raum vorbei, aus dem die Seufzer zu hören waren. Entsetzt muss K. sehen, dass sich die Prügelszene wiederholt. K. wirft die Tür zu und schlägt noch mit den Fäusten dagegen. Er gibt den Bankdienern den Befehl, die Rumpelkammer auszuräumen, das wollen sie anderntags auch tun. Er geht „müde und gedankenlos" nach Hause (94).

Erzählte Zeit: Zwei Abende.

6. Kapitel: Der Onkel. Leni

Eines Nachmittags wird Josef K. von seinem Onkel in der Bank aufgesucht. Der Onkel ist in heller Aufregung wegen des Prozesses, von dem ihm seine Tochter, die siebzehnjährige Internatschülerin Erna, berichtet hat. Diese hatte bei einem Bankbesuch von den Angestellten über den Prozess sprechen hören und es dem auf dem Lande lebenden Vater geschrieben. Der Onkel hat große Angst um K., doch K. betont: „Vor allem, Onkel [...] handelt es sich gar nicht um einen Proceß vor dem gewöhnlichen Gericht." (100) Der Onkel rät K. zu ihm aufs Land zu kommen, da sei er „dem Gericht gewissermaßen entzogen" (100). Den Prozess verlieren hieße, „daß Du einfach gestrichen wirst. Und daß die ganze Verwandtschaft mitgerissen, oder wenigstens auf den Boden gedemütigt wird." (101) Der Onkel zitiert ein „Sprichwort": „‚Einen solchen Proceß haben, heißt ihn schon verloren haben.'" (101) Mit dem Onkel fährt K. zu dem Advokaten Huld, einem ehemaligen Schulkameraden des Onkels. Ein Mädchen lässt die beiden nur nach heftigem Pochen in die Wohnung. Der Advokat liegt an einem „Herzleiden" krank und sehr geschwächt im Bett, lässt sich gleichwohl von K.'s Prozess berichten, den er aber bereits vom Hörensagen aus den Kanzleien kennt.

Nach geraumer Zeit rührt sich in der dunklen Ecke des Zimmers eine weitere Person. Es ist der „Herr Kanzleidirektor", der seinen Freund Huld besucht und sich vor den Gästen still verborgen gehalten hatte. Ein Lärm aus dem Vorzimmer unterbricht die Runde. K. geht raus um nachzusehen. Das Zimmermädchen Leni hat einen Teller zerschmissen, um K. herauszulocken. K. ist froh, nicht mehr das „Geschwätz der alten Herren" anhören zu müssen. Er betrachtet ein Wandbild eines Mannes, auf dem ein Richter auf einem Thronsessel dargestellt ist. Er wird sogleich mit Leni intim, die sich auf seinen Schoß setzt und ihm helfen will, im Prozess, wenn er ein „Geständnis" ablegt. Leni, die der Onkel auch als „diese Hexe" bezeichnet hatte, trägt einen körperlichen Makel, den sie K. zeigt: die Verbindungshaut zwischen Mittel- und Ringfinger der rechten Hand reicht fast bis zum oberen Gelenk. „‚Was für eine hübsche Kralle!'", sagt K. (115). Leni ist stolz, K.'s Geliebte zu sein und übergibt ihm einen Wohnungsschlüssel, mit dem er sie jederzeit besuchen könne. Draußen macht ihm der im Regen wartende Onkel schwere Vorwürfe. Er habe sich „mit einem kleinen schmutzigen Ding" eingelassen, das überdies die Geliebte des Advokaten sei (116). K. habe die auf ihn wartenden Herren sehr düpiert und dies beschleunige womöglich „den Tod eines Mannes, auf den du angewiesen bist" (117). Den Onkel habe K. „stundenlang im Regen warten lassen."

Erzählte Zeit: Ein halber Tag nach einer unbestimmten Zwischenzeit.

7. Kapitel: Advokat. Fabrikant. Maler.

An einem Wintermorgen – der Prozess dauert schon Monate (131) – sitzt K. in seinem Büro, „äußerst müde", der „Gedanke an den Proceß verließ ihn nicht mehr" (118). K. rekapituliert Gespräche mit dem Advokaten Huld, den er aber schon einen Monat nicht mehr gesehen hat (118). Diese rekapitulierten Reden Hulds kreisen um die Prozesswelt: die Verfahren seien nicht öffentlich – „das Gesetz aber schreibt Öffentlichkeit nicht vor" (120). Die Schriften des Gerichts, vor allem die Anklageschrift, seien dem Angeklagten und seiner Verteidigung unzugänglich, zumindest auch für die Beamten der unteren Hierarchien sei das Verfahren „geheim" (124). Huld klärt K. darüber auf: „Die Verteidigung ist nämlich durch das Gesetz nicht eigentlich gestattet, sondern nur geduldet." (120) Die einzige Eingriffsmöglichkeit für die Advokaten bestünde nur in der Einflussnahme auf die Beamten, möglichst „ehrliche persönliche Beziehungen undzwar mit höhern Beamten" (122). Diese rühmt sich Huld zu haben, allerdings durch K.'s Fehlverhalten gegenüber dem Kanzleidirektor auch schwer gestört. Huld rät K., „sich mit den vorhandenen Verhältnissen abzufinden" (126), „Verbesserungsvorschläge" einzureichen, sei Kraftverschwendung. Er rät einzusehen, „daß dieser große Gerichtsorganismus gewissermaßen ewig in Schwebe bleibt und daß man zwar, wenn man auf seinem Platz selbständig etwas ändert, den Boden unter den Füßen sich wegnimmt und selbst abstürzen kann, während der große Organismus sich selbst für die kleine Störung leicht an einer anderen Stelle [...] Ersatz schafft" (126). Während des Gesprächs bringt Leni Tee, hält dabei heimlich K.'s Hand, streichelt ihn. K. hält den Advokaten für wenig hilfreich, will ihn kündigen (132), obwohl der Advokat genau dies für unmöglich erklärt hatte (128).

Bei seinen Reflexionen am Arbeitsplatz in der Bank beschließt K. gerade „in Zuständen großer Müdigkeit, [...] wo ihm alles willenlos durch den Kopf zog" (131), dass er selbst aktiv in das Prozessgeschehen eingreift. Er hat kein Schuldbewusstsein – „es gab keine Schuld" (132) – , gleichwohl will er den Prozess, wie „ein Geschäft" behandeln und seinen „Vorteil suchen" (ebd.). Er plant eine gesamte Lebensrechtfertigung, „eine fast endlose Arbeit" (134), zu verfassen. In dieser Situation sucht ihn ein Fabrikant mit einem Geschäftsanliegen in seinem Büro auf. K. kann sich nur mühsam und zerstreut auf den Vortrag des Fabrikanten konzentrieren, verliert zunehmend den roten Faden. Der Direktor-Stellvertreter tritt ein, den K. nur noch „wie hinter einem Gazeschleier" fixieren kann. Das ganze Verfahren wird K. von dem Stellvertreter aus der Hand genommen. Zusammen mit dem Fabrikanten erscheint er aus K.'s Schreibtischperspektive übermächtig vor ihm. K. sollte weitere Kunden empfangen, aber wimmelt diese ab. Der zurückkehrende Fabrikant macht K. die Mitteilung, dass er von dem Prozess Kenntnis hat durch einen Maler mit Namen Titorelli, „fast ein Bettler", dessen Haupteinahmen die Porträts von Gerichtsbeamten seien (143). Er gibt K. ein Empfehlungsschreiben an Titorelli mit.

K. fährt zum Maler, der in einer den Gerichtskanzleien entgegengesetzten Vorstadt wohnt. Auch hier sind die Häuser dunkel, die Gassen voller Schmutz, die Luft verpestet. In einem Treppenhof fragt K. ein Mädchen nach der Adresse des Malers Titorelli. Das kaum dreizehnjährige, etwas bucklige Mädchen erscheint ihm schon „ganz verdorben" (189). Sie gehört in eine Dreiergruppe von Mädchen, „eine Mischung von Kindlichkeit und Verworfenheit" (190). Über eine Treppe bei der Wohnung des Malers angekommen, reißt dieser die Tür auf und lädt K. mit einer tiefen Verbeugung ein, einzutreten. Die Mädchen, die ebenfalls eindringen wollen, wehrt er ab. Der Maler empfängt K. in einer Art Nachthemd, bloßfüßig und mit einer breiten gelblichen Leinenhose bekleidet. Die Mädchen hätten sich einen Schlüssel zu seiner Tür machen lassen und würden unablässig auch gegen seinen Willen in die Wohnung eindringen. Mit einem Blick auf die Staffelei erkennt K., dass der Maler an einem Porträt arbeitet, offenbar das Porträt eines Richters. Der Maler berichtet, dass er in der Tat den Auftrag habe, Richter darzustellen, dieser sei so dargestellt, dass es „eigentlich die Gerechtigkeit und die Siegesgöttin in einem" darstelle (196). Der Maler habe weder die Figur noch den Thronsessel gesehen, „‚das alles ist Erfindung, aber es wurde mir angegeben, was ich zu malen habe'" (196). Während des Gesprächs arbeitet der Maler an dem Bild weiter, indem er den Kopf des Richters mit einem rötlichen Schatten, „der strahlenförmig gegen den Rand des Bildes vergieng" (197) hinzufügt. Wie der Richter hieße, dürfe der Maler K. nicht mitteilen, der seinerseits K. direkt ins Gesicht sagt, dass K. etwas über das Gericht erfahren wolle. Er stellt sich selbst als „ein[en] Vertrauensmann des Gerichtes" (198) vor. Einmal mehr beteuert K. hier auf die direkte Frage des Malers ‚„Sind Sie unschuldig?"': „‚Ich bin vollständig unschuldig.'" (200) Der Maler weist K. auf „viele Feinheiten" hin, in denen sich das Gericht verliert „‚zum Schluß aber zieht es von irgendwoher, wo ursprünglich gar nichts gewesen ist, eine große Schuld hervor.'" (200) Wenn das Gericht einmal die Anklage erhoben habe, sei es von der Schuld des Angeklagten fest überzeugt und von dieser Überzeugung auch „niemals" abzubringen (201). Immer wieder stören die Mädchen, die auch zum Gericht gehören, das Gespräch, aber was der Maler „halb im Scherz halb zur Erklärung" resümiert: „‚Es gehört ja alles zum Gericht.'" (202) Der Maler beteuert, da K. ja von seiner Unschuld überzeugt sei, ihn „allein" da herauszuholen (202). Auch er beruft sich auf seine guten Beziehungen zu den Richtern, auf die lange Tradition seiner Familie als Gerichtsmaler, die es ihm auch allein ermögliche, den komplizierten Regeln der Darstellung der Beamten gerecht zu werden. Er unterscheidet drei Möglichkeiten der Freisprechung, „nämlich die wirkliche Freisprechung, die scheinbare Freisprechung und die Verschleppung" (205). Von einer „wirklichen Freisprechung" habe der Maler noch nie gehört. K. resümiert: „‚Ein einziger Henker könnte das ganze Gericht ersetzen. '" (207) Auch hier ist die Luft so stickig, dass K. ein Schwindel befällt. Der Maler erläutert K. auch die Form der „scheinbaren Freisprechung" und der „Verschleppung". Überhaupt nur diese Formen der Freisprechungen könnten die unteren und mittleren Richter erwirken. Das Recht zum wirklichen Freispruch „hat nur das oberste, für Sie, für mich und für uns alle ganz unerreichbare Gericht" (213). Beim „scheinbaren Freispruch" könne der Prozess jederzeit von neuem beginnen. Es bestünde aber ‚„wieder die Möglichkeit ebenso wie früher, einen scheinbaren Freispruch zu erwirken"' (215). Das könne zu einer ganzen Kette von scheinbaren Freisprüchen und erneuten Verhaftungen führen. Bei der „Verschleppung" würde der Prozess „dauernd im niedrigsten Proceßstadium erhalten" (216), wobei immerfort der Prozess zumindest äußerlich vorangetrieben werden müsse. Am Ende zeigt der Maler K. einen Haufen ungerahmter Bilder, alles Heidelandschaften desselben Genres und derselben Art, die K. am Ende aufkauft. Um nicht den Mädchen in die Arme zu rennen, will er über eine offene Tür hinter dem Bett des Malers aus der Wohnung verschwinden. Dabei macht er die Entdeckung, dass auch hier Gerichtskanzleien sind. Der Maler klärt ihn auf: „‚Wußten Sie nicht, daß hier Gerichtskanzleien sind? Gerichtskanzleien sind doch fast auf jedem Dachboden [...]'." (222) K. kommt mittags bei der Bank an. Die Bilder schafft er in sein Büro und versteckt sie, damit sie nicht der Direktor-Stellvertreter findet.

Erzählte Zeit: Ein Wintervormittag.

8. Kapitel: Kaufmann Block. Kündigung des Advokaten

Der Prozess dauert jetzt ca. ein halbes Jahr (185). K. hat sich entschlossen, dem Advokaten Huld seine Vertretung zu entziehen. Nach einem Arbeitstag geht er noch abends zum Advokaten, steht gegen zehn Uhr vor seiner Tür. Diesmal öffnet nicht Leni die Tür, sondern ein „Türöffner", „ein kleiner dürrer Mann mit Vollbart" (176). K. fragt ihn gleich, ob Leni auch seine Geliebte sei, was dieser mit erschrockener Abwehr verneint. Der Mann stellt sich vor als „Kaufmann Block". Mit ihm sucht K. die Wohnung nach Leni ab. Im Licht einer Kerze sehen sie erneut das Bild eines Richters. Die beiden ziehen sich in die Küche zurück, wo auch Leni steht und kocht. Sie unterrichtet K., dass der Kaufmann Block ein „bedauernswerter Mensch" sei (178), erneut jetzt die Frage an Leni: „‚Er ist dein Geliebter?'" (178) K. will noch heute mit dem Advokaten sprechen, der „heute sehr krank" sei. Leni bittet ihn über Nacht bei ihm zu bleiben und mahnt ihn, den Prozess nicht zu vernachlässigen. Im Gespräch mit Block erfährt K., dass dessen Prozess schon sehr lange dauere, nämlich zwanzig Jahre. Block gesteht K., dass er unerlaubterweise sich neben dem Advokaten auch noch fünf „Winkeladvokaten unteren Standes" genommen habe und sogar noch mit einem sechsten verhandele. Er habe „alles was ich besitze, auf den Proceß verwendet" (182), erfülle sein Geschäft nur noch in einer kleinen Kammer im Hinterhaus, könne sich mit gar nichts anderem mehr befassen. Block berichtet K. von einem „Aberglauben", nach dem man am Gesicht des Angeklagten dessen Prozessausgang erkennen könne. „‚Diese Leute also haben behauptet, Sie würden [...] gewiß und bald verurteilt werden.'" (184) Block nennt K.'s Verfahren einen „jungen Proceß" (185). Block berichtet auch, dass die Eingaben des Advokaten in seinem Fall „ganz wertlos waren" (186), in gelehrtem Latein verfasst, aber eigentlich inhaltslos. Bei viel Selbstlob habe sich der Advokat „auf geradezu hündische Weise" vor dem Gericht gedemütigt. Block habe allerdings die Erfahrung machen müssen, dass keiner der anderen Advokaten mehr für ihn erreicht habe, „‚[k]einer hat die Festsetzung der Hauptverhandlung verlangt oder durchgesetzt'" (187f.). In der Hierarchie der Advokaten sei Huld nur ein kleiner Advokat, wenngleich auch unvergleichlich höher als die kleinen Winkeladvokaten. „Wer die großen Advokaten sind weiß ich nicht, und zu ihnen kommen, kann man wohl gar nicht." (188) Diese verteidigen nur den, den sie verteidigen wollen. Der Mandant selbst kann die Verteidigung bei ihnen nicht erwirken. Als Leni herein tritt, bemerkt sie und bemerkt nun auch K. selbst, wie tief gebückt und eng beieinander K. mit dem Kaufmann in der Küche hockt, um diese Informationen von Block zu empfangen.

Es ist elf Uhr und nun wird auch K. zum Advokaten vorgelassen. Im Gegensatz zu Block, der manchmal drei Tage auf einen solchen Empfang warten muss, wird K. also relativ zügig zu dem Advokat gerufen, weil sein Fall „interessanter" und auch „jünger" als der eigene sei, kommentiert dies Block. K. geht mit dem Vorsatz in das Zimmer und teilt dies auch Leni und

dem Kaufmann mit, den Advokaten zu entlassen. Dieser empfängt ihn vom Bett aus und kommentiert Lenis Verhalten: „Sie hängt sich an alle, liebt alle, scheint allerdings auch von allen geliebt zu werden; [...]" (194). Er fährt fort: „Wenn man den richtigen Blick dafür hat, findet man die Angeklagten wirklich oft schön." (194) Als K. dem Advokaten seinen Entschluss mitteilt, setzt dieser sich auf dem Bettrand auf. K. begründet seine Entlassung mit der Unzufriedenheit über den Fortgang des Verfahrens. Der Advokat belehrt K.: „‚Von einem gewissen Zeitpunkt der Praxis an [...] ereignet sich nichts wesentlich Neues mehr.'" (197) Er habe viele Parteien in ähnlichen Stadien kennen gelernt, die sich ähnlich beklagt hätten. K. wird sich auch dessen bewusst, dass die Selbstübernahme des Falls eine gänzliche Bindung seiner Kräfte verlangen würde. Der Advokat weist ihn darauf ihn, dass auch er „vor Überanstrengung krank" geworden sei (198). Der Advokat eröffnet K. die Möglichkeit, noch am heutigen Tag die Kündigung rückgängig zu machen.
Leni erscheint, der Advokat lässt Block holen. Der wieder in sein Federbett gekrochene Advokat ist dahinter kaum noch zu sehen. Den hereingerufenen Block herrscht der Advokat an, er käme ungelegen. Dieser starrt in die Ecke, „als sei der Anblick der Sprechers zu blendend, als daß er ihn ertragen könnte" (201). Er zittert, neigt sich, als wolle er „niederknien" und auf die Frage, wer sein Advokat sei, sagt er „‚Ihr seid es [...] Niemand außer Euch.'" (202) Der Advokat demütigt Block weiter: „‚Knie nieder oder krieche auf allen Vieren, tu, was du willst, ich werde mich nicht darum kümmern.'" (202) Auf Zeichen Lenis küsst Block die Hand des Advokaten mehrfach, fleht Leni um Vermittlung und Hilfe an. „Er entwürdigte fast den Zuseher." (204) „Das war kein Klient mehr, das war der Hund des Advokaten." (205) Leni vermeldet, dass sie den Advokaten „in dem Dienstmädchenzimmer eingesperrt" habe, dieser immer auf dem Bett kniete, und folgsam ein Buch, das man ihm gegeben habe, „gründlich las. Er hat den ganzen Tag über die gleiche Seite gelesen." (205) Im Gespräch mit dem Advokaten erfährt K., dass Block zwar eifrig seine Sache verfolge, der Prozess gegen ihn aber „noch gar nicht begonnen" habe (207). Mit „müdem Blick" zu Block gewendet sagt der Advokat: „‚Was willst Du denn? Noch lebst Du, noch stehst Du unter meinem Schutz. Sinnlose Angst!'" (207) Den in hündischer Angst am Boden liegenden und mit den Fingern durch das Fell des Bettvorlegers kämmenden Block zieht Leni „am Rockkragen ein wenig in die Höhe" und ermahnt ihn, das Fell des Advokaten loszulassen und auf den Advokaten zu hören.

Erzählte Zeit: ca. zwei Stunden am Abend.

9. Kapitel: Im Dom

K. bekommt in der Bank den Auftrag, einen italienischen Geschäftsfreund der Bank durch die Stadt zu führen und ihm einige Kunstdenkmäler zu zeigen. Er frischt wieder seine Italienischkenntnisse auf, um dem Gast an diesem „sehr regnerischen stürmischen Morgen" die Stadt zu zeigen. Als der Italiener kommt, versteht K. fast nichts, weil er in einem süditalienischen Dialekt spricht, den der Bankdirektor allerdings gut versteht. Der Italiener wünscht, noch eine Erledigung machen zu dürfen und dann K. um zehn Uhr im Dom zu treffen. Um halb zehn erreicht ihn ein telefonischer Anruf Lenis, die unvermittelt sagt: „‚Sie hetzen dich.'" K. bestätigt dies: „‚Ja, sie hetzen mich.'" Durch das Gespräch abgelenkt hat er Angst, zu spät zum Domplatz zu kommen. Dieser ist aber leer, der Italiener nicht da. Auch im Dom scheint es leer zu sein bis auf ein altes, vor einem Marienbild kniendes Weib. Es „wurde so dunkel" in dem Dom, dass er kaum eine Einzelheit unterscheiden konnte. „In der Ferne funkelte auf dem Hauptaltar ein großes Dreieck von Kerzenlichtern." (216) Ein Kirchendiener schleicht durch die Kirche, die angezündeten Kerzen beleuchten kaum die Altarbilder, „es vermehrte vielmehr die Finsternis" (216). Eines der Altarbilder zeigt einen gepanzerten Ritter, davor „störend" das „ewige Licht" (217). K. erkennt die große Kanzel, zwei leere goldene Kreuze daran. Der Kirchendiener macht K. ein Zeichen, ihm in „irgendeiner unbestimmten Richtung" zu folgen. Er führt ihn zu einer Kanzel, unter der ein Geistlicher steht. Als dieser leicht nickt, bekreuzigt und verbeugt sich K. Der Geistliche besteigt mit kurzen schnellen Schritten die Kanzel. K. ist sich nicht sicher, ob er hier als Ersatzpublikum für die Predigt missbraucht würde. Er irrt wieder durch den schier übermenschlich großen Dom, greift nach einem Album, das er auf seinem früheren Platz hat liegen lassen. Da erreicht ihn die Stimme des Geistlichen. Eine „mächtige geübte Stimme", sie ruft „‚Josef K.!'" (221) K. überlegt, ob er noch soweit frei sei, den Raum zu verlassen. Er könne so tun, als habe er nichts gehört. Gleichwohl „drehte er doch ein wenig den Kopf", der Geistliche hatte es auch bemerkt. Er lief nun „mit langen fliegenden Schritten der Kanzel entgegen" (222). Der Geistliche spricht K. an: „‚Du bist angeklagt'"(222), stellt sich als der Gefängniskaplan vor, der ihn hierher habe rufen lassen, um mit ihm zu sprechen. „‚Weißt Du, dass Dein Proceß schlecht steht?'" (223) Der Geistliche fürchtet, der Prozess werde schlecht enden. „‚Man hält Dich für schuldig.'" (223) K. verneint dies: „‚Wie kann denn ein Mensch überhaupt schuldig sein. Wir sind hier doch alle Menschen einer wie der andere.'" (223) Der Geistliche belehrt K., dass das Verfahren allmählich ins Urteil übergehe. Er rügt ihn, weil er zu viel Hilfe bei den Frauen gesucht habe, das sei nicht die „wahre Hilfe" (224). K. rechtfertigt sich, dass dieses Gericht „fast nur aus Frauenjägern" (224) bestünde. Unterweilen werden die Kerzen auf dem Hauptaltar gelöscht. Zu dem sich rechtfertigenden K. „schrie der Geistliche [...]: ‚Siehst Du denn nicht zwei Schritte weit?'" (224) Auf Bitten K.'s kommt der Prediger herunter zu ihm, reicht K. eine kleine Lampe, damit er sie trage. Der Geistliche und K. gehen nebeneinander im dunklen Seitenschiff auf und ab. K. versichert dem Geistlichen sein Vertrauen. Dieser erzählt ihm nun die Parabel vom Türhüter, der gemäß „einem

Mann vom Lande" Einlass in das „Gesetz" erbittet, was der Türhüter verwehrt. Später werde er eintreten dürfen, jetzt aber nicht. Das Tor zum Gesetz stehe offen, der Mann bückt sich, um durch das Tor in das Innere zu sehen. Der Türhüter lacht und weist auf seine Macht hin und die immer größere Macht der inneren Türhüter von Saal zu Saal. „‚Schon den Anblick des dritten kann nicht einmal ich mehr ertragen.'" (226) Der Türhüter lässt den Mann vom Lande warten, tage- und jahrelang. Er stellt öfters „kleine Verhöre mit ihm an [...] es sind aber teilnahmslose Fragen" (226). Der Türhüter nimmt auch Bestechungsgeld an, aber nur „‚damit du nicht glaubst, etwas versäumt zu haben'" (226). Im Alter „kindisch" geworden, wird auch sein Augenlicht schwach „‚und er weiß nicht ob es um ihn wirklich dunkler wird oder ob ihn nur seine Augen täuschen'" (227). Im Dunkeln aber erkennt er „einen Glanz, der unverlöschlich aus der Tür des Gesetzes bricht" (227). Er lebt nun nicht mehr lange, fragt vor dem Tode den Türhüter seine letzte Frage: „‚Alle streben doch nach dem Gesetz', sagt der Mann, ‚wie so kommt es, daß in den vielen Jahren niemand außer mir Einlaß verlangt hat.'" (227) Der Türhüter brüllt den Sterbenden an, dass dieser Eingang „‚nur für dich bestimmt'" war. „‚Ich gehe jetzt und schließe ihn.'" (227)
K. versucht, die Geschichte sofort zu interpretieren im Sinne einer Täuschungsabsicht des Türhüters. Der Geistliche belehrt ihn: „‚Von Täuschung steht darin nichts.'" (227) Die beiden erörtern Meinungen über die Geschichte und deren Deutungsmöglichkeiten. Hätte er diesen Mann nicht einlassen müssen?, überlegt K. Die Pflicht des Türhüters aber scheint es gewesen zu sein, den Mann vom Lande abzuweisen, der ja streng über sein Amt gewacht habe. Grundsätzlich sagen einige „Erklärer" dieser Schrift hierzu: „Richtiges Auffassen einer Sache und Mißverstehen der gleichen Sache schließen einander nicht vollständig aus." (229) Der Geistliche rät K. „‚nicht zuviel auf Meinungen'" zu achten. „‚Die Schrift ist unveränderlich und die Meinungen sind oft nur ein Ausdruck der Verzweiflung darüber.'" (230) Eine andere Auffassung wäre es, dass der Türhüter sogar dem Manne untergeordnet sei, der ja dessen Leben lang ihn bewachen musste, während eine Gegenmeinung sagt, dass er doch „ein Diener des Gesetzes, also zum Gesetz gehörig, also dem menschlichen Urteil entrückt" sei (233). K. stellt die Frage nach der Wahrheit, worauf der Geistliche sagt: „‚Man muß nicht alles für wahr halten, man muß es nur für notwenig halten.' ‚Trübselige Meinung', sagte K. ‚Die Lüge wird zur Weltordnung gemacht.'" (233) Müde und erschöpft geht er mit dem Geistlichen durch die Finsternis, ohne zu wissen, wo er sich befindet. Er glaubt in der Nähe des Haupteingangs zu sein, in Wahrheit sind sie weit davon entfernt. Der Geistliche entlässt K. und weist ihm den Weg zum Ausgang.

Erzählte Zeit: Ein Vormittag.

10. Kapitel: Ende

Der Prozess dauert jetzt ein Jahr (238). Es ist der Vorabend des 31. Geburtstags von Josef K. Erneut kommen zwei Herren in K.'s Wohnung, in „Gehröcken, bleich und fett, mit scheinbar unverrückbaren Zylinderhüten" (236). Förmlichkeiten werden ausgetauscht. K. weiß schon: „‚Sie sind also für mich bestimmt?'" (236) Und: „‚Man sucht auf billige Weise mit mir fertig zu werden.'" K. fragt die schwarz gekleideten Herren, an „welchem Theater" sie spielen, was nur das Zucken der Mundwinkel eines der beiden Herren provoziert. Schon auf der Treppe haken sie K. so ein, dass K. nicht mehr die geringste Bewegungsfreiheit hat. „Sie hielten die Schultern eng hinter den seinen, knickten die Arme nicht ein, sondern benützten sie, um K.'s Arme in ihrer ganzen Länge zu umschlingen, unten erfaßten sie K.'s Hände mit einem schulmäßigen, eingeübten, unwiderstehlichen Griff." (237) Die drei bilden eine „Einheit, wie sie fast nur Lebloses bilden kann" (237). K. versucht sie gleichwohl von der Seite anzusehen, „vielleicht sind es Tenöre, dachte er im Anblick ihres schweren Doppelkinns" (237). Es ekelt ihn vor der „Reinlichkeit ihrer Gesichter". Er assoziiert das Bild von Fliegen, die mit zerreißenden Beinen von der Leimrute wegstreben. Zuerst will er den Herren Widerstand bereiten, sogleich kommt ihm die „Wertlosigkeit seines Widerstandes [...] zu Bewußtsein" (238). Leichtfüßig gehen die drei nun dahin. K. bestimmt sogar zunächst den Weg, indem er einem Fräulein folgt, das dann in eine Seitengasse einbiegt. Von hierab überlässt sich K. seinen Begleitern, die ihn nun „in vollem Einverständnis" über eine Brücke im Mondschein ziehen (239). K. wendet sich ein wenig zum Geländer und erinnert sich beim Anblick der kleinen Insel inmitten des glänzenden Wassers wie er es sich „in manchem Sommer" dort hat wohlgehen lassen (239). Die Gruppe kommt an Polizisten vorbei, „da zog K. mit Macht die Herren vorwärts" (239.). Sie kommen aus der Stadt hinaus, die fast ohne Übergang in Felder übergeht. Bei einem kleinen Steinbruch, noch in der Nähe eines städtischen Hauses, aber „verlassen und öde" (239), machen die Herren Halt. „Sei es, daß dieser Ort von allem Anfang an ihr Ziel gewesen war, sei es, daß sie zu erschöpft waren, um noch weiter zu laufen." (240) Erneut kommt es zum Austausch von Höflichkeiten. Die Herren suchen eine „passende Stelle" im Steinbruch, setzen K. auf der Erde nieder, lehnen ihn an einen Stein und „betteten seinen Kopf obenauf" (240). K.'s Haltung blieb „trotz allen Entgegenkommens [...] eine sehr gezwungene und unglaubwürdige" (240). Der eine Herr zieht aus einer Scheide ein dünnes beiderseitig geschärftes Fleischmesser, prüft die Schärfe der Klinge im Licht. Diese wird unter dem Austausch von „widerlichen Höflichkeiten" über K.'s Kopf hinweg hin- und hergereicht. „K. wußte jetzt genau, daß es seine Pflicht gewesen wäre, das Messer, als es von Hand zu Hand über ihm schwebte, selbst zu fassen und sich einzubohren." (241) Er tut es nicht, dreht den noch freien Hals und sieht umher. Im letzten Stockwerk des an den Steinbruch grenzenden Hauses fliegt ein Fensterflügel auf, „ein Mensch schwach und dünn in der Ferne und Höhe, beugte sich mit einem Ruck weit vor und streckte die Arme noch weiter aus. Wer war es? Ein Freund? Ein guter Mensch? Einer der teilnahm?" (241) K. fragt sich auch noch einmal: „Wo war der Richter den er nie gesehen hatte? Wo war das hohe Gericht bis zu dem er nie gekommen war? Er hob die Hände und spreizte alle Finger." (241) Da legen sich die Hände „des einen Herren" an seine Gurgel, „während der andere das Messer ihm ins Herz stieß und zweimal dort drehte. Mit brechenden Augen sah noch K. wie nah vor seinem Gesicht die Herren Wange an Wange aneinandergelehnt die Entscheidung beobachteten. ‚Wie ein Hund!', sagte er, es war, als sollte die Scham ihn überleben." (241)

Erzählte Zeit: Ca. zwei Stunden.

5.3 Text und Deutungen

Bei keinem Autor der Moderne ist es so schwierig, Text und Deutungen zu trennen, wie bei Kafka. Kafka selbst hat das Thema Text und Deutungen schon in den Roman „Der Proceß" eingestaltet in der Form der sogenannten „Türhüterparabel" im Dom-Kapitel und dabei deutlich gemacht, wie unterschiedlich eine scheinbar so einfache Erzählung gedeutet werden kann. Ganz offensichtlich hat Kafka selbst bereits den Text als ein Deutungsproblem gesehen bzw. ihn als ein solches konstruiert. Somit kann man an diesem Roman wie an Kafkas Texten generell studieren, dass die Erzählwirklichkeit in ihnen nicht ‚an sich' gegeben ist, sondern ein problematisches Konstrukt des Erzählers ist und somit auch als solches vom Leser gelesen werden muss. Paradoxerweise trifft diese Unbestimmtheitsstruktur des Textes genau auch Problemzonen der modernen Wirklichkeit des 20. Jahrhunderts. Für das Verstehen dieses Textes gilt die Formulierung Theodor W. Adornos: „Jeder Satz spricht: Deute mich, und keiner will es dulden." (Adorno: Aufzeichnungen zu Kafka, S. 251) Gerade die Vieldeutigkeit, ja Undurchsichtigkeit der Erzählwirklichkeit, die Kafka geradezu zum literarischen Programm gemacht hat, ist ungeheuer aussagekräftig in politischer, in religiöser, in philosophischer, auch in psychologischer Hinsicht, wie wir sehen werden. Die undurchsichtige Textstruktur des Romans „Der Proceß" und seine Unbestimmtheitsstellen sind repräsentativ für die geistesgeschichtliche und politische Situation des 20. Jahrhunderts.

Kafka schrieb ab Ende Juli 1914 am „Proceß“, nahm im Oktober zwei Wochen Urlaub, „um den Roman vorwärts zu treiben“ (Dietz: Franz Kafka, S. 72). Danach stockte die Produktion zunächst bis zum Ende des Jahres 1915, als er die Arbeit an dem Roman auch vorläufig aufgab, wie dies der Kommentarband zur kritischen Ausgabe des „Proceß“-Romans ausführt (Pasley: Apparatband, S. 123). Etwa zwei Drittel der Romanschrift lagen bis dahin vor. Interessant ist, dass die beiden rahmenbildenden Kapitel – „Verhaftung“ und „Ende“ – als erste fertig waren, mithin der *Gesamtablauf* des Geschehens bereits in seiner finalen Struktur feststand. Für die Niederschrift des Romans benutzte Kafka großformatige Quarthefte. Die Hauptquelle für die Drucklegung ist die heute im Deutschen Literaturarchiv in Marbach aufbewahrte „Proceß“-Handschrift, die ihrerseits aus mehreren Konvoluten besteht (Pasley: Apparatband, S. 30ff). Nicht alle Kapitel des Romans können als von Kafka selbst abgeschlossen gelten. So ist das Kapitel „Im Dom“ möglicherweise noch nicht ganz abgeschlossen, ebenso das Kapitel 8 „Kaufmann Block / Kündigung des Advokaten“ „soweit entwickelt, dass es als beinahe abgeschlossen betrachtet werden kann“ (Pasley: Apparatband, S. 125).

Max Brod, der Prager Freund Kafkas, hatte 1924, im Todesjahr Kafkas, eine Fassung des „Proceß“ veröffentlicht, dem 1935 eine weitere, um Fragmente und vom Autor gestrichene Stellen erweiterte Fassung folgte, die auch die Grundlage der ersten Nachkriegseditionen war. 1990 erschien die von Malcolm Pasley herausgegebene „Kritische Ausgabe“ Kafkas und darin der Roman „Der Proceß“, erweitert um einen Apparatband. Da diese Ausgabe für den normalen Leser nur schwer greifbar ist, zitieren wir aus der textidentischen Taschenbuchausgabe des Romans, die 1993 bei S. Fischer erschienen ist. Diese kritische Ausgabe und ihre Taschenbuchversion übernimmt wieder die originalen Schreibweisen Kafkas, die Brod modernisiert hatte, so schreibt Kafka „Proceß“ mit „c“ und „ß“.

Die Deutungen zu Kafkas „Proceß“ gehen in die Tausende. Über die Interpretationsgeschichte berichten bereits umfängliche Handbücher und Forschungsberichte, so die von Beicken, Binder, Heintz u.a. Die Vielzahl der Forschungsansätze lädt geradezu ein, zumindest in der Form von Forschungsberichten sich einen Überblick zu verschaffen. Allerdings ist man damit zugleich auch in dem Fahrwasser der Spezialforschungen, die gerade etwas wichtiges am Text auch verdecken: Die *Verquickung* der Problemkonstellationen in Kafkas Text, insbesondere der politischen, theologischen, erkenntnistheoretischen, erzähltheoretischen und auch psychologischen wie existentialen Problematik des

Textes. Ein Sonderproblem bildet die Frage nach dem Judentum Kafkas, die aber eng mit der theologischen Dimension verbunden ist.

Die folgenden vier Problemfelder bilden in der Tat die Hauptgruppe der „Proceß"-Deutungen. Fasst man sie grob zusammen, so ergibt sich folgendes Bild:

Politische Deutung: In diesen Bereich gehören Deutungen, die Kafka als einen – wie dies Elias Canetti genannt hat – Spezialist der Macht deuten. Dabei wurde der „Proceß"-Roman vor allem in Deutschland als eine Vorausdeutung des Nationalsozialismus gelesen. Schon Max Brod hatte gesehen, dass in der Kleidung der Wächter „bereits die Erscheinung eines SS-Mannes [...] vorausgenommen" sei (zit. in: Born: Kafkas Roman „Der Proceß", S. 67). Auch Theodor W. Adorno sieht Parallelen zwischen Kafkas „Proceß"-Welt und dem NS-Staat, besonders in der Apologisierung der Gewaltschergen. Zu Recht aber weist Wilhelm Emrich in seiner großen Kafka-Studie schon darauf hin, dass eine der gestrichenen Stellen aus dem Kapitel 3 („Erste Untersuchung") des Romans einen Hinweis gibt, welche politische Szene Kafka im Auge hatte, als er den Protagonisten K. in eine „politische Versammlung" kommen lässt. Ursprünglich hatte es da im Text geheißen: „socialistische Versammlung". Seltsamerweise gibt es keine grundlegende Studie zu dieser Anschauungsquelle Kafkas. Wir kommen darauf zurück. Die Forschung im Rahmen der politischen Deutungen hat sich dann vor allem auch an der Beamtenhierarchie der „Proceß"-Instanz festgemacht, in der Parallelen zur „Beamtenhierarchie im alten Österreich-Ungarn" erkannt wurden (Born: Kafkas Roman „Der Proceß", S. 67) aber eben auch zum totalitären System des Dritten Reichs, wie dies einige Kafka-Forscher in Deutschland, aber auch weltweit bemerkt haben.

Theologische Deutung: Bereits der Freund Kafkas, Max Brod, hatte Kafkas Texte als religiöse Metaphern interpretiert und dabei die Deutung sehr eng auf die jüdisch-christliche Tradition festgelegt. Das hat die Forschung korrigiert und dabei die Dimension einer „negativen Theologie" im Werk Kafkas herausgearbeitet. Bereits in einer frühen Studie von Hans Joachim Schoeps aus dem Jahre 1951 sowie in anderen theologisch ausgerichteten Studien wird das Werk Kafkas in einen Zusammenhang gebracht mit einer „Theologie des Abgefallenseins, der Heillosigkeit, in der verzweifelt nach dem Heil gesucht wird" (Heintz: Zu Franz Kafka, S. 16). Dabei wird auch eine Brücke geschlagen zur jüdischen Geschichte: „Nur die *jüdische* Theologie kennt das Phänomen echter Unheilsgeschichte, das heilgeschichtliche Sachverhalte sich in ihr striktes Gegenteil verwandeln und das Strukturprinzip der Offenbarung: das *Gesetz* weiterregiert in der Weise der Weise der Abwesenheit und eine unverkennbare Herrschaft ausübt." (Heintz: Zu Franz Kafka, S. 16) Zu erwähnen ist, dass Theodor W. Adorno dieser Zuordnung Kafkas zur negativen Theologie widerspricht (Adorno: Aufzeichnungen zu Kafka, S. 279). Gleichwohl spielt sie eine große Rolle in der Kafkaforschung. Ries stellt Kafka in einen Zusammenhang mit Nietzsche und deutet Kafkas Werk insgesamt, besonders aber den „Proceß" im Kontext der „Verfallsgeschichte der Geschichtlichkeit Gottes", wie sie Nietzsche mit seiner Formel vom ‚Tod Gottes' vorformuliert hatte (Ries: Kafka und Nietzsche, S. 259).

Dabei ist auch bereits das Problem der Moderne angesprochen. Diese Deutungen führen ja in das Zentrum der modernen Sinnkrise, die sich bereits in der Romantik ankündigt, bei Nietzsche artikuliert wird und bei Kafka dargestellt sich findet. Für Peter Pfaff wird somit Kafkas Roman zum Bild einer subjektiv-existenziellen Krise, in der „nichts als die leere Unendlichkeit [...] übrig" bliebe, die ihrerseits im „Nichts der Reflexion" des Protagonisten sich spiegele (Pfaff in Schirrmacher: Die Erfindung des Prozesses, S. 22f). Für den Protagonisten bleibe „nichts als seine ‚Angst'" gegen eine Macht, die sich ebenso sehr als „metaphysische Behörde" wie als politische Gewalt offenbare (Pfaff, Was kann man wissen?, S. 107f). In der Tat führt Kafkas Roman mitten in das Zentrum einer modernen Sinnkrise, die sich an seinem Protagonisten als Erlösungssehnsucht wie auch als Zerstörung dieser Utopie zeigt. In Kafkas Romanen ist Gott nicht aus der Welt, aber er ist zu einer negativen Größe geworden, und der entspricht eine „Negativität der Erkenntnis" (Vietta: Die literarische Moderne, S. 148ff). Wir kommen auf diese Zusammenhänge in unserer Interpretation zurück.

Erkenntnistheoretisch ist aber an diesen theologischen Forschungsergebnissen festzuhalten, dass der theologischen Problematik im Werk Kafkas eine grundlegende erkenntnistheoretische entspricht. Es ist die eben zitierte „Negativität der Erkenntnis", die sein Werk durchzieht und seine Protagonisten zu Figuren einer progressiven Sinnsuche macht, die sie vorantreibt aber zugleich immer auch von der Unerkennbarkeit dessen, was sie erkennen wollen, abprallen lässt. Die genaue Struktur dieser Erkenntnissuche analysieren wir am Fall des Josef K. im Kapitel 5.5.

Existenzanalyse: Eine Vielzahl von Deutungen sehen in K. eine Art Allegorese für die Existenz des Menschen schlechthin. Die Arbeit von Peter Richter: „Variation als Prinzip" gehört in diese Forschungsrichtung. Auch diese Deutung kann sich mit der jüdischen Geschichtsphilosophie verbinden, wenn Schuld, Gericht, Strafe als „Früchte vom Baum der Erkenntnis" gedeutet werden, mithin der Held als ein Paradigma des „Sündenfalles". „Der Sündenfall reicht bis zum absoluten Romanbeginn zurück, zum ersten Augenblick dieses Morgens." (Richter: Variation als Prinzip, S. 108)

Das Problem dieser Deutung ist ihre Ungeschichtlichkeit. Kafkas Text spricht eigentlich eine andere Sprache. Der Protagonist des „Proceß", Josef K., ist ein Bankbeamter, Prokurist, der seine Geschäfte telefonisch erledigt, Taxi fährt, Geschäftskunden empfängt, im Konkurrenzkampf steht mit anderen Bankbeamten, kurz: Kafka zeichnet in Josef K. den Typus eines *modernen* Angestellten, der in modernen Kommunikationszusammenhängen steht, vor allem auch von einer Machtinstitution heimgesucht wird, die typisch ist für die Moderne und nicht für die Ewigkeit. Darauf kommen wir gleich im folgenden Kapitel 5.5 zurück.

5.4 Kafkas „Proceß" und der Totalitarismus des 20. Jahrhunderts

Im ersten und zweiten Drittel des 20. Jahrhunderts formiert sich – zunächst in Russland, dann in Deutschland, Spanien, Italien, dann in China und anderen Teilen Asiens – eine Form des *Totalitarismus*, wie ihn die Welt bisher noch nicht gesehen hatte. Die gesamte nördliche Erdkugel mit Ausnahme Nordamerikas wird zunehmend in den Bann einer absolut totalitären Herrschaftsform gezogen, die eigene, moderne Formen von Diktatoren aus sich entlässt, deren furchtbarste Exponenten Stalin, Hitler, Mao waren. Alle diese Diktatoren waren auch große Modernisierer, die Furchtbarkeit ihrer Macht resultiert auch aus dem Apparat moderner Kommunikation und Vernichtungswaffen, die sie in Händen hielten. Die Erscheinungsform dieser Diktaturen selbst ist ein Zeichen des Umbruchs und der Nichtbewältigung der Moderne. Eine ungezählte Fülle von Kleindiktatoren gruppiert sich um diese absoluten

Machthaber innerhalb und als Satrapen der Großdiktaturen auch außerhalb ihrer Reiche.

Wenn ein ganzer Teil der Weltkugel dem Sog einer solchen Allmachtskonstellation verfällt, muss es dafür geschichtsphilosophische Dispositionen geben. Und diese waren in der Tat weltweit bei unterschiedlichen nationalen wie auch geopolitischen Voraussetzungen gegeben. Der zentrale Faktor dabei ist die Umbruchsituation zur Moderne: Die traditionsgeleiteten Gesellschaften mit ihren traditionellen, zumeist religiös begründeten feudalen Herrschaftsstrukturen waren innerlich ausgehöhlt und anachronistisch geworden, auch wenn Adelsgesellschaft und Kaisertum in Mitteleuropa, das Zarentum in Osteuropa und das Kaiserreich in China noch bis ins 20. Jahrhundert hinein regiert haben. Die überständige feudale Hierarchie wurde dann durch die Oktoberrevolution 1917 in Russland erstmalig in Form eines revolutionären Putsches weggefegt. In Deutschland zerbrach das Kaiserreich mit dem Ende des Ersten Weltkriegs. Hitler kämpfte bereits gegen eine liberalisierte und demokratisierte Politik an. Für Mao war die Mandschu-Dynastie der feudale Hintergrund seiner Jugend. Sie wurde bereits 1911 durch eine republikanische Revolution abgelöst (Chang/ Halliday: Mao, S. 26ff).

Gemeinsam ist allen revolutionären Bewegungen des 20. Jahrhunderts, dass sie sich als Volksbewegungen inszenieren im Sinne eines nationalen wie internationalen Sozialismus. Der Typus von Gewaltherrscher, der sich in diesem Milieu formiert, ist der Typus eines *selbsternannten Diktators*, der mit *Terror*, *Willkür* zur Macht kommt und sich mit diesen Mitteln an der Macht erhält. Alle großen Diktatoren des 20. Jahrhunderts inszenieren sich zugleich auch als *parareligiöse* Offenbarungen. Sowohl Stalin, wie Hitler, wie Mao entwickeln die Ikonografie eines gottgleichen Herrschers, der mit quasi absoluter Gewalt Geschichte kontrolliert, lenkt, gottgleich über Leben und Tod verfügt.

Wenn wir oben sagten, dass Kafkas Roman „Der Proceß“ 1914/15 entstand, so steht er damit an der *Geschichtsschwelle* zu einer der finstersten Epochen der Menschheitsgeschichte. Kafka konnte zu diesem Zeitpunkt das ganze Ausmaß des Grauens, das über die Menschheit kommen würde, nicht kennen. Offensichtlich ahnte er vieles und die Entstehungsphase des totalitären Kollektivismus in der Form der sozialistischen Partei hat er ja auch schon zu seiner Zeit beobachten können. Sein Roman ist aber keineswegs nur Vorausahnung totalitärer Machtstrukturen im NS-Staat, sondern eben auch die Analyse der ‚Prozess‘formen totalitärer Herrschaft schlechthin. In gewissem Sinne trifft seine Analyse des Romans den totalitären Kommunismus sogar genauer als den NS-Staat. Denn Hitlers Feindbild war bald bekannt: Er ließ Juden und Kommunisten verhaften und führte einen furchtbaren Vernichtungsfeldzug gegen diese religiösen wie politischen Gruppen. Stalins Vernichtungsfeldzug dagegen war sehr viel diffuser. Er ließ Feind wie Freund töten, darunter auch bewährte Kampfgefährten, Bolschewiken. Von einem bestimmten Punkt an reichten die Todeslisten nicht mehr aus und wurden willkürlich ergänzt. Durch Erschießungen meistenteils, vielfach in Steinbrüchen (Montefiore: Stalin, S. 223ff). Auch für Mao war Terror das „Fundament der Macht" (Chang/ Halliday: Mao, S. 311ff).

Das Ganze zeigte gerade im sozialistischen Kommunismus Russlands wie Chinas Züge gröbster Willkür. Es entbrannte geradezu in beiden Systemen ein Rausch der Vernichtung angeblicher „Feinde". Stalin ließ so auch „Tausende seiner alten Bekannten töten", zeichnete nachts lange kollektive Todeslisten ab (Montefiore: Stalin, S. 265). Dabei wurden die ‚Angeklagten' oft Scheinverhören ausgesetzt, durch Prozesse gequält, ihr Todesurteil stand bereits längst fest. Stalin wie auch Mao weideten sich auch gerne an der Demoralisierung, Entwürdigung, Entmenschung ihrer Opfer noch vor dem Tode. Diese absoluten Diktatoren wollten sie zwingen und zwangen sie durch Schergen vor Gerichten und anderen Instanzen auch, sich selbst anzuklagen, sowie angebliche Schuld und Verschwörung zu gestehen. Die fixe Idee dieser Systeme war es gerade, den Opfern vor dem Tode noch Geständnisse abzupressen, um so die Persönlichkeit des Opfers noch vor dem physischen Tod zu vernichten.

Alle modernen Diktatoren hatten, so unterschiedlich sie gewesen sein mögen, einen ähnlichen Charakterzug: Sie waren maßlos eitel, bar jeder Selbstkritik, liebten es, sich in einem ersatzreligiös aufgebauschten Personenkult zu präsentieren und auch repräsentieren zu lassen. Die Ikonografie der absoluten Diktaturen des 20. Jahrhunderts ist fast identisch: Es sind überall große, strahlende Figuren, die freundlich und siegvoll in die Zukunft weisen, eine eitle Idolatrie der Macht, wie sie eben bereits Kafka in seinem „Proceß" in den Bildern des Malers Titorelli schildert. Der Roman Kafkas ist die schreckliche Vorausschau einer in Ideologie und totalitären Machtstrukturen verfangenen Welt, die alle Seinsbereiche, auch und gerade die Religion, in ihre Schmutzzone einbezieht, umkodiert und dabei den Einzelnen zeigt in seiner Hilflosigkeit im Netz solcher Machtsysteme.

Interessant ist die Perspektive der Opfer in diesen Diktaturen. Es war ein Zustand permanenter Angst und Unsicherheit, welcher der Verabsolutierung der politischen Macht entsprach. Die ‚Macht' konnte ohne rechtsstaatliche Ausweisung jederzeit in die Privatsphäre eindringen, konnte diese Privatsphäre vernichten und in der Form von Pseudoverhören und Pseudogerichtsverfahren jedwede missliebige Person des Systems zum ‚Angeklagten' machen, seiner ‚Schuld' überführen und vernichten. Dieser Vernichtungswille stand vielfach von Anfang an fest. Mit dieser Struktur absoluter Herrschaft hat die Erzählwelt Kafkas im „Proceß" viel gemein, indem sie eine solche Form von Herrschaftsausübung über einen ‚Angeklagten' zeigt.

5.5 Analyse des Romans

Kafka entwirft im Roman „Der Proceß" die innere Logik eines Machtapparates, der sich nie legitimieren kann, hässlich, korrupt ist, aber mit absolutem Gewaltanspruch auftritt und, wenn er in das Leben des Menschen eingreift, dieses nach seinem Belieben führen, steuern und am Ende vernichten kann. Wir untersuchen im Folgenden die literarische Inszenierung dieses Prozesses in fünf Kategorien.

5.5.1 Raum – Ausweitung der Schmutzzone

Bereits die Verhaftung K.'s im ersten Kapitel sprengt den Privatraum des Protagonisten, Josef K. Am Morgen, noch vor dem Frühstück, stehen die Wächter vor K.'s Bett und verkünden ihm „seine Verhaftung". Eine Schutzzone des privaten Raumes gibt es also nicht mehr für K. von diesem Moment an. Sofort zieht diese „Verhaftung" auch Kreise über diesen engen Privatraum hinaus. K. wird ja durch diese „Verhaftung" zunächst von seiner Tätigkeit in der Bank zurückgehalten. Noch bedrohlicher: Drei Kollegen der Bank, die Herren Rabensteiner, Kullich und Kaminer, sind irgendwie an seiner Verhaftung mit beteiligt. Die Gegenwart dieser verhaftenden ‚Behörde', wer immer sie sein mag, reicht also bis in seine Berufswelt hinein. K. hat das bisher nur nicht gewusst.

Sofort wird mit dieser „Verhaftung" das Bewusstsein des Protagonisten Josef K. so besetzt, dass er im Gespräch mit Frau Grubach und Fräulein Bürstner, der Vermieterin und einer Mitbewohnerin seines

Hauses, vor allem *davon* sprechen muss. Im Gespräch mit Fräulein Bürstner, der er die Szene seiner Verhaftung vorspielt, und dabei allzu laut seinen eigenen Namen ruft, löst er unfreiwillig selbst Tumult im Hause aus.

Zur ersten räumlichen Konfrontation mit der Prozessinstanz selbst kommt es dann im dritten Kapitel. Die „kleine Untersuchung", zu der K. telefonisch vorgeladen wird, führt ihn in eine verschmutzte und elende Vorstadt, wobei ihm die genaue Adresse seines Untersuchungsraumes nicht angegeben wurde. Wie sich später im Verlauf des Romans zeigt, hat diese räumliche Unbestimmtheit ihren Sinn: Die Prozessinstanz ist tatsächlich überall und somit gar nicht genau lokalisierbar. Vom Moment seiner „Verhaftung" an ist die Prozessbehörde überall dort, wo K. hinkommt.

Die Wohnung in der „Juliusstraße", in die K. dann eher zufällig zum Verhör eingeladen wird, ist wieder eine Mischung von *Privatraum* und *Prozesswelt*. Eine Waschfrau und ihr Mann, beide niedere Gerichtsangestellte, wohnen hier, und ihr Wohnzimmer ist eben zugleich Versammlungsraum. Diese Doppelfunktion aller ‚Privaträume' wird K. allerdings erst sukzessiv klar: so im Eingang des vierten Kapitels beim wiederholten Besuch dieses Verhörraumes und der Bekanntschaft mit anderen Vertretern der Prozessbehörde wie dem Advokaten, der seine Beratungen vom Bett aus führt und dem Maler, dessen Wohn- und Schlafraum zugleich Malatelier ist, indem die Prozessrichter ihm angeblich Modell sitzen.

Zu den überraschenden Eindrücken des Verhörs gehört für K. die Zugehörigkeit aller Mitglieder der Versammlung zu *einer* Partei, wie er erst beim Weggehen an den gemeinsamen Parteiabzeichen an den Rockreversen der Personen erkennt. K. entdeckt so die *kollektive Struktur* der Prozesswelt, das heißt auch die *räumliche Ausweitung* mittels dieses Personenkreises einer „Versammlung". Im Kapitel 4 wird K. dann erstmalig in die *diffuse räumliche Dachbodenwelt* der Prozessinstanz hineingezogen, indem er dem „in einer kindlichen, ungeübten Schrift" verfassten Hinweisschild folgt: „Aufgang zu den Gerichtskanzleien" (Proceß, S. 71). Es sind hässliche, dunkle, von stickiger Luft besetzte Holzverschläge, *über* den Wohnungen, eine hässliche ‚Transzendenz' über der Immanenz der hässlichen Wohnquartiere der Menschen. Hier warten auch am Sonntag Leute und auch Angestellte des Gerichts arbeiten hier am Sonntag. Für K. eröffnet sich hier über den Mietshäusern eine ungeahnte Welt des „Gerichts". „‚Man nimmt überhaupt keine Rücksicht'", sagt ihm der Mann der Waschfrau, der ihn durch diese Kanzleien führt, „sehn Sie nur hier das Wartezimmer." (Proceß, S. 74)

Josef K. selbst fasst diesen Eindruck in dem Satz zusammen, „daß das Innere dieses Gerichtswesens ebenso widerlich war wie sein Äußeres" (Proceß, S. 79). Am Ende des Kapitels kann man sehen, dass die Welten geradezu durch Luftzonen getrennt sind: während die Gerichtsdiener innen kaum die „frische Luft" ertragen können, die K. am Ausgang spürt, schöpft er, der in der stickigen Luft einer Ohnmacht nahe war und nur mit Stützhilfe gehen konnte, neue Kraft:

> Solche Überraschungen hatte ihm sein sonst ganz gefestigter Gesundheitszustand noch nie bereitet. Wollte etwa sein Körper revolutionieren und ihm einen neuen Proceß bereiten, da er den alten so mühelos ertrug? Er lehnte den Gedanken nicht ganz ab, bei nächster Gelegenheit zu seinem Arzt zu gehen, jedenfalls aber wollte er – daran konnte er sich selbst beraten – alle zukünftigen Sonntagvormittage besser als diesen verwenden. (Proceß, S. 85f)

Kapitel für Kapitel *expandiert* im Folgenden die *Raumzone* des Gerichts. Retrospektiv formuliert allerdings muss es heißen: K. hat sukzessive die ubiquitäre-allgegenwärtige Präsenz des Gerichts entdeckt. Im Kapitel 5 ist es eine schmutzige Abstellkammer in der Bank, in welcher die Wächter gezüchtigt und bis zum „Krampf" zum Boden geprügelt werden (Proceß, S. 91). Die Gerichtswelt ragt also in seine eigene Arbeitswelt hinein und dies sogar mit Folterstuben.

Im Kapitel 7 muss K. dann in die Stube des Malers Titorelli, der ja in einem den Gerichtskanzleien ganz entgegen gesetzten Stadtteil wohnt – „eine noch ärmere Gegend; die Häuser noch dunkler, die Gassen voller Schmutz, der auf dem zerflossenen Schnee langsam umhertrieb" (Proceß, S. 147). Um das Zimmer des Malers treiben sich junge Mädchen herum, eine, „ein kaum dreizehnjähriges, etwas buckliges Mädchen" macht auf K. einen Eindruck „daß sie schon ganz verdorben war" (Proceß, S. 148). Auch das Zimmer des Malers, das die jungen Mädchen ihm zeigen, ist „schmutzig", K. „wäre niemals auf den Gedanken gekommen, daß man dieses elende kleine Zimmer ein Atelier nennen könnte" (Proceß, S. 151). Den eigentlichen Schrecken für K. aber bedeutet es, dass sich auch hinter dem Bett des Malers eine Verschlagtür öffnet, die zu den Gerichtskanzleien führt, die ihre Gegenwart ihrerseits durch die „dumpfe das Atmen fast behindernde Luft" anzeigen (Proceß, S. 156). Hier zeigt sich also die Doppelfunktion zwischen privatem Raum und Prozesswelt. Die Richter kommen, so berichtet das der Gastgeber Titorelli, durch die Hintertür, steigen über das Bett in den Raum. Ähnlich wie bei der Verhaftung K.'s können die Prozessmächtigen jederzeit in das ‚Wohn'-Zimmer eindringen. Titorelli spricht denn auch die *Omnipräsenz* der Gerichtskanzleien aus:

„Wußten Sie nicht, daß hier Gerichtskanzleien sind? Gerichtskanzleien sind doch fast auf jedem Dachboden, warum sollten sie gerade hier fehlen?" (Proceß, S. 172f)

Es gibt also praktisch *nirgendwo* ein Entkommen aus den *allgegenwärtigen* Gerichtskanzleien.

Kirchen sind traditionell der Ort einer Zuwendung zum Jenseits, eines Heraustretenkönnens aus den Problemzonen des Diesseits im Gebet, in der Hinwendung zu einer transzendenten Instanz. Das Kapitel „Im Dom" kehrt diese Struktur um: Alle Zeichen einer traditionellen Jenseitshoffnung im Glauben scheinen im Dom wie *verfinstert* und *erlöschen* auch im Verlauf des Kapitels „Im Dom".

Dagegen zeigt der Geistliche, ein „Gefängniskaplan", der K. offenbar erwartet hat und zu sich rufen lässt, dass er sehr gut über K.'s „Verhaftung" und seinen Prozessverlauf orientiert ist, er hat ihn sogar „hierherrufen lassen" (Proceß, S. 222). K., der ja glaubt hier zur Führung eines italienischen Geschäftskollegen zu sein, wusste dies offensichtlich nicht. Der „Geistliche" überbringt K. auch die schlechte Nachricht, „daß dein Proceß schlecht steht" (Proceß, S. 223). Der Raum des Domes wird so noch einmal kurz vor Schluss des Romans zu einem *symbolischen* Ort der *Gefangenschaft*, der zunehmenden *Orientierungslosigkeit* K.'s in der Prozesswelt: Der Raum ist übermenschlich groß, er verdunkelt sich zunehmend, wird für K. immer *undurchsichtiger*. K. verliert seine Orientierung, kann nur am Arm des Geistlichen sich zurechtfinden und muss sich am Ende von ihm den Weg zum Ausgang, den er ganz woanders vermutet hatte, gleichsam an der Wand entlang tastend zeigen lassen.

Das Schlusskapitel führt dem Leser noch einmal vor Augen, in welchem Maße die Prozesswelt sich *neben* und *über* der ‚normalen' Wirklichkeit omnipräsent positioniert hat. K. wird von den zwei Schergen, die ihn zur Hinrichtung führen, durch die Stadt geleitet, an „Polizisten" vorbei, die er aber nicht um Hilfe anruft. Er scheint selbst nun so im Bann des Gerichts, dass es ihn förmlich zu seiner eigenen Hinrichtung drängt. *Er* zieht die Schergen, nicht sie ziehen ihn, zu jenem Steinbruch, wo K. dann erstochen wird. Sein vorletzter Eindruck vor dem Tod ist jenes Bild eines aus einem fernen Wohnhaus „schwach und dünn" erkennbaren Menschen, der die Arme weit ausbreitet, eine scheinbar menschliche Geste, die die letzte Frage K.'s nach möglicher Hilfe und menschlicher Anteilnahme in seinem Kopf bewegt. Ansonsten ist dieser Ort, wie alle Gerichtsorte, ein Ort extremer Demütigung, nun gerade auch im Tod, der an K. wie an einem Schlachtopfer exekutiert wird. Es sind solche Orte, an denen die totalitären Regimes des 20. Jahrhunderts ihre Opfer einzeln oder kollektiv hingemordet haben.

Der äußeren *Ausweitung* der *Schmutzzone* des Gerichts, die ja eigentlich nur eine zunehmende Einsicht K.'s in ihre allgegenwärtige Struktur ist, entspricht eine zunehmende *innere* Besetzung: Vom Moment der ersten Verhaftung an und durch sie motiviert drehen sich alle Gespräche K.'s fast ausschließlich um seine Verhaftung. Im Büro sitzt er zunehmend untätig und unfähig zur gewöhnlichen Geschäftsarbeit, um über seinen Fall zu sinnieren. Der *Innenraum* des Protagonisten Josef K. wird so zunehmend zum *Reflexionsraum* der *Prozesswelt* und dies im Sinne einer Verinnerlichung der Prozesswelt im Ich, nicht deren gedanklicher Bewältigung. Auch K.'s *Innenraum* wird so zunehmend zu einer ‚Schmutzzone', in der alle Gedanken und Gefühle um die hässliche und bedrohliche Welt des Prozesses kreisen. Die dominante Form der Emotion, die dieser Bedrohung der Angeklagten entspricht, ist die Form der *Angst*.

Sie stellt sich, figural gestaltet, in der gebrochenen Gestalt anderer ‚Angeklagter' für K. dar, auch in der hündischen Demutsgestik des Kaufmanns Block vor dem Advokaten Huld im Kapitel 8, und strahlt so auch auf K. aus, der sich lange Zeit in einer der hässlichen und korrupten Prozesswelt überlegenen Haltung wähnt. Symptomatisch für diese innere Besetzung K.'s durch die Prozesswelt ist der Anfang des Kapitels 7, in dem K., nach dem Besuch des Onkels und der beiden beim Advokaten, „äußerst müde in seinem Büro" sitzt und die wiederholten Sitzungen mit dem Advokat innerlich Revue passieren lässt. „Der Gedanke an den Proceß verließ ihn nicht mehr", resümiert der Erzähler diese innere Besetzung K.'s durch die Prozesswelt (Proceß, S. 118).

Dabei gehören auch und gerade die emotionalen Beziehungen K.'s zu Frauen zu der inneren wie äußeren Schmutzzone des Gerichts. Der Geistliche im Dom rügt K.:

> „Du suchst zuviel fremde Hilfe […] und besonders bei Frauen." (Proceß, S. 223)

In der Tat hatte K. schon bei Fräulein Bürstner, dann bei der Waschfrau, bei Leni „Hilfe" gesucht und die letzten beiden hatten sich auch als solche geradezu prostituiert. Es ist lächerlich, das als ein moralisches Defizit K.'s rügen zu wollen, wie das zum Teil in germanistischen Arbeiten geschieht. In einer solchen Studie heißt es: „Josef K. begreift also nicht nur, daß er gescheitert, sondern auch daß er schuldig geworden ist. Seine Schuld besteht in dem Versagen, die geschlechtliche Beziehung nicht zur Liebe erhöht, seiner Sinnlichkeit keinen Sinn gegeben zu haben.“ (Eschweiler: Der verborgene Hintergrund in Kafkas ‚Proceß‘, S. 67) Hier wird schlicht missverstanden, dass es im Rahmen der Schmutzzone der Prozesswelt, die Kafka zeigt, eine solche zur „Liebe“ veredelte Beziehung gar nicht geben kann. Die dreizehnjährigen Mädchen im Umfeld des Wohnraums von Titorelli – „Auch diese Mädchen gehören zum Gericht.“ (Proceß, S. 158) – zeigen sich als „eine Mischung von Kindlichkeit und Verworfenheit“ (Proceß, S. 149). Jenes Fräulein Bürstner, zu dem K. nach Wunsch von Herrn Eschweiler ein Verhältnis der Liebe hätte aufbauen sollen, scheint auch nicht so astrein, jedenfalls wird sie von Frau Grubach „in entlegenen Straßen immer mit einem anderen Herrn gesehen“ (Proceß, S. 31).

Man muss begreifen, dass es in der Schmutzzone des Prozesses keine schönen menschlichen Verhältnisse mehr gibt. Der einzige nachhaltige Gebrauch des Wortes „schön“ in diesem Roman betrifft denn auch erstaunlicherweise die Erscheinungsform der Angeklagten, die ja vom Erzähler selbst sichtbar als verfallen, müde, ungepflegt dargestellt wird. Der Advokat Huld aber nennt diese armen Existenzen „schön“:

> „Wenn man den richtigen Blick dafür hat, findet man die Angeklagten wirklich oft schön.“ (Proceß, S. 194)

Es ist eine Form der Schönheit der Angeklagten, mit der die Machtrepräsentanten in Schauprozessen die Angeklagten darin „schön“ finden konnten: eben als Widerschein ihrer Macht, deren ‚Schönheit‘ am Ende die Angeklagten vernichtet.

5.5.2 Zeit: Ewige Wiederkehr und Fortschritt zum Tode

Zeit ereignet sich im „Proceß“ zunächst und zugleich als *plötzlicher Einbruch* der Prozesswelt in K.’s Leben. Es gibt keine Vorbereitung, keine Vorwarnung, keinen Übergang. Das Plötzliche des Geschehens wirft von nun an K. aus seiner Bahn, auch wenn er die allgegenwärtige Einwirkung der „Verhaftung“ auf sein Leben zunächst gar nicht begreift.

Von da an vollzieht sich die *Temporalstruktur* des Romans als ein Sturmlauf des Protagonisten gegen seine Verhaftung, der allerdings zunehmend erlahmt und am Ende geradezu umkehrt in einen Tempolauf des Protagonisten an den Ort seiner eigenen Hinrichtung. Der Einsicht in die Omnipräsenz der Prozesswelt entspricht eine zunehmende Einsicht K.’s in ihre *zeitliche* Entgrenzung und Allmacht: Sie ist scheinbar nicht nur überall, sondern ist, war und wird immer da sein, und in dieser ihrer *Allgegenwart* reduziert sich das einzelne kleine Ich zu einem nichtigen Punkt der Weltgeschichte. Diese geradezu religiöse zeitliche Allgegenwart der Prozesswelt wird am deutlichsten im Kapitel 7 und dies in der Brechung der gedankenverlorenen Erinnerung K.'s an die Gespräche mit dem Advokaten. Der Advokat hatte K.'s Einsichtsfähigkeit angerufen. Er solle

> Einzusehen versuchen, daß dieser große Gerichtsorganismus gewissermaßen ewig in Schwebe bleibt und daß man zwar, wenn man auf seinem Platz selbständig etwas ändert, den Boden unter den Füßen sich wegnimmt und abstürzen kann, während der große Organismus sich selbst für die kleine Störung leicht an einer anderen Stelle – alles ist doch in Verbindung – Ersatz schafft und unverändert bleibt, wenn er nicht etwa, was sogar wahrscheinlich ist, noch geschlossener, noch aufmerksamer, noch strenger, noch böser wird. (Proceß, S. 126)

Allen Prozessinitiativen wird dadurch eigentlich der Boden unter den Füßen entzogen. Und der Advokat hat dann auch diesen resignativen Rat gegeben:

> Das einzige Richtige sei es, sich mit den vorhandenen Verhältnissen abzufinden. (Ebd.)

Eigeninitiativen können ja, wenn sie denn „eine kleine Störung" bewirken, die Gesamtorganisation in ihrer „Schwebe" nicht verändern, sie vielleicht nur „noch böser" machen. Die Temporalstruktur der Gerichtswelt ist damit die eines ‚nunc stans', eines gleichgewichtigen *Schwebezustandes* einer ‚bösen' Macht, der sich durch nichts irritieren lässt, während der Angestellte Josef K. der Hoffnungslosigkeit dieser Einsicht zunächst nicht nachgeben, sondern den Advokaten Huld entlassen will. Es ist bezeichnend, dass K. selbst diesen Entschluss „großer Müdigkeit" fällt, „wie an diesem Wintervormittag, wo ihm alles willenlos durch den Kopf zog" (Proceß, S. 131). Die Resignation hat sich bereits in ihm in der Form einer ‚Müdigkeit' breit gemacht, gegen die er gleichwohl noch revoltiert.

Innerhalb der Zone einer quasi ewigen bösen Weltinstanz macht K. die Erfahrung von *Zeitentgrenzungen*, *Zeitwiederholungen*, die ihn entsetzen: so die anderntags sich genau wiederholende Prügelszene im Kapitel 5, auch die Ankündigung des Kaufmanns Block, dass sein Prozess schon zwanzig Jahre dauere (Proceß, S. 181), dass aber die „Eingabe" in seinem Fall noch nicht einmal fertig sei (Proceß, S. 186) und dass er, trotz aller Anstrengungen, in seinem Prozess nicht wirklich einen Schritt weitergekommen sei. Und so sagt denn der Kaufmann Block auch zu K.:

„[…] Man kann in diesen Verfahren nur selten Fortschritte sehen." (Proceß, S. 187)

Eigentlich keinen. Denn die Mühle der Verfahren scheinbarer Freisprüche und der Verschleppungsstrategien, die der Maler Titorelli K. vor Augen führt, zeigt ja auch nur an, dass es einen wirklichen Freispruch nicht geben kann, wohl aber die erneute und immer erneute Anklage nach scheinbaren Freisprüchen (Proceß, S. 167f). Die Möglichkeit eines gänzlichen Freispruchs wird ohnehin verworfen. Der Advokat resümiert diese *Erstarrung* der Zeit in der Prozesswelt:

„Von einem gewissen Zeitpunkt der Praxis an", sagte der Advokat leise und ruhig, „ereignet sich nichts wesentlich Neues mehr." (Proceß, S. 197)

Dieser Erstarrung der Zeit und jeder Fortschrittsmöglichkeit entspricht kontrapunktisch jene Zeit, die die ‚Angeklagten' gleichwohl permanent für ihren Prozess aufbringen. Sie sitzen in den Korridoren der Dachkanzleien, der Kaufmann Block wartet drei Tage in einem gefängnisähnlichen Zimmer darauf, von Huld vorgelassen zu werden, die ganze Prozesswelt scheint, aus der Perspektive der Angeklagten, ein *dauerndes Warten* auf irgendwelche Zwischenträger des Gerichts, die irgendeinen geringen Vorteil für den Angeklagten erwirken sollen, aber nicht wirklich erwirken können, wenn denn von einem bestimmten Zeitpunkt der Praxis an „sich nichts wesentlich Neues mehr" ereignet.

Gleichwohl nimmt der Roman Kafkas vor allem im vorletzten Kapitel noch einmal *Tempo* auf. Leni ruft K., der sich schon für die Führung des italienischen Geschäftskollegen bereit macht, im Büro an und sagt ihm:

„Sie hetzen dich." (Proceß, S. 215)

Was K. bestätigt:

„Ja, sie hetzen mich." (Ebd.)

Man kann sagen, dass von diesem Moment an die ‚Hatz' des Angeklagten K. auf seinen Tod hin einsetzt. Die Erörterungen des Geistlichen und die gemeinsame Deutung der Türhüterparabel, die letztlich ja auch die Unbetretbarkeit jenes Jenseitsraumes vor Augen führt, vor dem der Mann vom Lande tatsächlich verendet, führt unmittelbar in das Kapitel „Ende", in dem K. dann hingerichtet wird. Leni hatte offenbar Kenntnis von dieser ‚hetzenden' letzten Phase seines Verfahrens. Man kann also nicht sagen, dass es keinen „Fortschritt" in der Prozesswelt gibt. Es gibt einen solchen *Fortschritt zum Tode*, zur Exekutierung des ‚Angeklagten'.

Dieser hatte beim Gang über die Brücke noch einmal *andere* Zeiten Revue passieren lassen: jene frühere Zeit, in welcher er im Sommer dort unten am Fluss sich erholt hatte. Im Verlauf des Romans „Der Proceß“ gibt es eine solche Sommerzeit nicht mehr. Geschildert wird nur ein verewigter Herbst und Winter, der Sommer wird im Verlauf des Prozess-Jahres im Sinne der *Zeitraffung* übersprungen. Hier aber, an der Brücke, taucht in K. noch einmal eine Erinnerung auf:

> Das im Mondlicht glänzende und zitternde Wasser teilte sich um eine kleine Insel, auf der wie zusammengedrängt Laubmassen von Bäumen und Sträuchern sich aufhäuften. Unter ihnen jetzt unsichtbar führten Kieswege mit bequemen Bänken, auf denen K. in manchem Sommer sich gestreckt und gedehnt hatte. (Proceß, S. 239)

Die Wärter hatten sogar mit einer gewissen Bereitwilligkeit diesen Moment der Anschauung und Erinnerung bewilligt, K. wollte eigentlich gar nicht stehen bleiben, sagt er ihnen, und diese werden „beschämt durch ihre Bereitwilligkeit“ (Proceß, S. 239).

Der Tempolauf des Angeklagten führt dann geradewegs in seinen Tod: K. fing „zu laufen an, die Herren mußten trotz großer Atemnot auch mitlaufen“ (Proceß, S. 239). Es scheint so, als wollte K., in seiner immer tieferen Verstrickung in eine hoffnungslose Prozesswelt deren Auftrag und damit seine eigene Exekution schnellstmöglichst selbst herbeiführen.

5.5.3 Undurchsichtigkeit

Zu den rätselvollen Strukturen von Kafkas Roman gehört die *Undurchsichtigkeit* jener Instanz, die K. verhaftet, verfolgt und am Ende exekutiert. Ausweisen tut sie sich nie, ist dafür allgegenwärtig, scheinbar ewig und mit einer Form von Allmacht ausgestattet, die über Leben und Tod entscheidet. Sprachlich zeigt sich diese Unbestimmtheit der Prozessinstanz in ihren unbestimmten Benennungen als „die Organisation“ (Proceß, S. 90), das „Verfahren“ (Proceß, S. 56) oder einer unbestimmten Formulierung wie: „Einen solchen Proceß haben, heißt ihn schon verloren haben“, wie der Onkel dies in der Form eines Sprichworts zitiert (Proceß, S. 101). Leni will K. ein – und hier ist die objektlose Form der Formulierung auffällig – „Geständnis“ ablocken. „Erst dann ist die Möglichkeit zu entschlüpfen gegeben“ (Proceß, S. 114). Aber welches Geständnis? Welche „Schuld“ soll K. gestehen?

Der Roman schweigt sich darüber aus. Die Art, Form, Struktur, Legitimation der Gerichtsinstanz ist eine *Leerstelle* im Text.

Was K. und durch ihn der Leser über die Gerichtsinstanz erfährt, ist indes, dass persönliche Beziehungen für den Gang des Prozessverlaufs wichtig seien – jedenfalls stellen dies der Advokat Huld und auch der Maler Titorelli so vor. Das kann aber in beiden Fällen auch eine Form der interessengeleiteten Information sein, denn auch der Maler will K. ja etwas verkaufen, seine Bilder.

Was K. und durch ihn der Leser sieht, ist eine hässliche, heruntergekommene, schmutzige, luftarme Welt von „Gerichtskanzleien", die sich quasi parasitär selbst über die schmutzigen Wohnhäuser erstrecken. Die scheinbare Allmacht des Gerichts, die in der Tat auf eine metaphysische Dimension hinweist, steht im krassen Widerspruch zu ihrer äußeren Hässlichkeit. Wenn es eine metaphysische Instanz ist, dann zeigt sie sich im Diesseits dieser „Proceß"-Welt als eine korrupte, schmutzige und entwürdigende Erscheinungsform.

Nach Aussage des Advokaten Huld scheint die Gerichtsinstanz in ihrem inneren Zirkel von einem „geheime[n] Gericht" gesteuert (Proceß, S. 123, auch S. 197). Diese ist damit zwangsläufig jeglicher Einsichtnahme entzogen. Sie scheint zuweilen auch gänzlich willkürlich zu urteilen. Zu dem in Angst sich vor ihm windenden Kaufmann Block sagt der Advokat Huld:

> „Noch lebst Du, noch stehst du unter meinem Schutz. Sinnlose Angst! Du hast irgendwo gelesen, daß das Endurteil in manchen Fällen unversehens komme aus beliebigem Munde zu beliebiger Zeit." (Proceß, S. 207)

Um genau diese Annahme, wenn auch unter Einschränkungen, zu bestätigen:

> „Mit vielen Vorbehalten ist das allerdings wahr, ebenso wahr aber ist es, daß mich deine Angst anwidert und daß ich darin einen Mangel des notwendigen Vertrauens sehe." (Ebd.)

Für die Lektüre und Interpretation des Textes bedeutet diese Unbestimmtheit der Gerichtsinstanz ein Problem. Der Leser neigt dazu, sie auszufüllen, und im gewissen Sinne tun wir dies auch, wenn wir einen Zusammenhang des Romans mit den totalitären Diktaturen des 20. Jahrhunderts herstellen.

Auf der anderen Seite ist es nötig, genau diese Unbestimmtheitsstelle des Romans auch zu respektieren und ernst zu nehmen. Es ist nämlich einer der wirkmächtigsten Motivzüge des Romans. Die Drohung der Prozessinstanz ist ja für K. wie für andere Angeklagte wie auch für den Leser gerade darum so unheimlich, weil nie klar wird, wer denn hier solche Macht über Menschen ausübt, dass sich alle, die in den Bann dieser Macht geraten, davor krümmen und davon ja auch, wie bereits der Onkel zu K. sagt „ausgestrichen“ werden können (Proceß, S. 101).

Gerade diese Unbestimmtheit der absoluten Macht ist aber ein wesentlicher Teil des *Realismus* des Romans. Denn die Erfahrung von Tausenden und Abertausenden von ‚Angeklagten‘ im 20. Jahrhundert ist es ja gewesen, dass sie von irgendeiner Behörde angeklagt, zur Rechenschaft gezogen, in Scheinprozesse verwickelt und vernichtet wurden, sofern ihr ‚Proceß‘ nicht noch weiter abgekürzt und sie sogleich ‚ausgestrichen‘ wurden. Man kann sagen: Das war das Schicksal von Millionen von Menschen im 20. Jahrhundert. Von einer für sie undurchsichtigen, nie sich legitimierenden, letztlich unerkennbaren „Macht“ zertreten zu werden, ohne je zu erfahren, in welchen Prozess sie da verwickelt waren und wer die Macht war, die ihr Leben zerstörte.

5.5.4 Machthierarchie und religiöse Überhöhung

Das einzige was die Prozessbehörde einigermaßen sichtbar nach außen von sich zu erkennen gibt, ist, dass sie offenbar eine durchstrukturierte *Hierarchie* aufweist. In dieser Hierarchie, die sich an der Angst der unteren Beamten der Behörde gegenüber den oberen und der scheinbaren Allmacht der höheren Beamten gegenüber den unteren zeigt, offenbart sich auch für K. und damit auch für den Leser die „Allmacht“ der Behörde der „Proceß“-Welt. Diese Struktur von Herrschaft und Unterwürfigkeit hat denn auch die Forschung zur politischen Deutung des Romans am nachhaltigsten beschäftigt. Zurecht kann man in ihr eine direkte Antizipation totalitärer Herrschaftsstrukturen, die in der Forschung vor allem mit dem Dritten Reich verbunden wurden, sehen.

Die Prüglerszene im Kapitel 5, die Demütigung des Kaufmanns Block in 7, die Elendsgesichter der Angeklagten, die Demut der Bittenden, die zunehmende Ermüdung und Aushöhlung auch des Protagonisten K. zeigen in der Tat die Übermacht einer Behörde über ihre ‚Angeklagten‘ und auch Angestellten an, die sich ansonsten vielfach auch als korrupt, geil, schmutzig in jederlei Hinsicht darstellt. Davon bekommt K. bereits bei der ersten Untersuchung im Kapitel 3 ein deutliches Bild.

Für die Wirkung des Textes wichtig ist allerdings die *metaphysische Überhöhung* der Macht. Diese zeigt sich bereits in der impliziten Hierarchisierung der Gerichtsbehörde. Sie scheint sich im *Unendlichen* zu verlieren, in einen *Jenseitsbereich* des „geheimen Gerichts“ zu führen, der sich jeder irdischen Einsicht entzieht. In diesem Sinne sind auch die höheren Beamten des Gerichts mit religiösen Insignien ausgestattet oder durch sie charakterisiert. Insbesondere die quasi-religiöse Ikonografie der Richter: K. sieht ihr Bild auf einem Thronsessel gemalt in der Wohnung des Advokaten Huld. Er beobachtet den Gerichtsmaler Titorelli, wie er „den Kopf des Richters“, den der malt, mit einer Aura „rötlicher Schatten“ umrahmt, die „strahlenförmig gegen den Rand des Bildes vergieng“ (S. 154). Es ist eine göttliche aber zugleich auch bedrohliche Aura, die der Maler hier um das Bild legt. Auch Titorelli betont die geradezu im Jenseits sich verlierende, für den Menschen ganz unerreichbare Hierarchie der Gerichtsinstanzen:

> „Die untersten Richter nämlich, zu denen meine Bekannten gehören, haben nicht das Recht entgiltig freizusprechen, dieses Recht hat nur das oberste, für sie, für mich und für uns alle ganz unerreichbare Gericht.“ (Proceß, S. 166)

Eine ähnliche Hierarchisierung wie bei den Richtern findet sich auch in der Advokatenwelt. Der Kaufmann Block setzt dies K. auseinander: es gäbe Winkeladvokaten, kleine und große Advokaten:

> „Wer die großen Advokaten sind weiß ich nicht und zu ihnen kommen, kann man wohl gar nicht.“ (Proceß, S. 188)

Ihre Hilfe kann man nur ‚erträumen‘. Wie Engel kommen sie nur durch eigenen Willen zu dem Angeklagten, den sie verteidigen wollen.

Der *religiösen Überhöhung* des Gerichts entspricht die *absolute* Demut zumindest derjenigen ‚Angeklagten‘, die sich in ihr Geschick gänzlich fügen. Bei K. ist dies lange Zeit ja nicht so. Er rebelliert gegen diese Ordnung, will ihre perverse und, wie ihm scheint, lügenhafte Ordnung freilegen. Denn dort, wo in der religiösen Tradition des Christentums wie des Judentums doch ein zwar allmächtiger aber gütiger Gott thronte, hat sich eine allmächtige, aber „böse“ Weltmacht installiert, deren Gesicht man nicht kennt, aber deren Allmacht neben und über den scheinbar normalen Lebensfunktionen sich in diesem Roman überall geltend macht. Von dieser Machthierarchie sieht K. und durch ihn der Leser immer nur unterste Repräsentanten. „Die Rangordnung und Steigerung des Gerichtes“, so belehrt ihn der Advokat Huld, „sei unendlich und selbst für den Eingeweihten nicht absehbar“ (Proceß, S. 124).

Die *parareligiöse* Struktur der Gerichtswelt wird durch die Szene im Dom unterstrichen. Auch hier stellt sich ja die Prozesswelt *neben* die traditionell religiöse Welt und nimmt auch hier von K. Besitz. Er, der, durch den Dom gehend, noch Spuren der alten Religiosität sucht und mühsam erkennt, wird von dem schleichenden ‚Gerichtsdiener' zu dem Geistlichen gerufen, der ihn über den schlechten Stand seines Prozesses informiert und ihm die Türhüterparabel erzählt. Auch und gerade in dieser Parabel ist noch der ferne Glanz „der Metaphysik" zu sehen:

> Wohl aber erkennt er jetzt im Dunkel einen Glanz, der unverlöschlich aus der Türe des Gesetzes bricht. (Proceß, S. 227)

Die göttliche Aura, die sich hier auch mit der jüdischen Tradition des Gesetzes und der Schrift verbindet, bleibt zugleich *unerreichbar* für den Mann vom Lande. Vor seinem Tod schließt der Hüter die Tür. Was gewinnt Kafka durch die religiöse Überhöhung einer Macht, die sich für K. nur als korrupt, „widerlich", „häßlich", demütigend, zerstörerisch erweist? Wenn es richtig ist, dass sich in dem Roman noch eine metaphysische Macht – wie fern auch immer in ihrem Abglanz – zeigt, so wird die Struktur des Romans eben dadurch geprägt, dass solche religiöse Metaphysik als *Perversion* der Macht in Erscheinung tritt. Umgekehrt formuliert: Die irdische Macht der Prozesswelt erscheint so allmächtig, weil sie immer noch mit der religiösen Aura behaftet ist.

Aber das ist, so kann man sagen, eine Struktur des *politischen Totalitarismus* des 20. Jahrhunderts gewesen, die Kafka antizipiert. Alle großen Diktaturen des 20. Jahrhunderts haben sich als *Ersatzreligionen*, als ersatzmetaphysische Instanzen inszeniert und gerade darum eine fast allmächtige Stellung auf Erden erhalten. Gegen Stalin, Hitler, Mao aufzubegehren, war fast unmöglich, weil sie als fast gottgleiche Instanzen verehrt wurden. Die Inszenierung der großen politischen Parteien totalitärer Staaten des 20. Jahrhunderts – der kommunistisch-sozialistischen wie nationalsozialistischen – hat denn auch jene religiöse Aura aufgegriffen und zur Selbstdarstellung benutzt, die durch den modernen Nihilismus und den Verfall der traditionellen Religionen als semantisches Bedeutungspotential freigeworden war. Gegen ‚Götter" wie Hitler, Stalin, Mao konnte es keinen Aufruhr geben, jedenfalls war dies eines der Ziele eben der religiösen Verklärung ihrer Macht.

Kafkas Roman antizipiert somit eine schreckliche Form politischer Wirklichkeit im 20. Jahrhundert: Inszenierungen und damit den Missbrauch von Religion in der Form absoluter weltlicher Macht und umgekehrt der Absolutsetzung dieser Macht durch ersatzreligiöse Heiligung.

Zugleich aber hat der Roman noch eine darüber hinausgehende religiöse Dimension. Er stellt ja die Frage nach der *Theodizee*, also der guten Weltordnung angesichts einer politischen Wirklichkeit, die durch Korruption, durch Machtmissbrauch, durch Terror geprägt ist. Die Hässlichkeit und die Entstellung der politischen Macht der Prozessinstanz verweist mittelbar auch auf eine religiöse Heilsordnung, die das zulässt, die durch den Widerstand des einzelnen dagegen eher noch „böser" wird wie dies denn der Advokat Huld zum Ausdruck bringt (Proceß, S. 126). Der „große Organismus", den Huld als eine quasi metaphysische Instanz beschwört, und die im vorletzten Kapitel des Romans auch den Innenraum des Domes besetzt, trägt alle Züge einer traditionellen metaphysischen Instanz und ihrer Jenseitsentrückung mit gleichzeitiger totalitärer und auch böser Eingriffnahme ins Diesseits. Es gibt in diesem Roman keine göttliche Instanz mehr, zu der man sich im Gebet aus der schlechten Wirklichkeit flüchten könnte. Insofern ist die „böse" Heilsordnung selbst ein Moment der totalitären Struktur des Romans. Auch die *Metaphysik*, und das, was von ihr übrig geblieben ist, ist ein Widerschein der bösen Welt geworden.

Die Frage nach der „Schuld", die K. ja mehrfach überzeugt von sich weist, *relativiert* sich von daher. In den Fängen des Bösen geht es weniger um seine Schuld als um die entstellte Weltordnung selbst. Wie der Mann vom Lande vor dem „unverlöschlichen Glanz" aus dem Inneren des Gesetzes liegen bliebt, liegt auch K. im Steinbruch vor den Toren einer Erlösungshoffnung, die die traditionelle Metaphysik angeboten, Kafkas Text aber als destruiert zeigt.

Zu den schrecklichen Einsichten des Josef K. gehört daher kurz vor seinem eigenen Ende angesichts der diffusen Meinungen der über den Gesetzestext gesprochene Satz:

> Die Lüge wird zur Weltordnung gemacht. (Proceß, S. 233)

Das ist nicht nur ein politischer, es ist auch ein religiöser Satz, der sowohl die Totalität der politischen Entstellung der Welt als auch die darin sich zeigende Entstellung einer religiösen Heilsordnung anzeigt. Es gibt in Kafkas Roman keine Instanz mehr, auch keine religiöse, an die sich ein gequältes Individuum um Schutz und Hilfe wenden könnte, wenn denn diese religiöse Instanz selbst eine böse Macht ist, die sich in dieser Welt so offenbart, wie es der Roman „Der Proceß" zeigt.

Und so steht der Roman am Eingang einer Geschichtsepoche des 20. Jahrhunderts, das der Dichter Martin Walser einmal das „schlimmste Jahrhundert, daß wir kennen können" genannt hat (FAZ 11.02.1994).

5.6 Erzähler, Protagonist, Erzählwirklichkeit

Wenn wir von der im Einleitungskapitel entwickelten Erzähltheorie ausgehen, so ist gerade im Bezug auf die Erzählwirklichkeit des „Proceß“ festzuhalten, dass sie eine hochartifizielle Konstruktion darstellt. Kafka wusste selbst, wie er arbeitet. In seinem Tagebuch vermerkt er am 19. November 1913, also kurz vor dem Beginn seiner Arbeit an dem „Proceß“ – und er unterstreicht diese Eintragung:

> *Alles erscheint mir als Konstruktion.* (Kafka: Tagebücher, S. 594)

Zwei Tage später ergänzt er diese Eintragung durch die folgende:

> Ich bin auf der Jagd nach Konstruktionen. (Kafka: Tagbücher, S. 597)

Um diese Selbstbeobachtung durch ein eigentümliches Beispiel zu verdeutlichen:

> Ich komme in ein Zimmer und finde sie in einem Winkel weißlich durcheinander gehend. (ebd.)

Der Erzähler des „Proceß“ ist der ‚verlängerte Arm‘ seines Autors und er erfindet in der Tat eine Konstruktion, die das Modell einer modernen Erzählwirklichkeit im 20. Jahrhundert werden sollte.

Die Erzählwirklichkeit des „Proceß“ scheint – und so wurde das lange Zeit in der Forschung gesehen – allein aus dem Blickwinkel des Josef K. beschrieben zu sein. K. ist das „Beobachtungszentrum“ für die ‚Handlung‘ und das ‚Geschehen‘ des Romans (Beicken: Der Proceß, S. 41ff). So weit, so gut. In der Tat scheint der Erzähler die Wirklichkeit des Romans weitgehend aus den Augen des Protagonisten, Josef K., zu sehen. Aber der Erzähler dieses Romans ist keineswegs an das „Beobachtungszentrum“ K. gebunden. Wenn der Erzähler gleich im zweiten Kapitel die Äußerung der Frau Grubach kommentiert:

> Infolge dieser Befangenheit sagte sie aber etwas, was sie gar nicht wollte und was auch gar nicht am Platze war: „Nehmen Sie es doch nicht so schwer, Herr K.“, sagte sie, hatte Tränen in der Stimme und vergaß natürlich auch den Handschlag. (Proceß, S. 30)

Für K. ist die Geste wichtig, weil ihm der Aufseher die Hand nicht gereicht hatte. Warum aber Frau Grubach dies unterlässt und warum sie etwas sagt, „was auch gar nicht am Platze war“, kann K. gar nicht wissen, weil es im Bewusstsein der Frau Grubach abläuft. Gleichwohl aber ist die Beobachtung richtig, dass das ‚Geschehen‘ des „Proceß“-Romans weitgehend aus der Perspektive des Josef K. berichtet wird – also aus einer heterodiegetischen Erzählperspektive, bzw. der Perspektive eines personalen Erzählers.

Aber was heißt hier ‚Geschehen'? Ist das Geschehen ‚an sich' da und wird eben nur von K. aus dieser seiner Perspektive geschildert? Zwar hält sich der Erzähler mit Eigendeutungen des ‚Geschehens' ganz und gar zurück, aber er steckt seinerseits doch ganz und gar in der *Konstruktion* der *Erzählwelt* selbst. Und diese folgt einer eigenen Logik, die ein Wissen um die *Gesamtlogik* der Erzählwirklichkeit des Romans zumindest in groben Zügen voraussetzt. In der Tat schreibt Kafka ja zunächst das erste und das letzte Kapitel, liegen also Anfang und Ende des Handlungsgeschehens in einer frühen Stufe der Arbeit an diesem Roman fest. Mit diesem Wissen von der Gesamtanlage des Romans ist natürlich auch der Erzähler ausgestattet. Der Erzähler des Romans „Der Proceß" unterscheidet sich grundlegend vom Typus des „auktorialen Erzählers", weil er sein Wissen nicht preisgibt, aber darum weiß er nicht weniger als jener von der Erzählwirklichkeit, die er konstruiert. Dieses Wissen des Erzählers aber ist aus der Sprachebene der expliziten Reflektion beim auktorialen Erzählen in die *Konstruktion* der Erzählwirklichkeit ‚eingerückt'. Die Konstruktion der Erzählwirklichkeit des „Proceß" ist ein hochbewusster Akt, aber einer, der sein Wissen um das Ganze nicht mehr ausdrücklich preisgibt. Die Logik des Ganzen steckt in der *Konsequenz*, mit der sie sich entfaltet.

Analysiert man mit dieser Vorgabe die Erzählwirklichkeit des Romans, so zeigt sie ihre eigene Logik. Es ist die Logik einer *Expansion* der Prozesswelt in diesem Roman. Aus der Perspektive des Josef K. gesprochen: Der Protagonist erkennt zunehmend die *Allgegenwart* jener Gerichtsinstanz, die ihn verfolgt. Bereits im ersten Kapitel deutet die Gegenwart der drei Mitarbeiter aus der Bank auf die Realpräsenz der Prozessbehörde auch in dieser Geldinstitution, was ja das Kapitel 5 in der Prüglerszene auch ausdrücklich bestätigt. Die Szene bei Titorelli scheint K. in einen ganz anderen Stadtteil zu führen als die Mietshäuser mit den Kanzleien. Aber eben auch dort sind die Kanzleien. Sie sind im privaten wie im öffentlichen Raum, sie besetzen die säkularen wie sakralen Gebäude, wie das Domkapitel offenbart.

Die Logik des Erzählens liegt also gerade in der Konsequenz, mit der der Erzähler ein Netz ausbreitet, das sich um und über den Protagonisten legt, das Netz einer totalitären Macht, deren Handlungslogik der Erzähler von der anfänglichen Verhaftung bis zur finalen Hinrichtung verfolgt. Der Leser muss allerdings mit dem Protagonisten Josef K. Stück für Stück diese Totalität der Erzählwirklichkeit des Romans als Totalität einer Machtkonstruktion aufdecken. Dafür konstruiert der Erzähler einen Typus von Helden, der anfänglich wie ein naiver Aufklärer und sogar Rebell gegen das System auftritt.

Denn anfänglich hält dieser Held die Verhaftung noch für einen groben Kollegenscherz, er befragt die beiden Schergen nach ihrer Legitimation und glaubt sich auf den bürgerlichen Rechtstaat berufen zu können. Seltsam ist eine Überlegung von K. gleich in der ersten Szene. Er wundert sich nämlich, warum ihn die Wärter zeitweilig allein in einem Zimmer lassen, „wo er doch zehnfache Möglichkeit hatte, sich umzubringen“ (Proceß, S. 16). So als würde er bereits eingangs diese Möglichkeit des Suizids als Flucht ins Auge fassen. Diese Reflexion schlägt eine Brücke zum Schlusskapitel, in dem K. die Schergen geradezu zu seiner eigenen Hinrichtung drängt.

Davor und dazwischen aber tritt K. selbst als ein Aufklärer und Ankläger auf. Insbesondere im dritten Kapitel hält er Reden, in denen er den Schmutz und die Korruption der Behörde öffentlich anprangert und sich selbst dabei für überlegen hält. Er scheint diese Versammlung zu beherrschen. Er ist „zufrieden damit, nur seine ruhigen Worte in der fremden Versammlung zu hören“ (Proceß, S. 51).

In den ersten Kapiteln sehen und hören wir diesen Helden auch mehrfach ‚lächeln‘. Es ist das scheinbar überlegene ‚Lächeln‘ einer Figur, die zwar von einer unausgewiesenen Behörde ‚verhaftet‘ wird, aber diese Tatsache sowohl wie das Verfahren lächerlich zu machen sich bemüßigt fühlt. So spricht K. lächelnd mit dem Studenten, in dem er den „Hochmut des künftigen Gerichtsbeamten“ erkennt und der in der Tat K.'s Wunsch nach seinem Weggang erraten hatte:

> „Ich bin ungeduldig das ist richtig, aber diese Ungeduld wird am leichtesten dadurch zu beseitigen sein, daß Sie uns verlassen.“ (Proceß, S. 68f)

Der Umbruch in K. erfolgt im Kapitel 4: Der Erzähler zeigt ihn bereits hier müde und ausgelaugt über seinem Schreibtisch in der Bank, wobei die Ironie des Erzählers – seine „Stimme“ – darin liegt, dass der Held „gerade in Zuständen großer Müdigkeit [...], wo ihm alles willenlos durch den Kopf zog“ sich zur Tat aufraffen will, den Advokaten Huld zu kündigen:

> Es war unbedingt nötig, daß K. selbst eingriff. Gerade in Zuständen großer Müdigkeit wie an diesem Wintervormittag, wo ihm alles willenlos durch den Kopf zog, war diese Überzeugung unabweisbar. (Proceß, S. 131)

Und der Erzähler, der hellwach ist, wenn sein Held erschöpft auf dem Tisch liegt, kommentiert dies:

> Die Verachtung, die er früher für den Proceß gehabt hatte, galt nicht mehr. (Proceß, S. 131)

Bezeichnenderweise kehrt sich nun das Lachen um: Andere Figuren – so der verhasste Direktor-Stellvertreter – kommen „mit großem Gelächter" in K.'s Dienstzimmer (Proceß, S. 133) und wenn dieser hier auch nur über einen Börsenwitz gelacht hatte, ist diese Situation für K. „sehr peinlich", weil er selbst, von den Schwierigkeiten der Abfassung einer Eingabe bei Gericht überwältigt, wie betäubt an seinem Arbeitsplatz sitzt.

Die Konstruktion der Narration des Romans zeigt so eine *gegenläufige* Tendenz: in dem Maße, wie der Erzähler die Totalität der Machtkonstruktion der Gerichtswelt preisgibt, gleichsam vor den Augen K.'s und auch des Lesers hinstellt, schrumpft der ‚Angeklagte' in sich zusammen, wird zunehmend „müde", depressiv, kann seine angstvoll um seine „Verhaftung" kreisenden Gedanken nicht mehr kontrollieren. Der totalitären Expansion der Machtwelt des Gerichts entspricht so die angstvolle Reduktion seiner Opfer, deren Müdigkeit und Schwäche K. ja auch allerorten beobachten kann, auch an den Ermüdungs- und Krankheitserscheinungen eines ‚niederen' Advokaten wie Huld. Der Erzähler vermerkt denn auch zunehmend die Geistesabwesenheit K.'s, der seinen Konkurrenten, den Direktor-Stellvertreter, nicht mehr „ganz deutlich" erkennen kann, sondern nur noch „etwa wie hinter einem Gazeschleier" (Proceß, S. 136).

Die Erzählkonstruktion des Romans ist also die einer Expansion der machtvollen Angstwelt des Gerichts bei gleichzeitiger Reduktion der Subjektivität des Helden. Bereits im „Dom" ist K. gebrochen. Er kann im Schlusskapitel wie ein Opfertier zur Schlachtung geführt werden. Seine Aktivität ist jetzt nicht mehr Widerstand – „die Wertlosigkeit seines Widerstandes kam ihm gleich zu Bewusstsein" (Proceß, S. 308) – sondern möglichst jene Hinrichtung selbst schnell voranzutreiben auf die ohnehin die Handlung von Anfang an zulief, allerdings ohne dass K. dies schon anfangs durchschaut hätte.

Systemexpansion und *Subjektreduktion* entsprechen sich in Kafkas Erzählwelt. Zweifellos ist das die Erfahrung von ‚Angeklagten' in totalitären Systemen des 20. Jahrhunderts gewesen. Je mächtiger das System, desto hilfloser der Einzelne. Die Kunst des Erzählens in Kafkas Roman „Der Proceß" liegt darin, dass sie diese Logik von Systemexpansion und Subjektreduktion von Anfang an und konsequent bis zum Ende durchführt.

5.7 Literaturverzeichnis

Primärliteratur:

Kafka, Franz: Der Proceß. Roman. In der Fassung der Handschrift. Fischer Taschenbuchausgabe. 10. Auflage. Frankfurt a. M. 2003. (Nach dieser Ausgabe wird zitiert)

Ders.: Der Proceß. Hg. von Malcolm Pasley. Reutlingen 1990. (Schriften, Tagebücher, Briefe, Kritische Ausgabe. Hg. von Jürgen Born u.a.)

Apparatband. Hg. von Malcolm Pasley. Reutlingen 1990.

Ders.: Tagebücher. Hg. von Hans-Gerd Koch, Michael Müller und Malcolm Pasley. Frankfurt a. M. 1990.

Ders.: Tagebücher. Apparatband. Hg. von Hans-Gerd Koch, Michael Müller und Malcolm Pasley. Frankfurt a. M. 1990.

Ders.: Tagebücher. Kommentarband. Hg. von Hans-Gerd Koch, Michael Müller und Malcolm Pasley. Frankfurt a. M. 1990.

Sekundärliteratur:

Abraham, Ulf: Der verhörte Held. Verhöre, Urteile und die Rede von Recht und Schuld im Werk Franz Kafkas. München 1985.

Adorno, Theodor W.: Aufzeichnungen zu Kafka. In: Ders.: Prismen. Kulturkritik und Gesellschaft. Frankfurt a. M. 1976, S. 250ff.

Allemann, Beda: Kafka. Der Prozeß. In: Der Deutsche Roman. Hg. von Benno von Wiese. Bd. 2. Düsseldorf 1963, S. 234-290, S. 439-441.

Anz, Thomas: Franz Kafka. München 1989.

Beicken, Peter U.: Franz Kafka. Eine kritische Einführung in die Forschung. Frankfurt 1974.

Ders.: Der Proceß. Interpretation. München 1999.

Binder, Hartmut: Kafka – Kommentar zu den Romanen, Rezensionen, Aphorismen und zum Brief an den Vater. München 1976.

Born, Jürgen: Kafkas Roman „Der Prozess". Das Janusgesicht einer Dichtung. In: Wendelin Schmidt-Dengler (Hg.): Was bleibt von Franz Kafka? Wien 1985, S. 63ff.

Bracher, Karl Dietrich: Die totalitäre Erfahrung. München 1987.

Chang, Jung u. John Halliday: Mao. Das Leben eines Mannes, das Schicksal eines Volkes. München 2005.

Crimmann, Ralph P.: Franz Kafka – Versuch einer kulturphilosophischen Interpretation. Hamburg 2004.

Dietz, Ludwig: Franz Kafka. 2., erw. und verb. Auflage. Stuttgart 1990.

Elm, Theo: Der Prozeß. In: Binder (Hg.): Kafka Handbuch. Bd. 2. Ohne Ort 1979, S. 420-441.

Emrich, Wilhelm: Franz Kafka. Das Baugesetz seiner Dichtung. Der mündige Mensch jenseits von Nihilismus und Tradition. Bonn u. Frankfurt a. M. 1958.

Eschweiler, Christian: Der verborgene Hintergrund in Kafkas „Der Prozeß". Bonn 1990.

Fingerhut, Karlheinz: Franz Kafka – Klassiker der Moderne. Literarische Texte und historische Materialien. 2 Bände. Stuttgart 1981.

Ders.: Annäherung an Kafkas Roman „Der Proceß" über die Handschrift und über Schreibexperimente. In: Zimmermann (Hg.): Der Prozeß. Würzburg 1992, S. 35-65.

Fromm, Waldemar: Artistisches Schreiben. Franz Kafkas Poetik zwischen „Proceß" und „Schloß". München 1998.

Grözinger, Karl Erich/ Stéphane Mosès/ Hans Dieter Zimmermann (Hg.): Franz Kafka und das Judentum. Frankfurt a. M. 1987.

Heintz, Günter (Hg.): Zu Franz Kafka. Stuttgart 1979.

Hermsdorf, Klaus: Schuld und Schuldbewusstsein in Kafkas Roman „Der Proceß". In: Zimmermann (Hg.): Der Proceß. Würzburg 1992, S. 223-233.

Hiebel, Hans Helmut: Die Zeichen des Gesetzes. Recht und Macht bei Franz Kafka. München 1983.

Jesse, Eckhard (Hg.): Totalitarismus im 20. Jahrhundert. Eine Bilanz der internationalen Forschung. Baden-Baden 1996.

Kittler, Wolf und Gerhard Neumann (Hg.): Franz Kafka: Schriftverkehr. Freiburg i. Br. 1990.

Kreis, Rudolf: Kafkas ‚Proceß'. Das große Gleichnis vom abendländisch „verurteilten Juden". Heine – Nietzsche – Kafka. Würzburg 1996.

Kremer, Detlev: Franz Kafka, „Der Proceß". In: Zimmermann (Hg.): Der Prozeß. Würzburg 1992, S. 185-199.

Kurz, Gerhard: Traum-Schrecken. Kafkas literarische Existenzanalyse. Stuttgart 1980.

Lubkoll, Christine: „Man muß nicht alles für wahr halten, man muß es nur für notwendig halten". Die Theorie der Macht in Franz Kafkas Roman „Der Proceß". In: Kittler/Neumann (Hg.): Kafka, S. 279-294.

Montefiore, Simon Sebag: Stalin. Am Hof des Roten Zaren. Frankfurt a. M. 2005.

Nolte, Ernst: Despotismus – Totalitarismus – Freiheitliche Gesellschaft. Drei Grundbegriffe im westlichen Verständnis. In: E. N.: Was ist bürgerlich? Stuttgart 1979, S. 114ff.

Pfaff, Peter: Die Erfindung des Prozesses. In: Schirrmacher (Hg.): Verteidigung der Schrift. Kafkas Prozeß, S. 10-35.

Ders.: Was kann man wissen? In: Schirrmacher: Verteidigung der Schrift. Kafkas Prozeß, S. 88-137.

Richter, Peter: Variation als Prinzip. Untersuchungen an Franz Kafkas Romanwerk. Bonn 1975.

Ries, Wiebrecht: Kafka und Nietzsche. In: Nietzsche-Studien. 1973, 2, S. 258ff.

Schirrmacher, Frank (Hg.): Verteidigung der Schrift. Kafkas „Prozeß". Frankfurt a. M. 1987.

Schoeps, Hans J.: Der vergessene Gott: Frank Kafka und die tragische Position des modernen Juden. Hg. und eingel. von Andreas Krause. Berlin 2006.

Vietta, Silvio: Die literarische Moderne. Eine problemgeschichtliche Darstellung der deutschsprachigen Literatur von Hölderlin bis Thomas Bernhard. Stuttgart 1992.

Zimmermann, Hans Dieter: Der babylonische Dolmetscher. Zu Franz Kafka und Robert Walser. Frankfurt a. M. 1985.

Ders. (Hg.): Nach erneuter Lektüre: Franz Kafkas „Der Prozeß". Würzburg 1992.

6. ROBERT MUSIL: Der Mann ohne Eigenschaften

6.1 Biographie

06.11.1880	Geb. in Klagenfurt (Österreich). Vater: Alfred Musil, Ingenieur. Mutter: Hermine Musil, geb. Bergauer.
1881–1882	Umzug nach Komotau (Böhmen).
1890	Alfred Musil erhält eine Professur an der Technischen Hochschule Brünn.
1882–1891	Steyr (Oberösterreich). Besuch der Volksschule und ersten Klasse des Realgymnasiums.
1891–1892	Besuch der Realschule in Brünn.
1892–1894	Besuch der Militär-Unterrealschule in Eisenstadt.
1894–1897	Besuch der Militär-Oberrealschule in Mährisch-Weißkirchen (Hranice). Musil entdeckt seine technischen Interessen und Fähigkeiten.
1897	Technische Militärakademie in Wien.
1898–1901	Abbruch der Offiziersausbildung. Studium des Maschinenbaus an der Technischen Hochschule Brünn. Erste dichterische Betätigung.
Juli 1901	Ingenieursstaatsprüfung.
1901–1902	Musil dient im k. u. k. Infanterieregiment Freiherr von Heß Nr. 49 in Brünn.
1902–1903	Volontärassistent an der Technischen Hochschule Stuttgart. Arbeit an Roman *Die Verwirrungen des Zöglings Törleß*.
1903–1908	Studium der Philosophie (besonders der Logik) und der experimentellen Psychologie an der Universität Berlin. Freundschaft mit Alfred Kerr, Franz Blei, Emil Schaeffer.
1904	Musil holt seine Reifeprüfung in Brünn nach.
1905	Erste Erwähnung des Romanplans *Der Mann ohne Eigenschaften* in Tagebüchern.

1906 Erster Roman *Die Verwirrungen des Zöglings Törleß.*
1908 Promotion in Philosophie, Physik und Mathematik. Verzicht auf Habilitation zu Gunsten des freien Schriftstellerberufes.
1908–1910 Schriftstellerische Tätigkeit in Berlin. Arbeit an *Vereinigungen, Die Schwärmer.*
1911–1914 Praktikant und Bibliothekar an Technischer Hochschule Wien.
1911 Ehe mit Martha Marcovaldi. Zwei Erzählungen *Vereinigungen.*
1913 Mitarbeiter der Zeitschriften *Loser Vogel*, *Die Aktion*, *Die Weißen Blätter*, Die *Neue Rundschau.*
1914 Redakteur der *Neuen Rundschau* Berlin.
1914–1918 Offizier. Verschiedene militärische Auszeichnungen.
1916–1917 Juli – April: Herausgeber der *Soldaten-Zeitung.*
1917 Alfred Musil wird geadelt. Der Adel ist erblich.
1918 Wiederaufnahme der publizistischen Tätigkeit.
1919–1920 Beschäftigung im Pressedienst beim Österreichischen Bundesministerium für Äußeres in Wien.
1920 Bekanntschaft mit Ernst Rowohlt, der 1923 sein Verleger wird.
1920–1922 Fachbeirat im Staatsamt für Heereswesen in Wien.
1921–1931 Betätigung als Theaterkritiker, Essayist, freier Schriftsteller. Arbeit an *Der Mann ohne Eigenschaften.*
1921 Schauspiel *Die Schwärmer.*
1923–1929 Vizepräsident des Schutzverbandes deutscher Schriftsteller. Kontakt mit Hugo von Hofmannsthal.
1923 Verleihung des Kleist-Preises für *Die Schwärmer.* Uraufführung der Posse *Vinzenz und die Freundin bedeutender Männer* in Berlin.
1924 Tod der Eltern Musils. Kunstpreis der Stadt Wien. Erzählungen *Drei Frauen.*
1929 Uraufführung von *Die Schwärmer* in Berlin. Gerhart-Hauptmann-Preis.
1931 Erscheinen des ersten Bandes von *Der Mann ohne Eigenschaften.* Großer Erfolg, doch drückende finanzielle Lage Musils.
1932 Gründung einer Musil-Gesellschaft durch Kurt Glaser in Berlin zur finanziellen Unterstützung Musils.
1933 Erscheinen des zweiten Bandes von *Der Mann ohne Eigenschaften.* Musil verlässt Deutschland und kehrt nach Wien zurück. Arbeit am Roman unter größten finanziellen Schwierigkeiten.
1934–1938 Nach Auflösung der Berliner Musil-Gesellschaft wird in Wien eine Musil-Gesellschaft gegründet.
1936 Veröffentlichung von *Nachlaß zu Lebzeiten.* Schlaganfall Musils.
1938 Emigration von Wien nach Zürich. Verbot von Musils Büchern in Deutschland und Österreich.

1939	Übersiedlung nach Genf. Arbeit unter schwierigsten wirtschaftlichen Verhältnissen und menschlicher Vereinsamung. Bekanntschaft mit Pfarrer Lejeune, der ihn finanziell unterstützt.
15.04.1942	Musil stirbt in Genf.
1943	Martha Musil gibt den unvollendeten Teil von *Der Mann ohne Eigenschaften* im Selbstverlag heraus.
1952–1957	Erscheinen der von Adolf Frisé edierten dreibändigen Gesamtausgabe bei Rowohlt.

6.2 Handlung im Reflexionsroman

Wir geben hier *keinen* Handlungsabriss des Romans von Musil. Der Grund dafür ist der *Handlungsbegriff* in Musils Roman. Wir finden in diesem Roman nur eine sehr rudimentäre äußerliche Handlung: die Planung einer sogenannten „Parallelaktion" in Kreisen des Wiener Großbürgertums und der Aristokratie, in welcher der österreichische und der deutsche Kaiser im Jahre 1918 geehrt werden sollen, ist nur der Anlass, in langen Gesprächen die Wertekrise der Zeit in diesem Reflexionsroman offen zu legen.

Der Begriff *Reflexion* stammt von lateinisch reflektere: ‚zurückbeugen', ‚zurückspiegeln'. Der Begriff bezeichnet jene neuzeitliche Form der ‚Zurückbeugung' des Denkens auf sich selbst, in dem sich das aufklärerische Denken – in Antwort auf die Wissenschaftsrevolution der Neuzeit – selbst begründet und als kritische Instanz der Wirklichkeitserkenntnis konstituiert. Durch die Bewusstseinsphilosophie der Aufklärung wird der Begriff der Reflexion an das *Erkenntnissubjekt* rückgebunden. Das unterscheidet die neuzeitliche Reflexionsphilosophie grundlegend von der Philosophie des Mittelalters und der Antike. Im weiteren Sinne meint Reflexion jenen *kritischen Diskurs*, in dem die Folgelasten der Wissenschafts- und Denkrevolutionen der Neuzeit durchdacht, besprochen, abgehandelt werden. Die mit der Aufklärung einsetzende *kritische Reflexion* verhandelt eben jene Fragen, die die Aufklärung aufgeworfen hat: Welche Rolle kommt dem Menschen im Rahmen des neuzeitlichen Weltbildes zu? Was überhaupt kann der Mensch in kritischer Würdigung seiner eigenen Erkenntnisformen noch von der Welt erkennen und über die Welt aussagen? Welche Bedeutung hat der Begriff eines ‚höheren Wesens', Gott, im Rahmen eines neuzeitlichen Weltbildes? Welche Geschichtsperspektiven hat das menschliche Leben im Einzelnen, die menschliche Gesellschaft im Ganzen? Die literarische Textform der Reflexion behandelt im wahrsten Sinne des Wortes ‚Gott und die Welt'. Das gesamte Panorama der Fragestellungen, das die Wissenschafts- und Denkrevolutionen der Neuzeit aufgeworfen haben, kommt auch in ihr vor.

Im Rahmen dieser Textform Reflexion knüpft der moderne Roman direkt an den Diskurs der Aufklärung an. Man kann geradezu sagen, dass die Folgelasten der Denkrevolutionen der Neuzeit erst in der Moderne wirklich ‚durchschlagen' und nun auch breit in der Literatur dargestellt und diskutiert werden. In diesem Sinne steht die literarische Moderne, wie wir bereits gesehen haben, im Zeichen einer *Ichkrise*, die der moderne Roman in unterschiedlichen Perspektiven darstellt.

Im Gegensatz zur Erzählform der Romane von Flaubert, Proust, Kafka wird diese Krise im *Reflexionsroman* breit diskutiert und offen gelegt. Passagen in Rilkes „Malte" gehören bereits zur Gattung einer Textualität der Reflexion. Musils Roman erfüllt dieses Genre über weite Strecken. Der Reflexionsroman ist eine *philosophische* Textgattung, eine *gedankliche* Form der Auseinandersetzung mit der Moderne, wie wir sie bisher in den analysierten Romanen mit ihren reflexiven Einschüben finden. Es versteht sich, dass die Form der Reflexion immer den *Gedankengang* eines *Subjekts* wiedergibt und insofern selbst eine *subjektive Textgattung* ist.

Entsprechend der Abstraktheit der Fragestellungen ist die Textualität der Reflexion über weite Strecken gekennzeichnet durch die *Abstraktheit* des Wortmaterials. *Syntaktisch* dominieren in der Textualität der Reflexion häufig – im Gegensatz zu den Beschreibungssätzen Flauberts, im Gegensatz auch zu den kurzen protokollartigen Sätzen, mit denen Rilkes Malte seine Großstadterfahrung ausspricht – *hypotaktische* Satzkonstruktionen. Oftmals sind die Hauptsätze durch eine Kette von Nebensätzen untergliedert. Thomas Mann, aber auch Musil sind solche Sprachmeister von Langsätzen mit einer Vielzahl untergeordneter Nebensätze, die der Leser einer solchen syntaktisch komplizierten Reflexionsprosa häufig allererst *re*konstruieren muss, um sie zu verstehen.

Die zentralen *Figuren* solcher Reflexionstexte sind Figuren, die ihren Gedankengang, ihre Reflexion ausdrücken. Es sind *denkende* und ihre Denkprozesse versprachlichende Figuren, *Rede-Figuren*. Die dominante Sprechform ist demgemäß in vielen Reflexionstexten das *Gespräch*, der *Dialog*, der sich von Angesicht zu Angesicht realisieren kann oder in medialer Vermittlung. In einzelnen Reflexionsromanen verselbstständigen sich solche Gedankengänge geradezu zu Essays. Ein gutes Beispiel dafür ist Hermann Brochs Trilogie „Die Schlafwandler“ von 1931/2, die wir hier nicht weiter behandeln, in der aber auch die Krise der Epoche vor und nach dem Ersten Weltkrieg thematisch ist. Broch spricht in seinen Essays geradezu von dem „Zerfall der Werte“ in jener Epoche. Einige Forscher sprachen daher geradezu von der „Überfremdung des Romans durch Reflexion“ (Mandelkow: Brochs Romantrilogie, S. 47ff). Auch in unserem Romanbeispiel – Musils „Mann ohne Eigenschaften“ – wird ja die Signatur der Zeit und die Möglichkeit einer anderen Erfahrungsform lange und eingehend diskutiert. Daneben zeigt der Roman – und in diesem Punkte nähert er sich durchaus Flaubert an – auch das Stereotype und Klischeehafte vieler Diskussionen der Zeit an.

Die Textualität der Reflexion realisiert sich vor allem in der Gattung des *Romans*. Ein großer Teil der europäischen Romanliteratur bereits des 19. und 20. Jahrhunderts gehört dem Typus der Reflexionsliteratur an. Insbesondere die großen russischen Romane von Turgenjev, sein „Väter und Söhne“, in welchem die Generationen ihre unterschiedlichen Weltanschauungen diskutieren und die Romane Dostojewskis können bereits als Reflexionsromane beschrieben werden. Aber auch das Drama – Georg Büchners „Dantons Tod“ zum Beispiel – entwickelt im Kreis der Dantonisten lange Diskurse über die Bestimmung und das Ziel des Menschen, über angemessene Politik und die Frage nach der Erkennbarkeit Gottes.

Von der *Raumstruktur* her tendiert die Textualität der Reflexion zu relativ geschlossenen Räumen. In Thomas Manns „Zauberberg“ von 1924, ebenfalls ein hervorragendes Beispiel für den Reflexionsroman, ist es ein Bergsanatorium bei Davos, in dem sich vor den staunenden Augen des jungen Hans Castorp der Vertreter eines jesuitischen Sozialismus, Naphta, mit dem Humanisten Settembrini in langen Gesprächen über weltanschauliche Fragen streitet. Der Roman nutzt die Hermetik des Ortes, um ein Ideenpanorama der Zeit vor dem Ersten Weltkrieg zu entfalten.

Ein solches Panorama entfaltet auch Robert Musils „Mann ohne Eigenschaften“, dessen Gespräche zum einen die Wertekrise der Zeit offen legen, zum anderen aber auch in den „heiligen Gesprächen“ zwischen den Protagonisten Ulrich und Agathe nach einem „anderen Zustand“ der Liebe suchen, in welchem die Entfremdungen der Moderne überwunden würde. Diese finden zwischen den Geschwistern Agathe und Ulrich vor allem in der Villa des Protagonisten statt. Während der erste Teil des Romans am Beispiel Österreichs/ Kakaniens um 1913 – hier setzt die Handlung des Romans ein – mit einer Fülle von Referenzen auf historische Personen und Ereignisse ein Panorama des *Zerfalls der modernen Welt* ausbreitet, zieht sich das Geschehen in diesem großen Romanfragment vom zweiten Buch an stärker auf den privaten Raum zurück, in dem Ulrich und Agathe die alternativen Möglichkeiten einer *anderen Wirklichkeitserfahrung* ausloten.

Die *Zeitlichkeit* der Reflexionstexte ist durch die *Gedankengänge* selbst vorgegeben. Der Erzähler in Thomas Manns „Zauberberg" ironisiert die Selbstvergessenheit der Zeit in der hermetischen Gesprächswelt des Bergsanatoriums. Der Held Hans Castorp, der eigentlich nur für einen kurzen Aufenthalt nach Davos hatte kommen wollen, vergisst, durch ärztlichen Krankenbefund unterstützt, in der seine Gedanken stimulierenden Bergwelt sehr bald und sehr gern die Zeit. Insofern ist dieser Zeitroman auch einer über das Vergessen von Zeit. „Wie so die Jährchen wechselten [...]", kommentiert der Erzähler ironisch gegen Ende des Romans. (Mann: Der Zauberberg, S. 35 und S. 648). Der *moderne Reflexionsroman* in seiner eigenen Welt der Gedanken- und Redeströme entwirft eigene, geradezu ‚zauberhaft' dem realen Raum, der historischen Zeit, aber auch der eigenen realistischen Zeitplanung der Protagonisten enthobene Gedankenwelten, in die allerdings die Realität der Geschichte – bei Mann der Erste, bei Robert Musil der Erste und der Zweite Weltkrieg – gewaltsam eindringen und diese Welt von innen her aufsprengen. Die kritische Form der Textualität der Reflexion umgeht diesen Raum- Zeitkonflikt des Gedankenraumes mit der Geschichte nicht, sondern macht ihn im Text selbst evident.

Die literarische Moderne kann über weite Strecken als ein *Metadiskurs* zu jenen Wissenschafts- und Denkrevolutionen beschrieben werden, die den Prozess der gesellschaftlichen Modernisierung angestoßen haben und immerfort weiter anstoßen. Im Gegensatz aber zum Wissenschaftsdiskurs verfügt die Literatursprache über stilistische Potentiale, die den Ideenprozess *ironisch, satirisch, kritisch* begleiten und auf Distanz setzen können. Insbesondere die *Ironie* ist ein erzählerisches Mittel, mit dem der Erzähler die erzählte Wirklichkeit auf Distanz setzen kann. Auf diese Weise ironisch behandelte schon Flaubert, behandelten aber auch Thomas Mann und Musil und ein anderer österreichischer Dichter – Thomas Bernhard – viele jener politischen und weltanschaulichen Diskurse, die sie von ihren Figuren vortragen lassen. Die Ironie zeigt so zugleich auch das Begrenzte der Perspektive der Sprecher an.

Die Reflexion der Moderne ist ein *unendlicher* Prozess. Und als einen solchen hatte ihn bereits Friedrich Schlegel charakterisiert. Während aber die Romantik Schlegels noch „frei von allem realen und idealen Interesse auf den Flügeln der poetischen Reflexion in der Mitte schwebend", den Reflexionsprozess „in einer endlosen Reihe von Spiegeln vervielfachen" und hinaufpotenzieren zu können hoffte (Schlegel: KA Bd. II, S. 182), macht die literarische Moderne zunehmend die Erfahrung der *Entfremdung* von Reflexion und Wirklichkeit. Und dafür ist in der Tat Musil ein in der Fülle seines Figurenpanoramas hervorragendes Beispiel.

6.3 Zur Entstehung des Romans

Der „Mann ohne Eigenschaften" ist wie das Romanwerk von Proust ein *Lebenswerk*. Beide Autoren haben von Anfängen des Schreibens abgesehen beinahe ihre gesamte Lebensenergie in ein großes Romanwerk eingebracht, bei Proust die „Recherche", bei Musil der „Mann ohne Eigenschaften". Während aber der Erinnerungsroman ein gewisses relatives Ende dann erreicht, wenn die geschriebene Zeit der Gegenwart sich annähert, wenn der Autor altert und sein Leben resümiert, so ist die Zeit des Reflexionsromans prinzipiell *unendlich*. Musils Roman lehnt sich nicht an die Biographie des Autors an, oder nur relativ äußerlich, es ist kein historischer Roman, hat nicht eigentlich einen Plot. Musil bekennt:

> Ich möchte Beiträge zur geistigen Bewältigung der Welt geben. Auch durch den Roman. (GW 7, S. 942)

Dieser Prozess aber ist ebenfalls prinzipiell unendlich. Wäre Musils Lebenszeit erheblich länger gewesen, hätte das Romankonvolut noch viel umfänglicher sein können, als es jetzt vor uns steht.

Aber in welchem Zustand steht Musils Roman vor uns? Es ist ein außerordentlich prekärer philologischer Zustand. Die Musilforschung hat herausgearbeitet, dass frühe Stufen der Arbeit an dem Romanprojekt im Zeitraum zwischen 1904 und 1905 beginnen, das ist zugleich die Zeit, in der Musil seinen Jugendroman „Die Verwirrungen des Zöglings Törleß" beendet. Der Roman sollte in einer frühen Phase „Der Spion" heißen, dann erwog Musil die Titel: „Der Erlöser", „Die Zwillingsschwester". Ab 1927 wird das Projekt „Der Mann ohne Eigenschaften" fortgeführt. Im April 1928 erscheint das erste Kapitel aus dem „Mann ohne Eigenschaften“ mit dem Titel „Kakanien“ in der Zeitschrift „Der Tag“. Vom Januar 1929 datiert die Reinschrift der letzten Fassung des ersten Buches des „Mannes ohne Eigenschaften“. Der erste Band des „MoE“ erscheint im Oktober 1930. Er besteht aus dem ersten und zweiten Teil des Ersten Buches – die Kapitel 1 bis 123 (Luserke: Musil, S. 84f).

Im Dezember 1932 erscheint der Zweite Band des MoE. 1938 veröffentlicht Musil noch einmal ein Kapitel aus dem Roman mit dem Titel „Mondstrahlen bei Tage“ in der Zeitschrift „Maß und Wert“. Nach seinem Tod im Jahr 1942 hat seine Witwe im Jahre 1943 in Lausanne in einem Selbstverlag einen Dritten Band zum MoE veröffentlicht, der auf den nachgelassenen Druckfahnenkapiteln beruht. Der Herausgeber des Romans nach dem Krieg, Adolf Frisé hat dies zur Grundlage seiner Neuedition des MoE im Jahre 1952 gemacht. Diese Ausgabe ist in der Forschung heftig angegriffen worden, insbesondere die Anordnung der nicht veröffentlichten Teile wurde kritisiert, so in einer grundlegenden Studie von Wilhelm Bausinger: „Studien zu einer historisch-kritischen Ausgabe von Robert Musils Roman [...]“ von 1964. Wir müssen uns in dieser Einführung nicht auf diese komplizierte Editionsgeschichte weiter einlassen, da wir uns ja vor allem auf den ersten, veröffentlichten Teil des MoE konzentrieren wollen. Aber es ist doch wichtig, diese komplizierte Editionssituation zu kennen. Der handschriftliche Nachlass Musils, das sind ca. 11 000 Blätter, ruht in der österreichischen Nationalbibliothek in Wien. Eine Transkription der handschriftlichen Aufzeichnungen hat der Rowohlt-Verlag auch auf einer CD-ROM veröffentlicht. Man ersieht aus dieser Edition, dass der Nachlass in Mappen aufgeteilt wurde. Zu den verdienten Forschern um das Werk von Robert Musil gehört dabei auch Karl Corino, der auch eine sehr schöne und gut recherchierte Darstellung von „Robert Musil. Leben und Werk in Bildern und Texten“ 1988 vorgelegt hat.

6.4 Analyse des Romans

6.4.1 Der Roman als Dokument einer Mentalitätskrise

Das Erste Buch des MoE, zugleich die ersten beiden Teile des Romans, umfassen einen Zeitraum von ca. einem Jahr. Die erzählte Zeit setzt ein im Jahre 1913 und endet im Frühsommer 1914. Das Land, in dem der

Roman angesiedelt ist, nennt sich „Kakanien“. Das ist eine Chiffre für Österreich. Dabei vermerkt Musil in einer späteren Aufzeichnung zu seinem Werk:

> Österr. als besonders deutlicher Fall der modernen Welt. (MoE,Bd. 2, S. 1905)

Und auch die besondere Epochenschwelle des Jahres 1914 ist Musil bewusst:

> Zusammenbruch der Kultur (u. des Kulturgedankens). Das ist in der Tat das, was der Sommer 1914 eingeleitet hat. (MoE, Bd. 2, S. 1904)

In der Tat: der Roman spiegelt die *Wertkrise* dieses Landes und der „modernen Welt“ Europas wider. Insbesondere die Doppelmonarchie Österreich-Ungarn war in dieser Zeit von einer schweren Legitimationskrise heimgesucht. Sogar in den Spitzen des österreichischen Generalsstabs herrschte eine ausgesprochen pessimistische Einschätzung vor, dass der Vielvölkerstaat noch zusammenzuhalten sei. Der Chef des österreichischen Generalsstabs, Graf Conrad von Hoetzendorff, trieb zur militärischen Aktion gegen Serbien, aber glaubte selbst nicht mehr an ein gutes Ende. Ein solcher Krieg, so schreibt er in einem Brief, „wird ein aussichtsloser Kampf werden, dennoch muß er geführt werden, da ja eine alte Monarchie und eine so glorreiche Armee nicht ruhmlos untergehen können; so sehe ich einer trüben Zukunft und einem trüben Ausklingen meines Lebens entgegen“ (zit. in: Schieder: Erster Weltkrieg, S. 284). Das Attentat vom 28. Juni 1914 – die Ermordung des österreichischen Thronfolgers Franz Ferdinand durch großserbische Nationalisten – kam der österreichischen Generalität gerade recht. Und als sie sich der Unterstützung des deutschen Kaisers sicher war, diktierte sie Serbien ein Ultimatum, von dem schon zuvor erwartet werden konnte, dass Serbien es nicht annehmen würde. So kam es zum Ausbruch des Ersten Weltkriegs, der die Mentalitätskrisen der alten Monarchien durch das militärische Geschehen des Krieges selbst übertönte.

Das *Personal* des Romans MoE spiegelt in vieler Hinsicht eben jene Mentalitätskrise wider. Bereits der ‚Held‘ des Romans mit Namen Ulrich, ein vitaler Mann um die 30, ist eigentümlich diffus in seiner Lebensplanung. Dieser „Mann ohne Eigenschaften“ hat zu Beginn des Romans bereits drei Berufskarrieren angefangen und abgebrochen (MoE, S. 35ff): eine Laufbahn als Offizier bei der Kavallerie, eine Ausbildung als Techniker, die er immerhin als Ingenieur abschloss, und eine als Mathematiker. Dann beschließt dieser Ulrich, sich ein Jahr

„Urlaub von seinem Leben zu nehmen, um eine angemessene Anwendung seiner Fähigkeiten zu suchen“ (MoE, S. 47).

Die Einrichtung seines geerbten Hauses aber zeigt gleich im fünften Kapitel des Ersten Buches das Problem des Mannes ohne Eigenschaften: er hat ein schlossähnliches Haus geerbt. Wie soll er es einrichten? Im Haus überlagern sich bereits mehrere Stile, was soll er dazustellen? Er weiß es nicht.

> Es war das – in einer Angelegenheit, die ihm im Ernst nicht besonders nahe ging – die bekannte Zusammenhanglosigkeit der Einfälle und ihre Ausbreitung ohne Mittelpunkt, die für die Gegenwart kennzeichnend ist und deren merkwürdige Arithmetik ausmacht, die vom Hunderste ins Tausendste kommt, ohne eine Einheit zu haben. (MoE, S. 20)

Unser Protagonist reflektiert diese eigentümlich subjektlose Situation seines eigenen Lebens und der modernen Welt an einer späteren Stelle des Romans:

> Es ist eine Welt von Eigenschaften ohne Mann entstanden, von Erlebnissen ohne den, der sie erlebt [...]. (MoE, S. 150)

Der „Mann ohne Eigenschaften“ reflektiert somit auch eine eigentümlich *dezentrierte* Lebensform der Moderne, die wir auch bei anderen Helden der Moderne gefunden hatten: insbesondere beim Ich-Erzähler in Rilkes „Die Aufzeichnungen des Malte Laurids Brigge“. Ulrich lässt sein Haus am Ende „von dem Genie seiner Lieferanten“ einrichten (MoE, S. 21).

Das kleine Beispiel führt bereits in den Kernbereich des MoE: die seltsame *Diffusität*, *Stagnation*, *Inhaltsleere* in Kakanien und auch in dem Protagonisten selbst. Kakanien zeigt sich bereits in diesen Eingangspassagen als eine Simulation seiner selbst. In dieser eigentümlichen Form einer entleerten Form von Staat war Kakanien für Ulrich sogar „der fortgeschrittenste Staat“:

> [...] es war der Staat, der sich selbst irgendwie nur noch mitmachte, man war negativ frei darin, ständig im Gefühl der unzureichenden Gründe der eigenen Existenz und von der großen Phantasie des Nichtgeschehenen oder doch nicht unwiderruflich Geschehenen wie von dem Hauch der Ozeane umspült, denen die Menschheit entstieg. (MoE, S. 35)

Die „geheimnisvolle Zeitkrankheit“, die diesen Staat beherrscht, ist, dass sie auf eine diffuse Weise struktur- und inhaltslos geworden ist. „Es fehlt bloß ebenso gut an allem wie an nichts;“ (MoE, S. 58). Ein totaler Wertrelativismus, eine durchgehende Perspektivlosigkeit liegt über Kakanien und auch über unserem Helden. In dieser Gesamteinschätzung des Ortes und der Zeit ähnelt Kakanien durchaus der Zeidiagnose in den bisher analysierten Romanen und auch dem Sanatorium des „Zauberberg". Anders aber als eine Madame Bovary, ein Josef K. oder auch Thomas Manns Held ist Ulrich selbst ein scharfer *Analytiker* der Situation, in die er verwickelt ist, die er auch mit verhaltener Ironie beschreibt. Die ironische Distanz, die bei Thomas Mann nur dem Erzähler zukommt, kommt hier auch dem Protagonisten selbst zu.

6.4.2 Zur Erzählform

Der Titelheld Ulrich in der „Mann ohne Eigenschaften" ist doch ein Mann mit bemerkenswerten Eigenschaften, mit Analysefähigkeit. Der *heterodiegetische Erzähler* dieses Romans kann sich also über weite Strecken dahingehend zurückziehen, diese gesprächsartigen und gedachten subjektiven Zeitdiagnosen Ulrichs zu versprachlichen. Er kann die Dialoge als für sich selbst sprechende Texte präsentieren. Auf der anderen Seite kann der Erzähler immer wieder – und das ist seine *eigene Stimme* in diesem Text – mit *ironischer Distanz* auf die Begrenztheit der Denkprozesse der Figuren – auch der des Protagonisten Ulrichs – verweisen. Schon die Titel der Kapitel haben solche ironisch-distanzierende Funktion: „Erster von drei Versuchen, ein bedeutender Mann zu werden" ist das Kap. 9 überschrieben (MoE, S. 35). Keiner der drei Versuche wird zu diesem Erfolg führen, schon die Versuchsanordnung „ein bedeutender Mann zu werden" ist komisch. Der Erzähler gibt mit seiner „Stimme" dem Leser Hinweise, die Figuren in ihrer Begrenztheit und Beschränktheit besser zu verstehen und damit seinerseits Distanz zu gewinnen zu dem Geschehen.

Darüber hinaus offenbart der Erzähler in der Reflexion des Protagonisten ein grundlegendes Problem des modernen Erzählens, das uns eingehend bereits im Roman Rilkes begegnet ist:

> Und Ulrich bemerkte nun, daß ihm dieses primitiv Epische abhanden gekommen sei, woran das private Leben noch festhält, obgleich öffentlich alles schon unerzählerisch geworden ist und nicht einem „Faden" mehr folgt, sondern sich in einer unendlich verwobenen Fläche ausbreitet. (MoE, S. 650)

Der moderne Roman Musils verabschiedet sich hier von jener traditionellen Form von Handlung, die noch den Roman Flauberts und auch den Prousts und Kafkas prägt: die lineare Abfolge eines erzählbaren Handlungsverlaufs. Musils Roman – wie auch der Text Rilkes – ersetzt diese Linearität des Erzählens durch ein Gewebe von Textinseln, die bei Rilke durch den Prozess der sinnlichen Wahrnehmung, Erinnerung und Reflexion erzeugt werden, hier vor allem durch die Gespräche und Denkprozesse des Romans. Rilkes Roman gliedert sich so in 71 Aufzeichnungen, Musils „Erstes Buch“ des Romans, das wir hier untersuchen, in 123 Kapitel, wovon 19 Kapitel den ersten, die restlichen 104 Kapitel den zweiten Teil des Ersten Buches ausmachen.

6.4.3 Personentypen

Zu den ironischen Erzählformen des Romans aber gehörten *Personentypen*, die das niedergehende Zeitalter wieder aufrichten wollen, die Begeisterung in den Herzen wieder entfachen, die auf eine große *vaterländische Aktion* hinarbeiten. Dieser Personenkreis sammelt sich um eine Salondame namens Diotima, eine intelligente, etwas aufgequollene Person, die eine große „Parallelaktion“ plant, eben jene große Feier zum 70jährigen Regierungsjubiläum Kaiser Franz Josefs I. im Jahre 1918, in welchem auch Wilhelm II. sein 30jähriges Regierungsjubiläum feiern sollte. Zur ironischen Pointe des Romans gehört natürlich, dass der Leser schon weiß, worauf diese Aktivitäten letztlich hinauslaufen: auf den Zusammenbruch der Monarchien im Ersten Weltkrieg und das Jahr 1918 als das Ende der Monarchien in Österreich und Deutschland.

Ulrich wird Sekretär der patriotischen Gruppe, zu der ein Graf Leinsdorf gehört, der „die wahrhaft treibende Kraft der großen patriotischen Aktion“ (MoE, S. 87) ist, dazu ein sehr einflussreicher Industrieller, Dr. Paul Arnheim – diese Figur ist dem Politiker Walter Rathenau nachgebildet. Überhaupt die Form der musilschen Personenkonstruktion: In sein Tagebuch der Jahre 1918 bis 1920 notiert er sich „Zeitfiguren 1918 bis 1920“ (Musil: Tagebücher, S. 191ff). Man kann dort gut erkennen wie er arbeitet. Er notiert sich grundlegende und typische Züge von Personengruppen und auch einzelnen Erscheinungen des Lebens, denen er begegnet oder die er aus den Medien wahrnimmt und gewinnt so ein sensibel beobachtetes Reservoir von Charakterzügen, mit dem er auch die Figuren seines Romans ausgestalten kann, einschließlich der inneren Widersprüche und Spannungen solcher Figurentypen.

Der Mann Arnheim ist ein gutes Beispiel dafür. Er ist der Typus eines *modernen Finanzmagnaten*. Geschäft ist sein eigentlicher Lebensinhalt. Darüber hinaus aber verfügt er über eine blendende Phrasenrhetorik, mit der er sich zum Anwalt einer Herz- und Seelenkultur macht:

> „Kein Mensch kann das heute sagen", erwiderte Arnheim. „Die Zivilisationsfrage ist nur mit dem Herzen zu lösen. Durch das Auftreten einer neuen Person. Durch das innere Gesicht und den reinen Willen. Der Verstand hat nichts anderes zuwege gebracht, als die große Vergangenheit bis zum Liberalismus abzuschwächen. Aber vielleicht sehen wir nicht weit genug und rechnen mit zu kleinen Maßen; jeder Augenblick kann eine Weltwende sein!" (MoE, S. 198)

Noch pointierter ist die folgende Stelle, die zugleich auch das gefährliche Potential der *Erlösungswünsche* offen legt, mit denen ein Arnheim so sprachgewandt umgeht. Er stellt in lockeren Formulierungen in den Raum, dass „die Jetztzeit entgöttert" sei, „daß der Mensch aus solcher negativen Existenz nur durch das Herz erlöst werden könne [...] (MoE, S. 200).

> Er sprach, umgeben von Damen, über die notwendige Organisierung der inneren Zartheit, um die Menschheit vor Wettrüsten und Seelenlosigkeit zu retten. Er erläuterte einem Kreis von schaffenden Männern das Hölderlin-Wort, daß es in Deutschland keine Menschen mehr gebe, sondern nur noch Berufe. „Und niemand kann in seinem Beruf ohne Gefühl für eine höhere Einheit etwas leisten; am wenigsten der Finanzmann!" schloß er diese Ausführung. (Ebd.)

Arnheim ist jener Typus eines geschickten *Phrasenproduzenten*, der Wirtschaft und Seele, Idee und Macht vermengt und dabei seine eigenen politischen und Finanzinteressen hinter moralisierenden Formulierungen verbirgt. Er tut dies nicht mit zynischem Sinn, sondern scheint selbst an diese Verbindung von Finanzmacht und moralischem Messianismus zu glauben. Das eben ist ja nach Musil die Signatur seiner Zeit: diese unsaubere Verbindung einer ökonomisch denkenden Moderne und ihrer ersatzhaften Phraseologie des Herzens und der Seele.

Zum Personal der „Parallelaktionen" gehört weiterhin ein Sektionschef mit Namen Tuzzi, ein Bankdirektor mit Namen Fischel, der es liebte, „das menschliche Dasein als vernünftig begründet zu erkennen, glaubte an seine geistige Rentabilität, die er sich gemäß der wohl gegliederten Ordnung einer Großbank vorstellte" (MoE, S. 204). Seine Tochter Gerda und ihr Freund Hans Sepp werden im Roman vorgestellt, ein General Stumm von Bordwehr und andere.

Die „Parallelaktion", auch das eine ironische Pointe der Erzählung, kommt nicht eigentlich voran, aber sie gibt dem Erzähler die Möglichkeit, durch die Perspektive des Protagonisten, die bürgerlich-adlige

‚Elite' jenes Kakaniens näher zu beobachten und zu beschreiben, die nach einem idealen Aufbruch lechzt, aber selbst in einer tiefen Stagnation steckt. Diese, ihre eigene Mentalitätsstruktur, ist den Figuren selbst zumeist nicht bewusst, wohl aber dem Protagonisten und durch ihn dem Leser, wenn er dem analytischen Blick Ulrichs und hinter ihm: des Erzählers – folgt.

Daneben gibt es auch anderes, Ulrich näherstehendes Personal: so eine gewisse Bonadea, eine verheiratete Frau „und zärtliche Mutter zweier schöner Knaben" – auch sie strebt „nach großen Ideen" (MoE, S. 41). Dann ein Ehepaar Walther und Clarisse, letztere auf eine fast fanatische Weise Nietzsche-Verehrerin mit mystischen Zügen, die Ulrich verführen will, um von ihm einen Erlöser zu empfangen (MoE, S. 657 u. S. 660). Daneben zieht sich ein Mann mit Namen Moosbrugger, ein Mörder, durch den Roman, an dem der Erzähler die latente Aggression der Gesellschaft offenbart:

> [...] aber Ulrich fiel irgendwie ein: wenn die Menschheit als Ganzes träumen könnte, müßte Moosbrugger enstehn. (MoE, S. 76)

6.4.4 Möglichkeitssinn, Essayform, der andere Zustand

In dieser nach Erlösung, nach Ordnung, nach einer Perspektive sich sehnenden Wirklichkeit Kakaniens aber organisiert sich in Ulrich zugleich auch ein *Gegenbild* zu jener Gesellschaft, die er so scharf im Visier hat. Gerade die Labilität der bestehenden Ordnung könnte ja ein Indiz für einen latent verborgenen anderen Zustand der Gesellschaft sein, der sich in ihr bereits ankündigt.

> Er ahnt: diese Ordnung ist nicht so fest, wie sie sich gibt; kein Ding, kein Ich, keine Form, kein Grundsatz sind sicher, alles ist in einer unsichtbaren, aber niemals ruhenden Wandlung begriffen, im Unfesten liegt mehr von der Zukunft als im Festen, und die Gegenwart ist nichts als eine Hypothese, über die man noch nicht hinausgekommen ist. (MoE, S. 250)

Für Ulrich ist die Gegenwart in ihrer Auflösungserscheinung also bereits das Kraftfeld einer *anderen Wirklichkeit*, einer neuen Möglichkeit des Daseins, die aber ihren Namen noch nicht klar sagt. Diese andere Wirklichkeit wird im Roman mit dem Begriff des „Möglichkeitssinns" verbunden. Gemäß der anthropologischen These, dass der Mensch nicht nur seine zufällige gegenwärtige Gestalt ist, sondern „der Mensch als Inbegriff seiner Möglichkeiten, der potentielle Mensch" erst den ganzen Menschen ausmacht (MoE, S. 251).

> So ließe sich der Möglichkeitssinn geradezu als die Fähigkeit definieren, alles, was ebenso gut sein könnte, zu denken und das, was ist, nicht wichtiger zu nehmen als das, was nicht ist. (MoE, S. 16)

Was Ulrich von den anderen Figuren des Romans unterscheidet, ist, dass er diesen Möglichkeitssinn selbst mit einer fast mathematischen Präzision zu entwickeln und zu entfalten versucht. Im Grunde ist Ulrich wie alle Figuren des Romans von einer tiefen Sehnsucht nach einem anderen Zustand der Gesellschaft durchdrungen. Aber anders als jene gibt er sich seinen Träumen nicht so vorschnell hin, überspringt er nicht die falschen und phraseologischen Züge der klischeehaften Ideologien seiner Zeit und geht die Herausarbeitung eines „anderen Zustandes" fast wie ein naturwissenschaftliches *Experimentalprogramm* an.

Die *utopische* Dimension, die der Roman so in und mit der Gestalt Ulrichs eröffnet, stößt vor in den Bereich der *Mystik* und der *Liebe*. Es ist, so könnte man das Programm des Romans an dieser Stelle beschreiben, ein durchaus rational kontrollierter Vorstoß in den Bereich des Irrationalen. Und in diesem Kontext nimmt der Begriff des „Mannes ohne Eigenschaften" auch eine ganz andere Bedeutung an: Als Sehnsucht nach einer Auflösung des Ich in einer *höheren Seinsform*, wie es die Mystik bereits vorgedacht hat (Goltschnigg: Die Bedeutung der Formel ‚Der Mann ohne Eigenschaften', S. 325ff).

Ulrich hat bereits in seiner Zeit als Kavallerieleutnant eine Erfahrung gemacht, die ihm nachgeht. Sie stellt sich ein im Nachklang einer Affäre mit der Frau eines Majors auf einer Reise zu einer Insel in einer südlichen Landschaft. Er schreibt Liebesbriefe, der damals junge Leutnant gibt sich träumerisch der Landschaft hin. Und er macht hier Erfahrungen, vergleichbar den „von der Mystik der Liebe ergriffenen Gottesgläubigen [...] von denen der junge Reiterleutnant damals nicht das geringste wusste" (MoE, S. 125). Was ist das für eine Erfahrung?

> Er versank in der Landschaft, obgleich das ebenso gut ein unaussprechliches Getragenwerden war, und wenn die Welt seine Augen überschritt, so schlug ihr Sinn von innen an ihn in lautlosen Wellen. Er war ins Herz der Welt geraten; von ihm zu der weit entfernten Geliebten war es ebenso weit wie zum nächsten Baum; Ingefühl verband die Wesen ohne Raum, ähnlich wie im Traum zwei Wesen einander durchschreiten können, ohne sich zu vermischen, und änderte alle ihre Beziehungen. Der Zustand hatte aber sonst nichts mit Traum gemeinsam. Er war klar und übervoll von klaren Gedanken; bloß bewegte sich nichts in ihm nach Ursache, Zweck und körperlichem Begehren, sondern alles breitete sich in immer erneuten Kreisen aus, wie wenn ein Strahl ohne Ende in ein Wasserbecken fällt. (Ebd.)

Die Temporalform dieser Seinserfahrung ist die einer präsentischen Zuständlichkeit, „ein Zustand“, der aus dem Verlauf der Zeit herausgetreten zu sein scheint (ebd.). Die Grenze zwischen Subjekt und Objekt scheint überschritten, auf einer tieferen Ebene des Bewusstseins stellt sich eine Verbindung des Ich mit den Dingen und auch mit der entfernten Geliebten her.

Der Roman erkundet also hier eine andere Form der vom Subjekt her entworfenen Welterfahrung als die in seiner umtriebigen Epoche dominierende. Es ist zugleich eine Zuständlichkeit des Subjekts, die den Selbstbegründungscharakter von Subjektivität hinter sich lässt zugunsten eines ‚Einrückens‘ des Bewusstseins in die umgebende Natur.

Im Grunde ist es dieser „Zustand“, den Ulrich den ganzen Roman hindurch sucht. Dabei wird nun im späteren Verlauf des Romans eine Fülle von Literatur bewegt: die Mystik eines Meister Eckehardt, die Forschung hat auch auf den Einfluss Martin Bubers auf den MoE hingewiesen (Goltschnigg: Mystische Traditionen im Roman Robert Musils. Martin Bubers ‚Ekstatische Konfessionen‘ [...] u. a.).

Im späteren Verlauf des Roman sind es insbesondere die Gespräche zwischen den Geschwistern Ulrich und Agathe, in welchen diese geheimnisvolle Spur einer mystischen Erfahrung nachgespürt wird. Ganz im Sinne des Reflexionsromans sind das lange Gespräche, die vor allem durch die suchende Denkbewegung der beiden Menschen getragen werden. Auch hier, in der Personenkonstellation der Geschwisterliebe spielen viele mystische und religiöse Traditionen eine wichtige Rolle, so die Anspielung auf Isis und Osiris. Es kommt auch zur Vereinigung der geschwisterlich sich Liebenden. Es ist aber fast schon die Wende des Romans zu einer desillusionierenden und dekonstruktiven Abwärtslinie hin. Denn, das lernen wir aus den Aufzeichnungen zum Projekt des Romans, die aus dem Nachlass veröffentlicht wurden wie auch der musilschen Einschätzung der Wirklichkeit:

> Alle Linien münden in den Krieg. (MoE, Bd. 2, S. 1902)

Musil zeichnet das im Jahre 1936 auf und Agathe resümiert ihr Liebesexperiment:

> Wir sind die letzten Romantiker der Liebe gewesen. (Ebd.)

Es wird aus den Aufzeichnungen des Romans deutlich, dass die europäische Moderne sich ihren „anderen Zustand“ in der Form *totalitärer Staaten* – Kafkas zentrales Thema im „Proceß“ – gesucht hat, die vor allem in der Gestalt des Nationalsozialismus auf den Krieg hinarbeiten. So ist der Roman ein gewaltiges *Zeitdokument* des 20. Jahrhunderts, seiner legitimen Hoffnungen, seiner verfehlten Wünsche, seiner katastrophalen Politik. Das „Tausendjährige Reich", das der dritte Teil des MoE noch in der Form einer mystischen Suche nach Liebe abzuschreiten unternimmt, sollte eine Gewaltorgie werden, und der Roman zeichnet in seinen gesellschaftskritischen Passagen eben diese Fehlentwicklung auch der europäischen Gesellschaft deutlich nach.

Die schönsten Passagen des Romans aber finden sich gerade in dieser mystischen Suche, so in einem mehrfach umgeschriebenen Kapitel aus dem Nachlass mit dem Titel „Atemzüge eines Sommertags". Wir beenden die Analyse dieses großen europäischen Romans mit einem Zitat, das eben auch die latente und offene Utopie der Moderne aufzeigt: die Idee einer Gesellschaft, die sich nicht in Aggression zerfleischt, sondern eine andere Erfahrung des Menschen und der Natur zulässt:

> Ein geräuschloser Strom glanzlosen Blütenschnees schwebte, von einer abgeblühten Baumgruppe kommend, durch den Sonnenschein; und der Atem, der ihn trug, war so sanft, daß sich kein Blatt regte. Kein Schatten fiel davon auf das Grün des Rasens, aber dieses schien sich von innen zu verdunkeln wie ein Auge. Die zärtlich und verschwenderisch vom jungen Sommer belaubten Bäume und Sträucher, die beiseite standen oder den Hintergrund bildeten, machten den Eindruck von fassungslosen Zuschauern, die, in ihrer fröhlichen Tracht überrascht und gebannt, an diesem Begräbniszug und Naturfest teilnahmen. Frühling und Herbst, Sprache und Schweigen der Natur, auch Lebens- und Todeszauber mischten sich in dem Bild; die Herzen schienen stillzustehen, aus der Brust genommen zu sein, sich dem schweigenden Zug durch die Luft anzuschließen. „Da ward mir das Herz aus der Brust genommen", hat ein Mystiker gesagt: Agathe erinnerte sich dessen.
> Auch wußte sie, daß sie selbst diesen Ausspruch Ulrich aus einem seiner Bücher vorgelesen hatte.
> Hier in dem Garten, nicht weit von dem Platze, wo sie sich jetzt befanden, war das geschehen. Die Erinnerung wurde vollständiger. Auch andere Aussprüche, die sie ihm ins Gedächtnis gerufen hatte, fielen ihr ein: „Bist du es, oder bist du es nicht? Ich weiß nicht, wo ich bin; noch will ich davon wissen!" „Ich habe alle meine Vermögen überstiegen, bis an die dunkle Kraft! Ich bin verliebt, und weiß nicht in wen! Ich habe das Herz von Liebe voll, und von Liebe leer zugleich!" Also klang in ihr die Klage der Mystiker wieder, in deren Herz Gott so tief eingedrungen ist wie ein Dorn, den keine Fingerspitzen fassen können. Viele solche selige Klagen hatte sie Ulrich damals vorgelesen. Vielleicht war die Wiedergabe jetzt nicht genau, das Gedächtnis verfährt etwas befehlshaberisch mit dem, was es zu hören wünscht; aber sie begriff, was gemeint war, und faßte einen Entschluß. Wie in diesem Augenblick des Blütenzugs hatte der Garten also schon einmal ausgesehen; und zwar gerade in der Stunde, nachdem ihr die mystischen Bekenntnisse in die Hand gefallen waren, die Ulrich unter seinen Büchern besaß. Die Zeit stand still, ein Jahrtausend wog so leicht wie ein Öffnen und Schließen des Auges,

sie war ans Tausendjährige Reich gelangt, Gott gar gab sich vielleicht zu fühlen. Und während sie, obwohl es doch die Zeit nicht mehr geben sollte, eins *nach* dem anderen empfand; und während ihr Bruder, damit sie bei diesem Traum nicht Angst leide, *neben* ihr war, obwohl es auch keinen Raum mehr zu geben schien: schien die Welt, unerachtet dieser Widersprüche, in allen Stücken erfüllt von Verklärung zu sein (MoE, Bd. 2, S. 1232f).

6.5 Literaturverzeichnis

Primärliteratur:

Musil, Robert: Der Mann ohne Eigenschaften. Bd. 1. Reinbek 1987.

Ders.: Der Mann ohne Eigenschaften. Bd. 2. Reinbek 1987.

Ders.: Tagebücher Aphorismen, Essays und Reden. Hg. von Adolf Frisé. Hamburg 1955.

Ders.: Gesammelte Werke in neun Bänden. Hg. von Adolf Frisé. Reinbek 1978.

Brock, Hermann: Die Schlafwandler. Frankfurt a. M. 1978.

Büchner, Georg: Dantons Tod:. In: Sämtliche Werke und Briefe. Bd. I. Hg. von Werner Lehmann. Hamburg 1967, S. 7ff.

Mann, Thomas: Der Zauberberg. Ungekürzte Sonderausgabe. Frankfurt am Main 1963.

Sekundärliteratur:

Alt, Peter-André: Ironie und Krise. Ironisches Erzählen als Form ästhetischer Wahrnehmung in Thomas Manns „Der Zauberberg" und Robert Musils „Der Mann ohne Eigenschaften". Zweite, veränderte Auflage. Frankfurt a. M., Bern, New York, Paris 1989.

Altmann, Volkmar: Totalität und Perspektive. Zum Wirklichkeitsbegriff Robert Musils im „Mann ohne Eigenschaften". Frankfurt a. M., Berlin, Bern, New York, Paris, Wien 1992.

Arntzen, Helmut: Musil Kommentar zu dem Roman „Der Mann ohne Eigenschaften". München 1982.

Ders.: Satirischer Stil. Zur Satire Robert Musils im „Mann ohne Eigenschaften". 3., überarbeitete Auflage. Bonn 1983.

Bausinger, Wilhelm: Studien zu einer historisch-kritischen Ausgabe von Robert Musils Roman „Der Mann ohne Eigenschaften". Reinbek 1964.

Berghahn, Wilfried: Robert Musil. Mit Selbstzeugnissen und Bilddokumenten. 21. Auflage. Reinbek 2004.

Blasberg, Cornelia: Krise und Utopie der Intellektuellen – Kulturkritische Aspekte in Robert Musils Roman „Der Mann ohne Eigenschaften". Stuttgart 1984.

Brokoph-Mauch, Gudrun (Hg.): Robert Musil. Essayismus und Ironie. Tübingen 1992.

Brosthaus, Heribert: Zur Struktur und Entwicklung des ‚anderen Zustands' in Robert Musils Roman „Der Mann ohne Eigenschaften". In: DVjs 39 (1965), S. 388-440.

Corino, Karl: Robert Musil. Leben und Werk in Bildern und Texten. Reinbek 1988.

Dinklage, Karl (Hg.): Robert Musil. Leben, Werk, Wirkung. Zürich, Leipzig, Wien 1960.

Ders. (Hg.): Robert Musil. Studien zu seinem Werk. Reinbek 1970.

Glander, Kordula: „Leben, wie man liest". Strukturen der Erfahrung erzählter Wirklichkeit in Robert Musils Roman Der Mann ohne Eigenschaften. St. Ingbert 2005.

Fanta, Walter: Die Entstehungsgeschichte des „Mann ohne Eigenschaften". Wien 2000.

Frisé, Adolf: Plädoyer für Robert Musil. Reinbek 1987.

Goltschnigg, Dietmar: Die Bedeutung der Formel ‚Mann ohne Eigenschaften'. In: Baur, Uwe/ Ders. (Hg.): Vom „Törleß" zum „Mann ohne Eigenschaften". Grazer Musil-Symposion 1972. München, Salzburg 1973, S. 325-347.

Ders.: Mystische Tradition im Roman Robert Musils. Martin Bubers „Ekstatische Konfessionen" im „Mann ohne Eigenschaften". Heidelberg 1974.

Ders.: Robert Musil: „Der Mann ohne Eigenschaften" (1930ff). In: Deutsche Romane des 20. Jahrhunderts. Neue Interpretationen, hg. von Lützeler, Paul Michael. Königstein/ Ts. 1983, S. 218-236.

Heftrich, Eckhard: Robert Musil. Eine Einführung. München 1986.

Heydebrand, Renate v.: Die Reflexionen Ulrichs in Robert Musils Roman „Der Mann ohne Eigenschaften". Ihr Zusammenhang mit dem zeitgenössischen Denken. 2. Aufl. Münster 1969.

Hochstätter, Dieter: Sprache des Möglichen. Stilistischer Perspektivismus in Robert Musils „Mann ohne Eigenschaften". Frankfurt a. M. 1972.

Hörisch, Jochen: Selbstbeziehung und ästhetische Autonomie. Versuch über ein Thema der frühromantischen Poetologie und Musils „Mann ohne Eigenschaften". In: Euphorion 69 (1975), S. 350-361.

Kochs, Angela Maria: Chaos und Individuum. Robert Musils philosophischer Roman als Vision der Moderne. Freiburg i. Br. 1996.

Kroemer, Roland: Ein endloser Knoten? Robert Musils Verwirrungen des Zöglings Törleß im Spiegel soziologischer, psychoanalytischer und philosophischer Diskurse. München 2004.

Laermann, Klaus: Eigenschaftslosigkeit. Reflexionen zu Musils Roman „Der Mann ohne Eigenschaften“. Stuttgart 1970.

Luserke, Matthias: Robert Musil. Stuttgart u. Weimar 1995.

Mae, Michiko: Motivation und Liebe. Zum Strukturprinzip der Vereinigung bei Robert Musil. München 1988.

Mandelkow, Karl Robert: Hermann Brochs Romantrilogie ‚Die Schlafwandler‘. Gestaltung und Reflexion im modernen deutschen Roman. Heidelberg 1975.

Marschner, Renate M.: Utopie der Möglichkeit: Ästhetische Theorie dargestellt am „Mann ohne Eigenschaften“ von Robert Musil. Stuttgart 1981.

Martens, Gunther: Beobachtungen der Moderne. In Hermann Brochs Die Schlafwandler und Robert Musils Der Mann ohne Eigenschaften. Rhetorische und narratologische Aspekte von Interdiskursivität. München 2005.

Menges, Martin: Abstrakte Welt und Eigenschaftslosigkeit. Eine Interpretation von Robert Musils Roman „Der Mann ohne Eigenschaften“ unter dem Leitbegriff der Abstraktion. Frankfurt a. M. 1982.

Müller, Götz: Isis und Osiris. Die Mythen in Robert Musils Roman „Der Mann ohne Eigenschaften“. In: Zeitschrift für Deutsche Philologie 102 (1983), S. 583-604.

Neymeyr, Barbara: Psychologie als Kulturdiagnose. Musils Epochenroman Der Mann ohne Eigenschaften. Heidelberg 2005.

Payne, Philip: Robert Musil's „The Man without Qualities“. A Critical Study. Cambridge 1988.

Rasch, Wolfdietrich: Über Robert Musils Roman „Der Mann ohne Eigenschaften. Göttingen 1967.

Schieder, Wolfgang (Hg.): Erster Weltkrieg. Ursachen, Entstehung und Kriegsziele. Köln u. Berlin 1969.

Schlegel, Friedrich: Charakteristiken und Kritiken I (1796-1801). Hg. und eingeleitet von Hans Eichner. Paderborn u. a. 1967 (KA II).

Seeger, Lothar Georg: Die Demaskierung der Lebenslüge. Eine Untersuchung zur Krise der Gesellschaft in Robert Musils „Der Mann ohne Eigenschaften“. Bern, München 1969.

Venturelli, Aldo: Robert Musil und das Projekt der Moderne. Frankfurt/M. und Bern 1988.

7. ALFRED DÖBLIN: Berlin Alexanderplatz

7.1 Biographie

10.08.1878 Geboren als viertes und vorletztes Kind der jüdischen Eltern Max Döblin und dessen Frau Sophie, geb. Freudenheim, in Stettin.

1888 Der Vater verläßt die Familie mit der Zuschneiderin Henriette Zander nach Amerika. Die Mutter siedelt mit den Kindern über nach Berlin.

1900 Abitur am Köllnischen Gymnasium in Berlin. Beginn des Studiums der Medizin und der Philosophie in Berlin und in Freiburg im Breisgau.

1905 Promotion zum Doktor med.

1906 Rückkehr nach Berlin im Oktober und Anstellung als Assistenzarzt an der Irrenanstalt der Stadt Berlin in Buch.

1911 Eröffnung einer Kassenpraxis als Psychiater. Geburt von Döblins und Frieda Kunkes unehelichem Sohn Bodo.

1912 Ehe mit Erna Reiss und Geburt des Sohnes Peter in Berlin.

1913 Der Erzählband *Die Ermordung einer Butterblume* erscheint.

1914–1918 Militärarzt in Saargemünd und später in Hagenau/Elsaß.

1915 Geburt des Sohnes Wolfgang. Der Roman *Die drei Sprünge des Wang-lun* erscheint.

1916 Fontane-Preis für *Die drei Sprünge des Wang-lun*

1917 Geburt des Sohnes Klaus.

1918 Der Roman *Wadzeks Kampf mit der Dampfturbine* erscheint.

1924 Der Roman *Berge, Meere und Giganten* erscheint.

1919–1931 Neue Wohnung und Praxis in der Frankfurter Allee 340. Enger Anschluss Döblins an die USPD. Tod der Schwester Meta Goldenberg.

1920 Der historische Roman *Wallenstein* erscheint.

1921 Beginn einer lebenslangen Freundschaft mit der damals 21jährigen Charlotte (Yolla) Niclas.

1924 Döblin wird erster Präsident des *Schutzverbandes deutscher Schriftsteller*.

1925 Lose Verbindung zu linksliberalen und kommunistischen Autoren wie Johannes R. Becher, Ernst Blass, Ernst Bloch, Bert Brecht, Walter Mehring, Georg Kaiser. Gelegentliche Treffen in einem Café in der Motzstraße.

1926 Geburt des Sohnes Stephan.

1927 Das Epos *Manas* erscheint.

1928–1933 Mitglied der *Preußischen Akademie der Künste*, Sektion *Dichtkunst*.

1929 Der Roman *Berlin Alexanderplatz* erscheint.

1933 Nach der Ernennung Hitlers durch Hindenburg zum Reichskanzler (30. Januar) protestiert Döblin öffentlich in der *Preußischen Akademie der Künste* gegen die Ausschließung von Käthe Kollwitz und Heinrich Mann am 15. Februar. Nach dem Reichstagsbrand am 27. Februar und der Notverordnung am 28. Februar, die zu einer Verhaftungswelle von kommunistischen und sozialdemokratischen Repräsentanten führte, flieht Döblin am 28. Februar aus Berlin. Am 2. März überquert er die deutschschweizerische Grenze und siedelt im Herbst mit der Familie nach Paris über. Aberkennung der deutschen Staatsbürgerschaft durch die deutschen Behörden.

1936 Döblin erlangt die französische Staatsbürgerschaft.

1939 Mitarbeit im *Commissariat de l'Information* unter Jean Giraudoux im Kampf gegen den Faschismus.

1940 Nach Einnahme von Paris durch die deutschen Truppen flieht Döblin über Südfrankreich, Barcelona, Madrid und Lissabon in die USA. Freitod des Sohnes Wolfgang.

1941 Konversion zusammen mit seiner Frau und Sohn Stefan zum Katholizismus.

1945 Rückkehr nach Deutschland unter Beibehaltung der französischen Staatsbürgerschaft.

1945–1951 Mitarbeit in der französischen Militärverwaltung im Rang eines Obersten in der Abteilung *Éducation publique* in Baden-Baden.

1946–1951 Herausgeber der Zeitschrift *Das goldene Tor. Monatsschrift für Literatur und Kunst*.

1949 Mitbegründer und Vizepräsident der *Akademie der Wissenschaften und der Literatur* mit Sitz in Mainz. Übersiedlung nach Mainz.

1953 Enttäuscht von der Entwicklung der Bundesrepublik Deutschland geht Döblin mit seiner Frau ein zweites Mal in das französische Exil, kehrt aber zu Kuraufenthalten in den Schwarzwald zurück.

1954 Die *Akademie der Wissenschaften und der Literatur* verleiht Döblin ihren Literaturpreis.

1956 Erscheinen des Romans *Hamlet oder die lange Nacht nimmt kein Ende*.

1957 Tod am 26. Juni im Landeskrankenhaus Emmendingen. Am 14. September nimmt sich seine Frau Erna Döblin in Paris das Leben.

7.2 Handlungsabriss

1. Buch

Der Transportarbeiter Franz Biberkopf wird aus der Strafanstalt Berlin-Tegel entlassen, wo er vier Jahre wegen Totschlags seiner Freundin Ida einsitzen musste. Jedoch beginnt erst jetzt, mit seiner Entlassung, die wahre „Strafe", als er aus dem Gefängnis auf die Straße tritt. Das Tempo und Chaos der Großstadt verstören ihn. Er kann sich nur schwer orientieren. Immer wieder geht ihm die geschlossene Gefängniswelt durch den Kopf, in der alles seinen geregelten Ablauf hatte. „Wo soll ick armer Deibel hin" (10). Ziellos schlägt er jetzt seinen Weg durch die Stadt ein, fährt mit der Straßenbahn, betrachtet Kneipen und Geschäfte, die ihm fremd vorkommen. Er zieht sich in eine Seitenstraße zurück und landet auf einem Hinterhof, wo er laut ein Kriegslied singt. Ein alter Jude greift ihn auf, „sprach Jeremia, wir wollen Babylon heilen" (14). Dieser Jude, „der Rote", erzählt Franz die Parabel des Hochstaplers Stefan Zannowich, der in einer Haftanstalt Selbstmord begeht. Eingefügte Bibelzitate sind aus dem Buch des Propheten Jeremia sowie dem Talmud.

Franz geht in ein Kino und schaut sich einen frivolen Film an. Danach ist er selbst liebeshungrig: „Ick bin frei. Ick muß ein Weib haben." (25) Er greift eine Prostituierte auf, besucht danach auch Minna, Idas Schwester, schläft mit ihr in ihrer Wohnung. Franz „schwört ... aller Welt und sich, anständig zu bleiben in Berlin, mit Geld und ohne" (34). Einen „ordentlichen Schlag", für ihn bedeutet es, dass er als entlassener Gefangener der Schutzaufsicht der Gefangenenfürsorge am Alexanderplatz unterstellt wird. „Dann hat er sich vier Wochen lang den Bauch mit Fleisch, Kartoffeln und Bier vollgeschlagen" (35). Erneuter Besuch bei den Juden, die ihm diesmal die Parabel von einem Celluloidball erzählen.

Erzählte Zeit: Ca. 5 Wochen.

2. Buch

Anspielungen auf den Paradies-Mythos und die Vertreibung von Adam und Eva aus dem Paradies (37). Montage von Texten und Bildzeichen zum Thema Stadtverwaltung Berlin. Textmontage: „Der Rosenthaler Platz unterhält sich" (40 ff): Linienplan der Straßenbahnlinie 68 des Berliner Verkehrsunternehmens mit ihren Stationen. „Kleine Kneipe am Rosenthaler Platz" mit Montage von Gesprächsfetzen. Kurzbiographien der Figuren, Affäre eines jungen Mädchens mit einem älteren Herrn. Neueinsatz der Biberkopf-Handlung: Franz – „man muß Geld verdienen" (47) – geht auf Arbeitssuche, wird Mitglied im Verband ambulanter Gewerbetreibender. Dabei ist sein Freund Meck. Franz hat auch eine neue Freundin, die „polnische Lina" (53). Textmontage „Zeitungsstand". Franz wird Schlipshändler, dann Zeitungsverkäufer. Er vertreibt nationalistische Zeitungen zwischen Alex und Rosenthaler Platz. Ein älterer Mann empfiehlt ihm Geschäfte mit „sexueller Aufklärung" zu machen: „Das sind nackte Mädels, gemalt." (59) Eingeblendete Szenen aus dem Schwulenmilieu. „Freiheit für die Liebe auf der ganzen Front." (63) Franz will die ‚Aufklärungs'-Zeitschriften wieder loswerden. Vergnügungssalon in der Hasenheide (65 ff) Franz „handelt nun völkische Zeitungen". „Er hat nichts gegen die Juden, aber er ist für Ordnung." (69) Er ist beeindruckt von rechten „Führern". Zeitungszitat: „Wahrer Föderalismus ist Antisemitismus." (69) Er geht wieder in seine Stammkneipe. Bei Henschke gerät Franz in einen Streit mit Kommunisten, die ihn provozieren. Er bekommt einen Wutanfall. Der Kampf wird z. T. als grölender Sängerwettstreit politischer Lieder ausgetragen. Es fällt ihm wieder schwer, zur Ruhe zu finden. „Eine Tobsucht, Starre, ist Franz Biberkopf." (81) Erzählmontage: Biblische Paradieserzählung, Arbeitslosenzahlen aus Berlin. Rückblende: „Franz hat seine Braut erschlagen" (84 f). Die Szene wird mithilfe der Anwendung des ersten newtonschen Bewegungsgesetzes geschildert. Assoziation: Die griechischen Rachegöttinnen Erinnyen (86).

Erzählte Zeit: Wenige Wochen.

3. Buch

Franz vertreibt zusammen mit Otto Lüders Schnürsenkel. „Der ist zwei Jahr arbeitslos, seine Frau wäscht." (91) Franz erzählt ihm, dass er von einer Witwe 20 Mark und einen Kaffee bekommen hat für seinen Liebesdienst. Lüders, „das jämmerliche Männchen" (92), geht auch zu der Witwe und beraubt sie. Franz erfährt das erst eine Woche später aus einem Brief der Frau. Er ist maßlos enttäuscht, zieht aus seiner Wohnung aus und ist spurlos verschwunden. Seine Freunde Meck und Lina können ihn nicht finden. Eingeblendete Geschichte: Ein „blasser, kleiner Mann", Kriegsveteran, steht vor dem Haus und geht nicht nach oben. Sein Kind ist im Krankenhaus gestorben, der Arzt hatte die Familie den ganzen Tag warten lassen (98). Franz wohnt drei Häuser weiter, wird schließlich von Lüders aufgesucht, den Meck verprügelt und gezwungen hat, das Geld an Franz zurückzugeben. Franz schwemmt ihn mit Eimern kalten Wassers aus seiner Wohnung. Meck und Lina haben seine Spur verloren: „Sie rennen durch halb Berlin und finden den Menschen nicht." (104)

Erzählte Zeit: Ca. 14 Tage, nach Weihnachten.

4. Buch

Baustelle Alexanderplatz. Geschäfte, Häuser, ein typischer Berliner Hausblock mit Läden, Wohnungen, Höfen, Vorderhaus und Hinterhaus, Quergebäuden. Eingeblendete Geschichten und Schicksale der Bewohner. Biberkopf immer noch „in Narkose, [...] verkriecht sich, Franz will nichts sehen" (110). Franz gibt sich übermäßigem Alkoholkonsum hin. Besuch beim Pastor, dann erneut bei den Juden. Parallelmontage: Vertreibung aus dem Paradies.
„Der Schlachthof in Berlin" im Nordosten der Stadt wird ausführlich beschrieben in seiner Organisation, Ausmaß, den Zahlen an geschlachtetem Vieh. Franz noch immer auf seiner „elenden Kammer" (124). Einblendung der Hiob-Handlung des Alten Testamentes und Gespräch Hiobs mit einer „Stimme": „Gott und der Satan, Engel und Menschen, alle wollen dir helfen, aber du willst nicht [...]." (127) Erneute Einblendung des Viehmarkts, Schlachtszene eines weißen Stiers. Biberkopf-Handlung: Franz wird Zeuge eines Einbruchs in seinem Wohnhaus, an dem das Hausmeisterehepaar Gerner beteiligt ist, in deren Wohnung „sackweise Kaffee, Korinthen, Zucker [...] Kisten mit Alkohol" (136) gespeichert wurden. Das Ehepaar wird verhaftet und festgenommen. Franz erholt sich langsam aus seiner Lethargie, verlässt das Haus. Erstmals seit langer Zeit isst er wieder in einer Gaststätte am Alexanderplatz. Er geht noch einmal zu Minna, der Schwester der erschlagenen Ida, wo er jedoch nur deren Mann Karl antrifft, der die Mordtat von Franz nicht vergessen hat und ihn aus der Wohnung weist.

Erzählte Zeit: Einige Wochen.

5. Buch

Baustelle am Alexanderplatz, Straßenbahnen, Menschen, der Wind am Alexanderplatz. Straßenbahnen, Autobusse mit ihren Verkehrslinien. Eingeblendete Montage: „Von Erde bist du gekommen, zu Erde sollst du wieder werden [...]. So ist kaputt Rom, Babylon, Ninive [...]." (146) Verkehrsregelung durch einen Schupo am Alex. Biberkopf-Handlung: Verkauft wieder Zeitungen am Alexanderplatz (148). Sein Freund Meck findet ihn hier, die beiden gehen in eine Kneipe in der Prenzlauer Straße. Kneipengespräche.

Hier beobachtet Franz den ganzen Abend über einen Mann, auf den ihn Meck aufmerksam macht: Anfang 30, „ein langes, hohes, gelbliches Gesicht" (155). Franz fühlt sich von dem Mann „mächtig ... angezogen" (155). Auch an den folgenden Abenden geht Franz in diese Kneipe, „schmiß sich an diesen Mann in dem alten Soldatenmantel ran" (156). Er heißt Reinhold. Franz hält ihn für einen „feinen Jungen", „bloß stotterte er mächtig" (156). Reinhold bietet Franz eine „Kutschersfrau" an, derer er überdrüssig geworden war. Der „Stotterer Reinhold, Franzens wirklicher Freund", will ihm auch gleich noch eine andere Geliebte abtreten, Cilly (158): „Schwunghafter Mädchenhandel" (156). Franz ist voll „Bewunderung" für Reinhold (160), der ihn bald darauf an der U-Bahn Alex für ein Geschäft am Abend anheuert, aber zunächst mit ihm noch zur Heilsarmee geht. Liedmontage: „Es ist ein Schnitter, der heißt Tod [...]" (163) Cilly bei Franz: Der Reinhold sei „überhaupt kein Mann, bloß ein Strolch" (163). Franz soll dem Reinhold auch die Trude abnehmen. Einblendung von „Lokalnachrichten" (167 ff.). Besuch mit Meck in einer Kneipe, in der auch Reinhold auftaucht. „Verflucht ist der Mann, spricht Jeremia, der sich auf Menschen verläßt [...]." (175)
Dann genaue Beschreibung des Sonntags, den 8. April 1928: Franz hat die Wohnung mit Cilly verlassen, „hat Cilly nicht mehr wiedergesehen" (177). Er wird von der Pums-Bande angeheuert, die er für Obsthändler hält. Franz steht bei einem Einbruch Schmiere und muss erkennen: „Raub und Mord, die klauen, die brechen ein, ich will hier weg" (186). Er lässt sich doch mit ins Fluchtauto ziehen, das von einem anderen Wagen verfolgt wird. Da stößt Reinhold Franz Biberkopf aus dem Wagen. „Das Verfolgerauto braust über den Menschen. Die Jagd geht im Schneetreiben weiter." (189)

Erzählte Zeit: Ca. 8 – 9 Wochen.

6. Buch

Reinhold prügelt Trude und wirft sie aus seiner Wohnung, „er hatte ihr die Schnauze zerkloppt" (193). Die Pums-Bande zwingt Reinhold, sich zu verstecken. Von Biberkopf zunächst keine Nachricht. Cilly bändelt wieder mit Reinhold an, der im Seidenhemd durch die Stadt stolziert. Sonntagnacht auf Montag, den 9. April, hat Franz sich zunächst zu einem Kollegen „aus einer früheren Zeit, vor Tegel" bringen lassen: zu Herbert Wischow und seiner Freundin Eva. Die beiden bringen ihn nach Magdeburg in eine Klinik, wo er noch in der Nacht operiert und der rechte Arm im Schultergelenk abgesägt wird. 14 Tage später wird Franz entlassen, Herbert und Eva holen ihn ab und wollen die Unfallursache wissen, die Franz aber verschweigt. Die beiden kommen dahinter, dass Franz für die Pums-Bande gearbeitet hat. Eva, die Franz schon liebte, als er mit Ida ging, hängt noch immer an ihm. Franz erholt sich rasch. Mittlerweile ist die Pums-Kolonne aus Berlin verschwunden, da Wischow das Verbrechen der Bande in Umlauf bringt. Rein-

hold reagiert darauf: „Den Kerl [Franz Biberkopf] muss man ganz totschlagen." (206) Ein Mann von der Pums-Bande, Schreiber, besucht Franz in Evas und Herberts Wohnung, fasst in die Hosentasche, um Geldscheine herauszuholen. Eva hält das für einen Überfall mit Revolver, schreit laut. Franz wird ohnmächtig. Erholt sich wieder, will nicht aufgeben, Textcollage Apokapypse: „Die große Hure, die Hure Babylon" (211).
Biberkopf-Handlung: „Dritte Eroberung Berlins" nach dem Schrecken der Entlassung, der Lüders-Affäre und nun als Krüppel. Herbert und Eva haben ihn mit einem Gelddepot versorgt. Sein Freund Meck, den er auf der Straße trifft, behandelt ihn sehr zurückhaltend, weil er ihn auch für einen Einbrecher hält. Franz sucht nun selbst wieder Arbeit. „Es war etwas Neues, Wütendes in ihm." (214) Franz und Meck helfen einem Feuerwehrmann, ein in einen Schacht gefallenes Pferd zu retten. Alle staunen über die Kraft, die Franz in seinem Arm hat. Er erzählt Meck eine Angeberversion seines Armverlustes. Er gabelt auf der Straße ein Mädchen namens Emmi auf. Treibt sich in Kneipen 'rum. Franz gibt seine guten Vorsätze auf und wird zum Hehler: „Jetzt seht ihr Franz Biberkopf als einen Hehler, einen Verbrecher, der andere Mensch hat einen anderen Beruf, er wird bald noch schlimmer werden." (226) Parallelhandlung von Eva und Herbert, die bei einem Erholungsaufenthalt in Zoppot bestohlen werden. Die beiden gehen auseinander, Eva, „die Franzen noch immer liebt, möchte ihm [...] ein Mädel zuschanzen" (228). Es ist Sonja Pasunke, die er zärtlich sein „Miezeken" nennt. Franz muss feststellen, dass sie auch als Prostituierte arbeitet. Mit einem fremden Liebesbrief geht er zu Eva, die ihn verführt, aber in Bezug auf Sonja beruhigt. Sie sei „ein feines Mädel, auf die kannste dir verlassen" (234). Franz rät Eva, bei Herbert zu bleiben. Franz zu Sonja: „Mädel, Miezeken, du kannst machen, wat du willst, ich laß dir nicht." (236) Er ist glücklich mit ihr. Beschreibung einer sozialistischen Versammlung in der Köpenicker Straße (237 ff). In einem Gespräch mit einem „Anarchisten" äußert Franz, er wolle keine anständige Arbeit mehr, dabei habe er seinen Arm verloren. Ein Arbeiter sagt ihm im Gespräch „alleene kannste nischt machen. Wir brauchen Kampforganisation" (243). An Biberkopf sei „jedes Wort verloren". Er kenne „nicht die Hauptsache beim Proletariat: Solidarität" (244). Franz bezeichnet sich selbst als „Lude", also Zuhälter von Sonja. Der Arbeiter nennt ihn einen „Lumpen" (244). Franz ist angezogen von diesem „Politischen", erzählt Miezeken davon. Sie besucht Eva, die mittlerweile ein Verhältnis mit einem reichen Geschäftsmann hat, der aber nach Brüssel verreist ist. Sonja küsst Eva auf den Mund, diese hält jene für „schwul" (247), Eva möchte von Franz ein Kind, worüber Sonja begeistert ist. Biberkopf „sumpft noch ein bißchen weiter in der Politik" (250). Um ihn ist jetzt ein Typ namens Willi, „ein scharfer, heller Kopf, aber unter den Taschendieben ein Anfänger, und darum mistet er Franz aus" (250). Franz tingelt durch Kneipen, sozialistische Gedanken, von denen er wenig versteht, verfolgen ihn. Paraphrase der Abraham-Isaak-Geschichte. Franz wird betrunken nach Hause gebracht,

Mieze fleht ihn an: „Du, mach doch keene Politik." (257) Franz schwört den Versammlungen ab, kann aber immer weniger dem Alkohol entsagen. Er hat Schmerzen im Arm, windet sich allein mit seinen Schmerzen am Boden, „wo ist bloß Mieze" (262).
Grundlos läuft er zu Reinhold, der zunächst misstrauisch ist und sich über den Besuch wundert. „Ich wollt dir bloß sehen, Reinhold." (264) Reinhold weiß, dass Franz ein Lude ist, weiß aber nicht recht, was Franz will. Er fängt von Cilly an zu erzählen, gibt Franz den Rat, seinen Ärmel auszustopfen. Franz wirkt ängstlich: „Das Zittern läuft über ihn, ohne daß ers will." (266) Erneut geht Franz zu Reinhold, der ihn offen fragt, was er wolle. Biberkopf antwortet ihm, dass er keine Rachegelüste habe. Reinhold: „Aber weeßte, bloß Lude sein, det is doch zu langweilig." (268) Als Reinhold diese Schwäche erkennt, hat er Lust, Biberkopf kaputt zu machen: „Dem muss man die Knochen knacken. Der eene Arm genügt noch nicht bei dem." (268) Franz erzählt von Mieze, die gut verdient und ein braves Mädel sei. „Da denkt Reinhold: Das ist schön, die nehme ick ihm weg und dann schmeiß ick ihn ganz und gar in den Dreck." (268)

Erzählte Zeit: Ca. 3 1/2 Monate.

7. Buch

Szene am Alexanderplatz. Schicksalstragödie des Fliegers Beese-Arnim, „Hochflut der Berlin besuchenden Amerikaner" (272), „Ankunft des Präsidenten des Weltverbandes für religiöses, liberales Judentum, dessen Tagung in Berlin vom 18. bis 21. August stattfindet" (272). Szenen im Arbeitsgericht, Bekenntnisse zweier in der Liebe enttäuschter Mädchen. Einsatz der Biberkopf-Handlung: „Der Zweikampf beginnt!" (276) Niemand im Bekanntenkreis von Franz versteht, warum er wieder Kontakt zur Pums-Bande knüpft. „In Reinholds Stube schleicht er sich mit den andern Pums-Brüdern, die ihn nicht haben wollen." (280) Sie nehmen ihn mit zum Einbruch, Franz wird nun zum „Einbrecherfranz" (282). Anfang September geht Franz mit der Pums-Bande auf Einbruchstour (284 ff). Von dem verdienten Geld will Franz einige „Lappen" Mieze schenken, die aber weinend ablehnt. Sonja erzählt die Geschichte Eva. Reinhold besucht Mieze, der sie bereits als Opfer ins Visier nimmt. Sonja verschweigt den Besuch: „Es war gar keiner hier." (295) Franz renommiert vor Reinhold mit seinen Weibergeschichten. Mieze wolle, „die Eva soll von mir ein Kleenes haben" (297). Reinhold: „Die ist vielleicht schwul?" (297) Franz nimmt Reinhold mit, will ihn im Bett verstecken, damit er beobachten kann, wie sehr Mieze ihn liebt. Reinhold versteckt sich, Mieze kommt, erzählt von einem Kerl, der sie anhimmelt. Franz ist eifersüchtig: „Bist verliebt in den Kerl, Mieze?" (300) Aus der Umschlingung wird eine Prügelszene. Franz verprügelt sie, dann geht die Decke „hoch, Reinhold sitzt auf" (301). Mieze panikt: „Schreien, Schreien unaufhörlich aus ihrem Mund"

(301). Franz, „Tobtobtobsüchtiger", hat erneut einen Mordwunsch. Und schließlich ist es Reinhold, der Franz beiseite zieht: „Mensch, erstickst ihr ja." (301) Franz geht runter auf die Straße, Mieze will ihm nach, Reinhold hält sie im Zimmer. Vor ihm hat sie noch mehr Angst. Reinhold geht, Franz kommt zurück, Versöhnungsszene. Parallelmontage mit der Geschichte des Bornemann, der ausbricht und schließlich doch von der Polizei gefasst wird.

„Mittwoch, den 29. August" (303). Auch Mieze ist jetzt bei der Pums-Bande, um „bei ihrem geliebten Franz zu sein" (303). Ein gewisser Klempner, „mit Namen Matter, der Polizei freilich unter dem Namen Oskar Fischer bekannt", knutscht Mieze ab (305). Reinhold will sie sich von Matter abtreten lassen. „Na, dann kann Matter ihm das Mädel mal für eine Autofahrt verschaffen, nach Freienwalde." (305) Zu diesem Ausflug kommt es am Sonnabend, den 1. September. Klempner holt Sonja ab und übergibt sie dann Reinhold. Beide gehen durch den Wald, einen ersten Anfall „blinder Gier" vermag Reinhold noch zu kontrollieren, Sonja will gehen, Reinhold überredet sie zu bleiben. Sie ermahnt ihn, sich zu „benehmen" (312). Er wird immer zudringlicher, zerrt sie in eine Hütte. Als Mieze nicht auf seine Versuche eingeht, erzählt ihr Reinhold, wie er Franz aus dem Auto geworfen hat. Sie bekommt Angst, möchte fliehen, es ist jedoch zu spät. Reinhold vergewaltigt und erwürgt sie. Zusammen mit dem Kumpan von der Bande verscharrt er die Tote. Parallelmontage mit dem Schnitter-Motiv sowie dem Vergänglichkeitsmotiv aus dem „Prediger Salomon" („Ein jegliches hat seine Zeit...") sowie mit dem Motiv des Schlachtens. Bild der im Wind heulenden und schaukelnden Bäume.

Erzählte Zeit: Ein halber Monat.

8. Buch

Franz und Eva suchen Mieze erfolglos. Franz „braucht nicht betteln zu gehen", Eva gibt ihm Geld, auch Pums (323). Bei einem Einbruch in der Stralauer Straße allerdings zerstreitet sich die Bande. Klempner, der die Möbel in Brand gesteckt hat, wird aus der Bande ausgestoßen. Dieser zeigt jetzt Reinhold beim Vernehmungsrichter als Einbrecher an. Reinhold hat aber ein Alibi. Reinhold wird entlassen, das ausgestoßene Bandenmitglied sitzt in seiner Zelle. Auf Anraten von einem Anwalt entscheidet er sich, über den Mord auszusagen, an dem er ja nur beim Verbuddeln der Leiche mitgeholfen hat. Ein Suchkommando der Polizei findet die Leiche. Franz erfährt vom Mord an Mieze aus der Zeitung: „Mord an einer Prostituierten bei Freienwalde, Emilie Parsunke aus Bernau" (344). Aus der Zeitung erfährt er auch, dass er und Reinhold im Verdacht des Mordes stehen. Franz ist bei Eva, Herbert kommt dazu. Herbert will Reinhold verfolgen. Franz Biberkopf ist wieder unterwegs, Szenen vom Tauentzienpalast, die Elektrische, Franz fährt mit der 41 nach Tegel, „irrt um das riesige Gefängnis" (349). Totenstatistiken werden eingeblendet. Franz spricht mit den Toten am Grab von Mieze. Herbert hat sich mittlerweile schwer bewaffnet und versucht, Reinhold zu fassen. Franz belauert Reinholds Wohnung und steckt das Haus in Brand. Zwei Engel, Sarug und Terah, gehen neben Franz und bewachen und beschützen ihn. Ein Arzt verschreibt ihm einen Erholungsaufenthalt. Reinhold hat sich aus dem Staube gemacht, er kann ihn nicht finden. In der Kneipe „Alexanderquelle" am Alex macht die Polizei eine Razzia. Alle Gäste werden zum Polizeiquartier gefahren. Am Boden liegt eine Pistole, die Biberkopf aufgreift. Einen Schupo, der auf ihn losstürzt, schießt er an. Er wird mit Gummiknüppeln geschlagen und in Fesseln abgeführt. Aus der Sicht der Polizei: „Er hatte sich schon längere Zeit der Meldepflicht entzogen, nun haben wir den einen, den anderen werden wir dann auch bald kriegen." (370)

Erzählte Zeit: Ca. 2 Monate.

9. Buch

Reinhold, der das Mordplakat mit Belohnung an einer Litfasssäule sieht, lässt sich bei einem Handtaschenraub unter falschem Namen und mit falschen Papieren festnehmen, um die Polizei auf eine falsche Spur zu setzen. Da er bei dem Handtaschenraub eine Frau jedoch schwer verletzt hat, muss auch er in Brandenburg im Zuchthaus einsitzen. Seltsam ist, dass der mit Namen Moroskiewicz als polnischer Taschendieb Einsitzende gar nicht Polnisch kann. Ein junger Mitgefangener, dem Reinhold sich anvertraut hat, forscht im Präsidium nach und sieht, dass Reinhold der Mörder der Prostituierten ist und eine Belohnung von 1.000 Mark auf ihn ausgesetzt wurde. Dem Kommissar vom Dienst gibt jener „Freund" Reinholds dann dessen wahren Namen preis.
Franz, der jede Nahrungsaufnahme im Polizeigefängnis verweigert, wird mit der Schlundsonde gefüttert. Gespräche mit Mitgefangenen, Schreckensassoziationen von Franz. „Franz Biberkopf kämpft mit den Ärzten", will nicht künstlich ernährt werden (382). Zunehmender Verfall von Franz Biberkopf, der besinnungslos und abwesend ist, „mit Wasserschwellungen an den Knöcheln, Hungerödem" (386). „Der Tod singt sein langsames, langsames Lied" (387). Das langsame Herankommen des Todes an Franz. „Hier ist zu schildern, was Schmerz und Leid ist. Wie Schmerz brennt und zerreißt." (399) Assoziation von Höllenqualen. Mittlerweile klärt sich sein Fall auf: Reinhold ist ja gefasst. Die Ärzte stellen die Diagnose, dass Biberkopf ein psychisches Trauma hatte, anschließend in eine Art Dämmerzustand verfiel. Für die Schießerei in der Alexanderquelle erhält er den § 51, nicht voll zurechnungsfähig. Er sucht Eva auf, die ihm wieder auf die Beine hilft und mit ihm zusammen Miezes Grab besucht. Beim Prozess gegen Reinhold sagt er aus,

dass Mieze sich Reinhold vermutlich widersetzt habe, über seinen eigenen Unfall berichtet er dem Gericht nichts. Reinhold wird zu zehn Jahren Zuchthaus verurteilt (408). Franz bekommt eine Arbeit als „Hilfsportier in einer mittleren Fabrik" (409). „Biberkopf ist ein kleiner Arbeiter. Wir wissen, was wir wissen, wir habens teuer bezahlen müssen." (410)

Erzählte Zeit: Einige Wochen.

7.3 Döblin in Berlin

Eine moderne Großstadt, wie Berlin um 1925, stellte eine Herausforderung auch für die Literatur dar. Berlin gehörte Ende des 19., Anfang des 20. Jahrhunderts zu den am schnellsten wachsenden Städten der Welt. Nach der Reichsgründung 1871 war sie deutsche Hauptstadt geworden, war die Industrie- und Verwaltungsmetropole Deutschlands mit rapide anwachsenden Einwohnerzahlen: von ca. 1 Million im Jahre 1880, 2 Millionen 1920 auf über 4 Millionen Einwohner nach der Eingemeindung vieler Vorstädte in das neu geschaffene Verwaltungszentrum Groß-Berlin im Jahre 1920. Es hatte sich hier eine neue Kultur von Angestellten und Proletariern gebildet mit sozialen Brennpunkten und Problemen, die die Politik der Weimarer Republik immer weniger in den Griff bekam. Diese sozialen Brennpunkte und Probleme bilden das Handlungszentrum auch in unserem Roman. „Der Stadt Berlin ist Ehre widerfahren", schreibt denn auch eine der ersten Kritiken des 1929 erschienen Romans, „[s]ie wurde Anreiz, Stoff, Motor für einen Roman, der im literarischen Leben Deutschlands als Sensation aufzutreten verdient." (Armin Kesser in: Materialien zu Alfred Döblin, S. 53)

Das Lebenszentrum von Alfred Döblin lag nahe dem Alexanderplatz. Er betrieb dort eine Praxis als praktischer Arzt in der Frankfurter Allee. Das Territorium zwischen Alexanderplatz, Jannowitzbrücke, Rosenthaler Platz kennt Döblin ganz genau. Dort lässt Döblin seinen Helden agieren. Und aus seiner Praxis kennt er auch die *sozialen* Probleme der Unterschicht, der Biberkopf angehört. In einem der wenigen Selbstzeugnisse zum Roman äußert Döblin im Rahmen einer öffentlichen Lesung 1932: „Mein ärztlicher Beruf hat mich viel mit Kriminellen zusammengebracht." (Armin Kesser in: Materialien zu Alfred Döblin, S. 43)

Dabei hatte es auch Alfred Döblin nicht leicht gehabt als viertes und vorletztes Kind jüdischer Eltern, geboren in Stettin an der Oder und in einer recht ungesicherten Familiensituation. 1928, zur Zeit der Entstehung des Romans, erinnert sich Döblin in einem ironischen Rückblick an sein Elternhaus:

> In Stettin an der Oder lebte einmal mein Vater. Der hieß Max Döblin und war seines Zeichens ein Kaufmann. Da das aber eigentlich kein Zeichen ist, so war er Inhaber eines Konfektionsgeschäftes, welches nicht ging. Worauf er eine Zuschneidestube eröffnete, die einen guten Verlauf nahm. Dieser Mann war verheiratet und hatte es im Laufe der Jahre, wenn auch nicht zu Geld, so doch zu fünf Kindern gebracht. Auch ich war darunter. (Alfred Döblin: Erster Rückblick, in: Alfred Döblin, Sonderausstellung. Marbach 1978, S. 10 ff)

Traumatisch für die Familie wird der Weggang des Vaters im Juni 1888: nach Amerika. „Mein Vater wollte und mußte herüber, der Drang in ihm war zu groß." (Ebd., S. 15) Eine zwanzig Jahre jüngere Angestellte begleitet diese Flucht, das „Nähfräulein" Henriette Zander. Zurück blieb Mutter Döblin mit fünf Kindern. Eine Familientragödie. Solche schon früh durchstehen zu müssen hat die Widerstandskraft des damals Elfjährigen gestärkt.

Dabei schildert Alfred Döblin seinen Vater, der komponierte, dichtete, zeichnete, nicht ohne Sympathie: „Er hatte die Weite der Natur entdeckt und die Mannigfaltigkeit der Stettinerinnen." (Ebd., S. 21) 1888 zieht die Mutter mit ihren fünf Kindern nach Berlin um. Einfahrt in die große Stadt:

> Wir fuhren also von Stettin nach Berlin. Meine Mutter unterhielt sich im Zug mit Leuten, die die Stadt kannten. Unsere Gegend, die Blumenstraße, wurde sehr schlechtgemacht, da sind viele Fabriken und Rauch, das Gespräch war sehr lebhaft und in einem Fluß. Ich wagte nichts zu sagen, genauer, etwas zu fragen. Ich saß in Geburtswehen. Mir wurde bänglich und immer bänglicher. Es betraf meinen Bauch. Die Wehen nahmen an Heftigkeit zu. Und als wir uns den Häusern Berlins näherten, war ich am Ende meiner Kraft. Ich stand am Fenster, es war finster, spät abends, ich gab nach. Das Kind war da, es lief in meine Hose, mir wurde wohler, ich stand in einer Pfütze. Dann setzte ich mich beruhigt. (Zit. Kähler, Berlin. Asphalt und Licht. Die große Stadt in der Literatur der Weimarer Republik, S. 42)

Dic Familie zieht zunächst in die Blumenstraße und von dort mehrfach um. Döblin besteht im Jahre 1900 sein Abitur am Köllnischen Gymnasium und studiert ab Oktober bis April 1904 Medizin an der Königlichen Friedrich-Wilhelms-Universität in Berlin, wo er auch philosophische und literaturhistorische Vorlesungen hört. 1904 immatrikuliert er sich an der Universität Freiburg, wo er 1905 mit einer Arbeit über psychotische Gedächtnisstörungen promoviert.

Ab 1905 arbeitet Döblin an verschiedenen Krankenanstalten und eröffnet 1911 seine eigene neurologische Kassenpraxis in Berlin in der Blücherstraße 18 am Halleschen Tor. In Berlin war bereits ein anderer Dichter-Arzt aktiv: Gottfried Benn. Mit Benn und dem expressionistischen Kreis um Herwarth Walden trifft sich auch Döblin, der 1913 seine erste, dem expressionistischen Stil nahe stehende Sammlung von Erzählungen veröffentlicht: „Die Ermordung einer Butterblume", erschienen 1913 in der expressionistischen Zeitschrift „Der Sturm". Schon hier stellt Döblin seine Fähigkeit zu einer empathetisch-einfühlenden Erzählform unter Verarbeitung psychiatrischen Wissens unter Beweis. Jener ‚Held' der Erzählung Michael Fischer, der in sinnloser Wut eine Butterblume köpft und dann diese mit verschiedensten Phantasien von der Geliebten bis zur gehassten Schwiegermutter überzieht, beschreibt in der Form einer internen Fokalisierung die *Innenperspektive* einer gespalteten Persönlichkeit in den verschiedensten Facetten zwanghaften Handelns und moralischer Wahnvorstellungen. Nach dem exotischen Roman „Die drei Sprünge des Wang-lun" von 1915 veröffentlicht Döblin 1918 auch einen vom Futurismus inspirierten ersten Berlin-Roman: „Wadzeks Kampf mit der Dampfturbine". Er versucht sich auch an historischen Stoffen, so im Roman „Wallenstein" von 1920. In dieser Zeit, in der Döblin als Arzt in Berlin Fuß zu fassen versucht, experimentiert er mit verschieden literarischen Formen, wobei erst „Berlin Alexanderplatz" den endgültigen Durchbruch bringt, zugleich der einzige Welterfolg Döblins.

Dabei wurde die politische Lage Ende der Zwanziger Jahre immer bedrohlicher. Berlin war der Brennpunkt der politischen Auseinandersetzungen zwischen ‚Rechts' und ‚Links', Nationalsozialisten und Kommunisten. Döblins Roman entsteht in diesem politischen Klima und spiegelt es. Die Weltwirtschaftskrise von 1929 mit ihrer hohen Deflation und hohen Arbeitslosenzahlen prägt auch das soziale Klima des Romans von Döblin mit seiner Darstellung der Unterschichten des Romans, der Kleinkriminellen, Dirnen, Zuhälter, Diebe, Hehler.

7.4 Analyse des Romans

Der Roman „Berlin Alexanderplatz“ ist einer der komplexesten Romane der europäischen Literatur der Moderne. Er hat einen Haupthandlungsstrang – die Geschichte des Franz Biberkopf – und mehrere sich darüber lagernde Handlungs- und Symbolebenen. Diese werden vom Erzähler zumeist collageartig eingeblendet. Wir unterscheiden daher im folgenden die Biberkopfhandlung von der Symbolcollage der Stadt und untersuchen drittens die ebenfalls mehrschichtige Erzähltechnik des Romans.

7.4.1 Die Biberkopfhandlung

Die Geschichte beginnt mit der Entlassung des Franz Biberkopf aus dem Gefängnis Tegel nach seiner vierjährigen Haftstrafe für den Mord an seiner Freundin Ida im Affekt. Wir werden noch sehen, in welcher Weise dieser Handlungseinstieg dem Erzähler die Möglichkeit eröffnet, die Stadt Berlin selbst in ihrer Wahrnehmungschaotik zu inszenieren. Interessant aber ist zunächst einmal die Wahl des *Protagonisten*. Biberkopf ist kein reflektierender Protagonist wie Ulrich im „Mann ohne Eigenschaften“, die Reflexion geht ihm weitgehend ab. Er ist auch kein visionär sehender Mensch wie der junge dänische Adlige Malte Laurids Brigge, sehend erkennt er fast nichts, vor allem nicht die auf ihn lauernden Gefahren, in die er fast blind hineintappt. Noch weniger ist er ein sensibler Dandy wie jener Swann oder auch der Ich-Erzähler Marcel in Prousts Roman. Vielleicht gleicht er unter den Romanfiguren, die wir kennen gelernt haben, noch am ehesten jenem tumben Charles Bovary, von dessen Ängstlichkeit ihn wiederum eine gehörige Portion Mut und auch brutaler Willenskraft unterscheidet.

Franz Biberkopf ist auch kein Vertreter der bürgerlichen Klasse, sondern ein Transportarbeiter, also Proletarier, ohne sich allerdings mit jener Klasse zu verbünden. Als Einzelkämpfer ist er daher auch ständig in Gefahr im Dschungel der Großstadt Berlin sozial ‚abzurutschen‘, und ins kriminelle Milieu sackt er ja auch ab – allen seinen guten Vorsätzen zum Trotz.

Der Erzähler schildert Biberkopf als einen kraftvollen Mann mit einem mächtigen Körper. Er ist ein im Kern gutmütiger, aber – wenn gereizt – unbeherrscht cholerisch aufbrausender Typ, und in einem solchen Anfall hat er ja seine Freundin Ida erschlagen. Um ein Haar hätte er sich auch an seinem „Miezeken“ vergriffen, die er als „Lude“ ausbeutet. Als sie ihm von einem „Freund“ erzählt, der ihr offenbar mehr bedeutet als ein zahlender Freier, verhindert ausgerechnet jener Reinhold, der Biberkopf aus dem Auto gestoßen hat und ihn töten will, Schlimmeres. „Zopp ab, Mensch, schlägst ihr noch dot.“ (BA, S. 302) Noch im selben Buch ist es dann Reinhold selbst, der Mieze „dot“ schlägt.

Biberkopf säuft. Zu mehreren Bieren ist er immer unterwegs, hat seine Stammkneipen, wo dunkle Geschäfte gemacht werden und wo er auch Reinhold trifft. Das schildert der Erzähler im fünften Buch. Kein Denker also und auch kein beherrschter Mensch ist dieser Franz Biberkopf. Und auch kein besonders sensibel sich erinnernder Mensch: „Wer schuld an allem ist? Immer Ida. Wer sonst. Dem Biest hab ich die Rippen zerschlagen damals, darum hab ich ins Loch gemußt.“ (BA, S. 29)

Durch diese Figur gewinnt der Erzähler also keinen Zugang zu einer reflektierten und auch nicht zu einer emotional sensiblen Stadtansicht. Wohl aber gewinnt er Einsicht in die *halb- und vorbewußten Assoziationsströme* dieser Figur und seines sozialen Milieus.

Der Erzähler charakterisiert Biberkopf vor allem durch seine *Sprache:* ein grobschlächtiger Berliner Dialekt, mit jenem unverwechselbaren, wenn auch nicht konsequent durchgeführten „ick“ und seinen Vertauschungen von „mir“ und „mich“: „Ick heeße Biberkopf, Franz. War schön von Ihnen, daß Sie mir uffgenommen haben.“ (BA, S. 23)

Rührend wirkt gleichwohl bei aller Grobheit und Unbeholfenheit Franz’ anfänglicher Wille, um jeden Preis anständig zu bleiben. Die Forschung hat sich gefragt, ob es ganz plausibel ist, wenn dieser Mann, Idas Mörder, sich nach der vergleichsweise harmlosen Beraubung der Wirtin durch seinen Bekannten Lüders wochenlang zurückzieht, wie dies das Ende des dritten und Anfang des vierten Buches schildert.

Gänzlich instinktlos verhält er sich immer wieder gegenüber Reinhold, von dem er sich in seiner Stammkneipe, wo er ihn trifft, „mächtig [...] angezogen“ fühlt (BA, S. 155). Wahrscheinlich weil Reinhold ein „feiner Pinkel“ ist (BA, S. 164). Und das ist Biberkopf auf keinen Fall. Sein Abrutschen in dessen Kriminalitätsszene – die Pumsbande – ist über die Anziehungskraft dieses Bandenmitglieds vorprogrammiert. Als Biberkopf merkt, in welches ‚Obst-Geschäft‘ er da an einem Sonntag (!) hereingezogen wurde, ist es schon zu spät. Vor allem die Fehleinschätzung der Brutalität Reinholds kostet ihn seinen Arm und beinahe sein Leben.

Umso bemerkenswerter ist, dass Biberkopf ihn deshalb – und bis zuletzt vor Gericht – nie verklagt. Schon wenige Wochen nach dem Unfall, als Biberkopf selbst zum kleinkriminellen „Hehler“ geworden ist (BA, S. 226) und Mieze für sich ‚anschaffen‘ lässt, „schleicht“ er wieder zu Reinhold hin, um von ihm aufgenommen zu werden. Das wird im selben sechsten Buch geschildert, das auch den Unfall beschreibt, also Reinhold in seiner rücksichtslosen Brutalität. In dieser Zeit säuft er viel, langweilt sich. Aber was treibt ihn zu Reinhold? Der reagiert lange – aus seiner Perspektive zu Recht – unsicher, was dieser Biberkopf, den er zum Krüppel gemacht hat, von ihm will. „Ich wollt Dir bloß sehen, Reinhold.“ (BA, S. 264) Als dieser die Schwäche von Franz erkennt, beschließt er nicht etwa, ihn in Ruhe zu lassen, sondern ihn zu vernichten. Erst jetzt aber wird jener Franz, der anfänglich und lange Zeit anständig hat bleiben wollen, zum „Einbrecherfranz“ (BA, S. 282).

Was Franz Biberkopf und Reinhold zusammenschweißen mag, könnte eine Art pervers-symbiotische Wechselabhängigkeit sein. Der eine, Biberkopf, fühlt sich angezogen von der Macky-Messer-haften Gaunereleganz Reinholds, die er nicht hat – Brechts Oper hatte 1928 in Berlin Premiere –, der andere, Reinhold, der seine Weiber an Biberkopf abtritt und dessen Liebesakt mit Mieze belauschen will – von einer Vitalität, die er nicht hat, und gerade darum vernichten will.

Seine Ermordung Miezes, der Braut von Biberkopf, kompensiert somit zugleich auch den nicht gelungenen Mord an Biberkopf.

Nachdem Biberkopf dies erfahren hat, will er Reinhold umbringen, aber findet ihn nicht. Selbst in einer Irrenanstalt einsitzend, „belastet [er] diesen Reinhold mit keinem Wort“ (BA, S. 402). Wenn er in der Verhandlung vor dem Richter aussagt, „Reinhold hat eine furchtbare, unnatürliche Sucht nach Frauen gehabt, und so ist das gekommen“ (BA, S. 407), beschreibt er im Rahmen seiner Erkenntnismöglichkeiten die psychische Disposition seines Widersachers, die der Erzähler noch einmal aus der Sicht des Gerichts resümiert:

> Zehn Jahre Zuchthaus für Reinhold, Totschlag im Affekt, Alkohol, triebhafter Charakter, verwahrloste Jugend. Reinhold nimmt die Strafe an. (BA, S. 408)

Die eigentliche Mordszene an jenem Sonnabend, den 1. September, aber hatte mehr, nämlich die *Konkurrenz* der Männer, als wichtigste Mordursache sichtbar werden lassen. Reinhold will Mieze und er will sie vernichten, *weil* sie Biberkopfs Braut ist und sie, die auch die Gefährlichkeit Reinholds nicht oder zu spät erkennt, ihn gerade durch ihre Liebe zu Franz und seine Zurückweisung durch sie bis aufs Blut reizt:

> Du Hund, den wolltest du umbringen, den haste unglücklich gemacht, und jetzt willste mir haben, du Saukerl. (BA, S. 316)

Wenig später tut er das, was er bei Biberkopf nicht geschafft hat, er bringt sie um.

> Die japst nicht mehr, das Luder. (BA, S. 317)

Danach beginnt – die Botschaft über den Mord an Mieze erreicht Biberkopf ja über eine Zeitungsnachricht – der endgültige Niedergang dieses kraftvollen Mannes. Am Ende ist er zwar wieder frei, aber innerlich gebrochen.

Seltsam ist, wie der Erzähler die Biberkopfhandlung abschließt: Mit einem lang hingezogenen ‚Todeslied': „Der Tod singt sein langsames, langsames Lied." (BA, S. 387) „Der Tod ist da." (BA, S. S. 389) „Und jetzt hört Franz das langsame Lied des Todes." (BA, S. 392) So geht es über Seiten.

Der Tod hält Biberkopf auch eine Moralpredigt in dieser Stunde, ohne dass Biberkopf dies angemessen verarbeiten kann (BA, S. 390). Die Forschung hat sich gefragt, ob der „Alexanderplatz" ein ‚Bildungsroman' ist. Sicher gibt es am Ende einen „Umschlagpunkt der Geschichte, die dem ‚irdischen Weg' und dem ‚alte[n] Franz Biberkopf' ein Ende setzt" (Sanna: Selbststerben und Ganzwerdung, S. 48). Aber eine innere Wandlung und Persönlichkeitsreifung, wie sie der alte Bildungsroman – zum Beispiel Goethes „Wilhelm Meister" – darstellt, findet sich nicht in „Berlin Alexanderplatz".

Am Ende steht der mehrfach Totgesagte wieder auf und lebt doch noch ein bisschen. Der Schluss des Romans ist, wie die Forschung bemerkt hat, erzähltechnisch am wenigsten geglückt. Es gibt einen regelrechten „Quasi-Schluss" – „Gestorben ist in dieser Abendstunde Franz Biberkopf" (BA, S. 399) – und dann hängt der Erzähler doch noch einen „Bericht" an, indem die neuerliche Entlassung und Eingliederung Biberkopfs ins Berufsleben als Portier beschrieben wird (BA, S. 399ff).

Die Forschung spricht regelrecht vom „Erlöschen des Erzählinteresses" am Ende des Romans (Bayerdörfer in: Materialien zu Alfred Döblin, S. 156). Aber warum verliert der Erzähler am Ende die Lust am Erzählen? Darüber hinaus: Warum hat er diesen mental und charakterlich eher schwachen Franz Biberkopf zum ‚Helden' seines Berlin-Romans gemacht. Ein vielleicht gutmütiger, aber relativ unsensibler, gedankenschwacher Protagonist als Held des Romans, warum? Bevor wir darauf zu sprechen kommen, einige Anmerkungen zur collagehaften Symbolisierung der Stadt im Roman und zu seiner Entstehungsgeschichte.

7.4.2 Die Stadt als Symbolcollage

Der Erzähler in Rilkes Malte hat die Großstadt Paris symbolisch überhöht. Ein Bild wie der schreiende Mann – eigentlich ein Gemüseverkäufer – wird in den „Aufzeichnungen" zum Bild der Großstadtentfremdung durch eine Technik der visionären Überhöhung des Wahrnehmungsbildes. Bei Rilke verbinden sich sinnliche Wahrnehmung mit visionärer Imagination und Reflexion *im* Bild. Der Erzähler in BA praktiziert ein anderes Verfahren: Er schaltet mit Hilfe des Collageprinzips Texte zu, die ihrerseits Bedeutungsebenen in den Roman importieren und so die Ebene der Biberkopfhandlung überlagern. Es sind mehrere semantische Bedeutungsebenen, die der Text so mit Hilfe der Collage in den Roman einbringt:

Erstens: die Bildebene der „Hure Babylon". Der Erzähler entnimmt sie der *Apokalypse* des Johannes aus dem Neuen Testament, also einem Text, der ca 100 n. Chr. entstanden ist und das Ende Roms – dort schon in Erinnerung an das jüdische Exil im Alten Testament symbolisiert in der „Hure Babylon" – vorhersagt. Das Zeitgeschehen nimmt damit selbst eine *apokalyptische* Dimension an. Aber was bedeutet das? Ist Berlin das neue Rom und neue Babylon, in welchem der Abfall von Gott zu einer Weltkatastrophe führt, aus der das neue Jerusalem hervorgeht? Offensichtlich darf die Bildebene der Apokalypse auch nicht überstrapaziert werden. Es gibt in „Berlin Alexanderplatz" keine parallele Heilserwartung wie im Neuen Testament in der Apokalypse des Johannes, auch wenn es durchaus Zeichen eines religiösen Wandels am Ende im Zusammenhang mit dem Todesmotiv gibt. Die Textmontage hat einen eher atmosphärischen Charakter: Das neue Berlin ist eine verworfene, dem Untergang geweihte Stadt wie die Apokalypse das alte Rom und Babylon schildert.

Alttestamentarische Bibelparallelen: Zu den wichtigsten alttestamentarischen Quellen, die der Roman in der Form der Textmontage zuschaltet, gehören die Anspielungen auf die Austreibung aus dem *Paradies* von Adam und Eva in dem Buch Genesis des Alten Testaments. Sie symbolisieren eine Art *Urschuld* der Menschheit, die auch Biberkopf auszutragen hat und durch eigenes schuldhaftes Tun wieder erneuert.

Gleich zu Eingang des zweiten Buches wird diese Geschichte der paradiesischen Existenz von Adam und Eva noch *vor* dem Sündenfall erzählt und steht damit im Kontrast zur Biberkopfhandlung. Die Parallelisierung mit der Vertreibung aus dem Paradies im vierten Buch dagegen (BA, S. 116) leitet direkt über zum ‚Herumstrolchen' des nun schon seit einigen Monaten aus der Haft entlassenen Biberkopf vor Minnas Haus und zu den großen Schlachthof-Darstellungen.

Die Anspielungen auf die Klagelieder des *Jeremias* nach der Verwüstung Jerusalems haben eine ähnliche Funktion wie die Apokalypseanspielungen: Berlin als einen Ort der inneren Zerstörung und Gottesferne kenntlich zu machen. Zudem wird die Verfluchung des Jeremia zitiert: „Verflucht ist der Mann, spricht *Jeremia*, der sich auf Menschen verläßt, […] dessen Herz von Gott abfällt" (BA, S. 175) – ein direkter Hinweis auf das falsche Vertrauen in Reinhold durch Biberkopf.

Die Texthinweise aus dem Prediger *Salomon* – „Ein jegliches hat seine Zeit" (Prediger Salomo 3.1) – wird u. a. unmittelbar vor dem Mord an Mieze durch Reinhold eingeblendet und ist dort ein Todeshinweis. Im Predigertext heißt es u. a. weiter: auch „töten hat seine Zeit" (Prediger Salomo 3.3).

Schließlich die Parallelen aus dem *Buch Esther* und zum *Buch Hiob*. Letztere überhöhen die *Verelendung* des Franz Biberkopf symbolisch, so im vierten Buch, wo Franz sich wochenlang in seine Kammer verschließt (BA, S. 124). Wie Hiob fällt auch Biberkopf ins Elend. Im alten Testament wird Hiobs Schicksal ausgelöst durch eine Wette zwischen Gott und dem Satan: Der Satan rühmt sich, den gottesfürchtigen Hiob zur Gottesschmähung verführen zu können, wenn er diesen wohlhabenden Mann mit allen irdischen Plagen heimsucht. Aber er scheitert. Hiob wird wieder durch Gott in Gesundheit und Wohlstand eingesetzt. Er hat sich ja vor Gott bewährt. Im Roman ist die Parallele eher atmosphärisch gegeben. Auch Biberkopf fällt ins Elend. Aber bewährt hat er sich nicht. Er hat gemordet, mordet später beinahe ein zweites Mal, säuft, hehlt, stiehlt. Schuldlos an seinem Unglück ist er keineswegs, sondern zieht es sich geradezu auf den Hals. Also kein neuer Hiob, wohl aber eine Figur, dessen Elend zeitweilig dem des schuldlosen Hiob gleicht.

Schlachthofmetphorik: Die große Textmontage des Berliner Schlachthofs im vierten Buch (BA, S. 122ff und S. 127ff) verdeutlicht sicher die Brutalität, aber auch die Vitalität eines solchen Stadtgebildes wie es Groß-Berlin Ende der Zwanziger Jahre darstellt. Zudem kann man diese Bildebene parallelisieren mit der ‚Schlachtung' der Biographien der Menschen in dieser Stadt. In der Tat stellt der Roman selbst die

Analogie zwischen Menschen- und Tierschlachtung her (dazu Kobel: Alfred Döblin, S. 285).

Kriegsmetaphorik: Durchgehend durch den Text des Romans gibt es eine semantische Ebene der Kriegsmetaphorik, so noch am Ende: „Die Trommel wirbelt hinter ihm. Marschieren, marschieren." (BA, S. 410) In diesem letzten Buch findet sich auch der Hinweis auf den Untergang der Armee Napoleons an der Beresina (BA, S. 400). Die Stadt also als Ort des Schlachtgetümmels und der in den Tod getriebenen Menschen.

Dampframme: Am Alex wird permanent gebaut. Die Szene am Anfang des fünften Buches (BA, S. 144) ist symbolisch für die ganze Stadt als ein Symbol für deren Vitalität, aber auch Brutalität.

Volkslied: Mehrfach eingeblendet wird das alte deutsche Volkslied: „Es geht ein Schnitter/ der heißt Tod [...]" (BA, S. 163), das die Omnipräsenz des Todes in der Stadt symbolisch benennt. Der Erzähler schaltet dieses Motiv vor allem dann zu, wenn auch im Handlungsstrang der Erzählung selbst der Tod droht, so vor der Ermordung Miezes und auch am Ende des Romans, als Biberkopf vom Tod bedroht wird.

Berlincollagen: Eine Vielzahl von Berlincollagen – die verschiedenen Formen der *Amtssprache*, die Gliederung der *Verwaltung* der Stadt Groß-Berlin, die *Verkehrs*linien und -verbindungen, *Industrie-* und *Geschäfts*zentren der Stadt, die *Zeitungs*berichte und damit verbunden *politischen* Problemzonen der Stadt und Zeit in der Endphase der Weimarer Republik einschließlich der Sprache der *politischen Agitation* – erzeugen ein Panorama der *Zeitgeschichte* der Stadt Ende der Zwanziger Jahre mit ihrer hohen *Arbeitslosigkeit*, *Kriminalität*, politischen *Radikalisierung*.

Dazu gibt es eine Fülle von *Ehebruchs-, Diebes-, Verhaftungsgeschichten*, eingeblendete *Biographien* von Menschen, die in der Großstadt sich zu behaupten suchen und auch scheitern.

Insgesamt also: das Bild des „Molochs" – wieder ein biblisches Bild – Berlins an einem Schnittpunkt der *Zeitgeschichte*, deren Tragweite dem Autor Döblin zu diesem Zeitpunkt noch gar nicht ganz klar sein konnte, im Bedeutungsfeld aber auch einer *überzeitlichen* Darstellung des leidenden Menschen und der condition humaine als einer ewigen Leidensgeschichte.

Gleichzeitig aber auch erscheint die Stadt in „Berlin Alexanderplatz" in ihrer brutalen *Vitalität*. Der Erzähler erzeugt durch seine Collagen ein Bild der Stadt als *melting pot* der *Kräfte* und *Energien*, die Groß-Berlin Ende der Zwanziger Jahr beherrschen und diese Stadt selbst als ein gewaltiges *Kraftfeld* individueller und kollektiver Energien sichtbar werden lässt und in diesem Sinne: als eine Metapher der *Moderne*.

7.4.3 Entstehungsgeschichte, Einflüsse

Zunächst noch ein Blick auf die *Entstehungsgeschichte* des Romans. Wir stoßen hier auf einige wenige Feuilletons, die Döblin unter dem Pseudonym Linke Poot im Berliner Tageblatt 1919-24 veröffentlicht hat, die noch im Stil Fontanes Brandenburg-Feuilletons verwandt sind. Eine beginnt mit den Worten:

> Ein sonniger Vormittag; ich mache mich auf zu einer Umzingelung des Alexanderplatzes. Der verlockt mich sonst, menschenstrudelnd wie er ist, geradewegs auf ihn zuzustoßen; ich will einmal die Peripherie dieses mächtigen Wesens abtasten. (Armin Kesser in: Materialien zu Alfred Döblin, S. 11)

Hier führt ein Ich-Erzähler seinen Leser eher langsam und behaglich an den Alexanderplatz heran. Es sind liebevolle Impressionen, die so geschildert werden, auch wenn sie schon das neue Tempo der Stadt einzufangen suchen. Eine dieser impressionistischen Skizzen, deren Eingang wir gerade zitierten, erkundet das Terrain „Östlich um den Alexanderplatz", eine andere „Die nördliche Friedrichstraße", eine ist überschrieben „Vorstoß nach Westen" (Prangel: Materialien zu Alfred Döblin, S. 11ff). Das Thema Berlin tritt dann in den Zwanziger Jahren bei Döblin erst einmal zurück, um dann in der gewaltigen Eruption des „Alexanderplatz" wieder aufzutreten. Was ist dazwischen passiert?

Eine regelrechte Initialzündung für den „Alexanderplatz" ist nicht auszumachen, wie die Forschung ergeben hat (Müller-Salget in: Materialien zu Alfred Döblin, S. 121). Die unmittelbare Druckvorlage für den Druck 1929 ist auch nicht vorhanden, wohl aber mit dem sog. „Marbacher Manuskript" eine zusammenhängende, allerdings vor allem in den Anfangspassagen stark überarbeitete handschriftliche Fassung, die auch ihrerseits für die Drucklegung aus anderen, heute nicht mehr erhaltenen Quellen ergänzt wurde (ebd., S. 124f).

Das beantwortet aber nicht die Frage nach einer „Initialzündung" für den Roman. Die Forschung hat spekuliert, ob die 1927 erschienene deutsche Übersetzung von James Joyce' „Ulysses" als eine solche Initialzündung anzusehen ist. Die Arbeiten von Mitchell, Duytchaever gehen dieser Vermutung nach. Wahrscheinlich hat Joyce mit seiner Assoziationstechnik auf Döblin eingewirkt, wahrscheinlich auch John Dos Passos' Roman „Manhatten Transfer" von 1925, übersetzt 1927, mit seiner szenischen Montagetechnik. Aber wahrscheinlich war das nur möglich, weil Döblin selbst bereits im Expressionismus literarische Techniken entwickelt hatte, die auch Einflüsse so wichtiger Großstadtromane des 20. Jahrhunderts integrieren konnten.

7.4.4 Der Erzähler: Empathie, Assoziation und Weltdeutung

Die Analyse des *Erzählers* gehört zu den spannendsten Kapiteln der Romananalyse. Zweifellos ist es ein *heterodiegetischer* Erzähler – also einer, der nicht selbst zum Romangeschehen gehört –, der die Handlung des Franz Biberkopf erzählt. Aber was ist damit über seinen Erzählstil gesagt? Mit Hilfe der Kategorien von Stanzel hat man ihn auch als einen *auktorialen* Erzähler beschrieben, eben weil er Handlungsvorausdeutungen gibt, summarische Rückblicke, auch vielfach Bewertungen des Geschehens, also ein Erzähler, der über dem Geschehen zu schweben scheint. Aber auch diese Kategorie wird dem Roman nicht gerecht. Wir werden sehen, warum.

Auf die *Binnenperspektive* in der expressionistischen Prosa von Döblin hatten wir bereits hingewiesen.

Was aber nun kennzeichnet den Erzähler in der Fassung des „Alexanderplatz", wie wir sie vorliegen haben? Den Leser mit dem Blick eines Mannes, der vier Jahre hinter Mauern saß, in den Berlinroman eintauchen zu lassen, erzeugt auch für jenen einen *Schockeffekt:*

> Er schüttelte sich, schluckte. Er trat sich auf den Fuß. Dann nahm er einen Anlauf und saß in der Elektrischen. Mitten unter den Leuten. Los. Das war zuerst, als wenn man beim Zahnarzt sitzt, der eine Wurzel mit der Zange gepackt hat und zieht, der Schmerz wächst, der Kopf will platzen. Er drehte den Kopf zurück nach der roten Mauer, aber die Elektrische sauste mit ihm auf den Schienen weg, dann stand nur noch sein Kopf in der Richtung des Gefängnisses. Der Wagen machte eine Biegung, Bäume, Häuser traten dazwischen. Lebhafte Straßen tauchten auf, die Seestraße, Leute stiegen ein und aus. In ihm schrie es entsetzt: Achtung, Achtung, es geht los. Seine Nasenspitze vereiste, über seine Backe schwirrte es. „Zwölf Uhr Mittagszeitung", „B. Z.", „Die neuste Illustrirte", „Die Funkstunde neu" „Noch

> jemand zugestiegen?“ Die Schupos haben jetzt blaue Uniformen. Er stieg unbeachtet wieder aus dem Wagen, war unter Menschen. Was war denn? Nichts. Haltung, ausgehungertes Schwein, reiß dich zusammen, kriegst meine Faust zu riechen. Gewimmel, welch Gewimmel. Wie sich das bewegte. Mein Brägen hat wohl kein Schmalz mehr, der ist wohl ganz ausgetrocknet. (BA, S. 8f)

Der Erzähler beschreibt den ersten mühsamen Sprung in die Straßenbahn („Dann nahm er einen Anlauf und saß…“), vergleicht das mit einer schmerzlichen Behandlung („als wenn man beim Zahnarzt“), er beschreibt die Biegung des Kopfes, die Fahrt der Bahn, die Vereisung der Nase, akustische Reize (Zeitungsausrufe, der Schaffner), den Ausstieg. Bereits diese Textpassage zeigt das Verfahren des Erzählers: Er produziert literarisch die Wahrnehmung seines Protagonisten aus *dessen* Binnenperspektive, erzeugt die Beschreibung der Vielfalt und Chaotik der Eindrücke aus dem *subjektiven Wahrnehmungsfeld* des Protagonisten.

Das wird deutlich auch bei dem folgenden Satz: „[...] Schwein, reiß dich zusammen, kriegst meine Faust zu riechen.“ Offenbar eine Reaktion Biberkopfs auf eine andere Figur, die ihn bedrängt, die wir aber nur in seiner Reaktion erkennen und wahrnehmen.

Dies wird *Leitperspektive* des Erzählgeschehens im Roman sein: die *Erzeugung* der *Wahrnehmungswelten* seines Protagonisten und auch der anderen, zum Teil namenlosen Figuren. Und da dies weitgehend *unreflektierte* und auch *nicht* sehr *sensible* Figuren sind, werden es auch nicht besonders fein ziselierte Reflexions- und Emotionswelten sein, die der Erzähler erzeugt. Es sind über weite Strecken *verstörte Wahrnehmungswelten* der Figuren, die der Text zeigt, vielfach im Bereich des *assoziativen Vor-* und *Unbewussten* angesiedelt, und es sind vielfach auch *assoziativ* zugeschaltete Collagen, die sich damit verbinden.

Dabei überlässt sich der Erzähler offensichtlich einem selbst nicht rational gesteuerten Strom der *Sprache*. Döblin bekennt sich dazu. 1955, kurz vor seinem Tode, schreibt er in einem Nachwort zur Neuauflage des Romans: Er schreibe grundsätzlich „ohne Plan, ohne Richtlinien darauflos, ich konstruiere keine Fabel; die Linie war: das Schicksal, die Bewegung eines bisher gescheiterten Mannes. Ich konnte mich auf die Sprache verlassen: die gesprochene Berliner Sprache; aus ihr konnte ich schöpfen […].“ (BA, S. 414)

Der assoziative Stil des Erzählers gründet also – wie soll es anders sein – im sprachassoziativen Denken und Sprechen des *Autors* selbst. Und das ist der Grund, warum der Erzähler auch keinen reflektierten Protagonisten wie Ulrich im „Mann ohne Eigenschaften“ oder sensibel sich erinnernden Ich-Erzähler agieren lässt. Der Erzähler und seine im Berliner Dialekt redenden, z. T. auch quasselnden Figuren entsprechen wie der assoziative Stil des Erzählers selbst dem Denkstil des Autors am besten.

Damit ist eine – wie dies die Forschung genannt hat – „Entliterarisierung der Sprache" gegeben (Martini: Wagnis der Sprache, S. 342). Anders formuliert: Die Literatursprache schon des Expressionismus, auch die Sprache Rilkes in Paris, erobert – wie dieser Großstadtroman von Döblin – *neue* Sprachzonen einer Ästhetik des *Hässlichen*, *Brutalen*. Dieses wird nicht poetisch beschönigt. Die Sprache der Literatur setzt sich in dieser Epoche den neuen Phänomenen der Moderne aus und erzeugt sie im literarischen Text in ihrer Ungeformtheit, Hässlichkeit, aber auch Vitalität.

So überlässt sich auch Döblins Erzähler seinen vielfach ungefilterten *Sprachassoziationen*. Die so entstehende *Textualität der Assoziation* kann durch *Sprachverwandtschaften* und/ oder durch *Sachähnlichkeiten* erzeugt werden. Ein Beispiel: Kurz nachdem Franz wieder in Freiheit ist, meldet sich sein Sexualtrieb. Die Liebesszene ist skuril und typisch für Döblins assoziative Montagetechnik:

> Das schwammige Weib lachte aus vollem Hals. Sie knöpfte sich oben die Bluse auf. Es waren zwei Königskinder, die hatten einander so lieb. Wenn der Hund mit der Wurst übern Rinnstein springt. Sie griff ihn, drückte ihn an sich. Putt, putt, putt, mein Hühnchen, putt, putt, putt, mein Hahn. (BA, S. 26)

Mindestens *vier* Sprachebenen verquicken sich hier in diesem assoziativen Textgemenge: die Beschreibungssprache des Erzählers, das ironische Zitat eines alten Liebesliedes – wohl in ironischem Kontrast zu Biberkopfs Geilheit –, der Berliner Gassenhauer und das Anlocken von Federvieh als erneuter ironischer Kommentar zum Triebgeschehen. Gemeinsam sind den Assoziationen der Bezug auf das Thema Liebe, Sexualität. Alles geht ineinander über als eine beinahe anonyme Sprachassoziation.

Durch solche assoziativen Gemengelagen der Vorstellungen zeichnet der Erzähler das Bewusstsein seiner Figuren und die Kommunikationsprozesse zwischen ihnen.

Die *Großstadt Berlin*: Das ist für Franz Biberkopf wie auch für die anderen Figuren ein permanentes Ineinanderschieben verschiedener Vorstellungsebenen und Bewusstseinsfetzen, die sich bei jeder Gelegenheit überlagern, ineinander vermischen, aber kein klares Bild mehr zu erkennen geben. Der Erzähler vermischt immer wieder *Innen-* und

Außenwelt, *Unbewußtes* und *Bewußtes*, *Gegenwärtiges* und *Erinnertes* und zeichnet so die Persönlichkeit seines ‚Helden' Biberkopf wie auch der anderen Figuren als ein *amorphes Assoziationsfeld* verschiedenster Vorstellungen, die sich zur Einheit der Person nicht mehr zusammenfügen. Das unterscheidet die Figurengestaltung dieses Romans grundsätzlich von der Figurenanlage eines klassischen auktorialen Erzählers.

Der Erzähler selbst spricht immer wieder in jener *Berlinischen Umgangssprache*, die seine Figuren auszeichnet und wesentlich den Stil des ganzen Romans charakterisiert. Das wird deutlich, wenn er sich direkt an die Figuren wendet, so z. B. an den sich abkapselnden und verludernden Franz Biberkopf im vierten Buch: „Franz, zwei Wochen hockst du jetzt auf deiner elenden Kammer. Deine Wirtin wird dich bald raussetzen." (BA, S. 124) So wie der Erzähler hier könnte auch ein Kumpel zu Biberkopf gesprochen haben.

Wie stark sich der Erzähler jeweils *empathetisch* seinen Figuren anpasst – zu denen er zugleich warnend und vorausdeutend kritische Distanz wahrt –, zeigen besonders *Extremsituationen* des Romans. Als die Voyeurszene zwischen Franz, Mieze und Reinhold in eine Prügelszene übergeht – „Franzeken, ist genug, keinen Stock", bettelt Mieze (BA, S. 301) –, verliert Franz die Übersicht und den Boden unter den Füßen. Der Erzähler reproduziert das Drehkarussell und den Verlust der eigenen Identität im Kopf seines ‚Helden':

> Der Franz Biberkopf aber, – Biberkopf, Lieberkopf, Zieberkopf, keinen Namen hat der –, die Stube dreht sich, die Betten stehen da, an einem Bett hält er sich fest. Da liegt Reinhold drunter [...]. (BA, S. 301)

Den er nun in seiner Panik heraufruft. Hier nun verfällt die ahnungslose, verprügelte Mieze in einen Schreikrampf:

> Miezens aufgerissener Mund, Erdbeben, Blitz, Donner, die Gleise durchgerissen, verbogen, der Bahnhof, die Wärterhäuschen umgeworfen, Tosen, Rollen, Qualm, Rauch, nichts zu sehen, alles hin, hin, weggeweht, senkrecht, quer. (Ebd.)

Der assoziative Erzählstil erzeugt das Bild des *inneren* Schreckens durch ein *äußeres*: das der zerrissenen Gleise, der Zerstörung der Kommunikationsstation Bahnhof, der diffusen Dampf- und Rauchbildung der damaligen Bahnhöfe mit ihren Dampfloks als Bild der inneren Vernebelung und Angst Miezes. Franz fragt nach:

> „Wat ist, was is kaputt?" (Ebd.)

Aber erhält als Antwort nur diffuses „Schreien“:

> Schreien, Schreien unaufhörlich aus ihrem Mund, qualvolles Schreien, gegen das hinter dem Rauch auf dem Bett, eine Schreimauer, Schreilanzen gegen das da, höher hin, Schreisteine. (Ebd.)

Biberkopf will sie zur Ruhe bringen:

> „Maul halten, wat is kaputt, hör uff, das Haus kommt zusammen.“ (Ebd.)

Aber erreicht Mieze nicht in ihrer Panik:

> Quellendes Schreien, Schreimassen, gegen das da, keine Zeit, keine Stunde, kein Jahr. (Ebd.)

Der subjektive Schrecken Miezes „gegen das hinter dem Rauch“ – es ist Reinhold –, ihre geschrieene Abwehr („Schreimauer, Schreilanzen“) reagieren nicht nur auf den Schrecken des plötzlich auftauchenden Voyeurs, sondern antizipieren bereits unbewusst eine Angstabwehr gegen die extreme Bedrohung eines Menschen, der sie in der Tat umbringen wird. Die unbestimmte Syntax der Nomen („Quellendes Schreien“) erzeugt auch im Leser ein Bild der amorphen Angst und Panik der Frau, auf die nun seinerseits auch Biberkopf reagiert als „Tobtobtobsüchtiger“ vor dem groteskerweise Reinhold Mieze rettet. Die sprachliche Potenzierungsformel zeichnet auch hier das Sichüberschlagende einer subjektiven Wahrnehmung nach, des Cholerikers Franz Biberkopf, der in solchem Anfall schon einmal eine Frau erschlagen hat.

Auch die *anonymen Erzählerpassagen* wie die berühmte Stelle: „Der Rosenthaler Platz unterhält sich“ (BA, S. 40ff) haben die Tendenz, sich dem Bewusstsein ihrer Figuren anzupassen. Zum Teil entstehen so geisterhafte Dialoge aus einer Collage von Gesprächsfetzen, wie hier am Stettiner Bahnhof:

> Die Invalidenstraße wälzt sich linksherum ab. Es geht nach dem Stettiner Bahnhof, wo die Züge von der Ostssee ankommen: Sie sind ja so berußt – ja hier staubts. – Guten Tag, auf Wiedersehen. – Hat der Herr was zu tragen, 50 Pfennig. – Sie haben sich aber gut erholt. – Ach die braune Farbe vergeht bald. – Woher die Leute bloß das viele Geld zu verreisen haben. – In einem kleinen Hotel da in einer finsteren Straße hat sich gestern früh ein Liebespaar erschossen, ein Kellner aus Dresden und eine verheiratete Frau, die sich aber anders eingeschrieben haben. (BA, S. 41)

Der Erzähler ist viel enger in das Geschehen, das er beschreibt, eingebunden, als es die Kategorien des heterodiegetischen oder auktorialen Erzählers zum Ausdruck bringen. Er ist selbst ein Teil jenes assoziativen

Sprachstromes, der das Berlin der Zwanziger Jahre und ihre Menschen prägt. Vielfach spricht er selbst in jenem Stil einer *erlebten Rede*, welche die Innenperspektive der Figuren selbst zur Darstellung bringt.

Unter den *Modi der Subjektivität* aber ist es eine oft vor- oder unterbewusste assoziative Ebene, auf die sich der Erzähler in diesem Roman begibt, um so ein Berlin der Assoziationen, Ängste, Hoffnungen und Verzweiflungen seiner Bürger im Leser entstehen zu lassen und zusätzlich eine Flut anonymer Texte, Reden, Sprachformen des Berlins der Endzwanziger Jahre.

Vor allem an den Eingängen der Bücher aber spricht der Erzähler von *höherer Warte*, indem er *Vorausdeutungen* und auch *Bewertungen* des fatalen Geschehens gibt. Er weist immer wieder auch seinen Franz Biberkopf an, „anständig" zu sein und zu bleiben, schon wissend, dass der Roman diesen Verlauf nicht nimmt. Damit bringt er selbst einen gewissen *Fatalismus* in den Roman. Das Geschehen, das er selbst sprachassoziativ produziert, läuft ab, wie eine Maschine.

Dabei zeigt sich diese Großstadtmaschine wie ein Mahlwerk, das viele Menschen vernichtet. Gleichwohl bleibt ein Ton der *Gelassenheit* und des *Lebensmutes* über dem Ganzen:

> Es ist kein Grund zu verzweifeln. Ich werde, wenn ich diese Geschichte weitererzähle und bis zu ihrem harten, schrecklichen, bitteren Ende geführt habe, noch oft das Wort gebrauchen: es ist kein Grund zu verzweifeln. (BA, S. 191)

Der Grund dafür liegt wohl darin, dass der Roman selbst nicht nur ein kritisches Panorama einer modernen Großstadt ist, sondern in der Deutung des Erzählers selbst eine Art ewiges *Lebenspanorama* darstellt. Alles was geschieht, und ist es auch noch so schrecklich, ist Ausdruck des Lebens unserer irdischen Existenz als Menschen nach dem Sündenfall, aber als solcher auch ein Zeichen der Vitalität des irdischen Lebens. In diesem Sinne knüpft der Roman, wie die Forschung zu Recht bemerkt hat, an das 1928 erschienene Epos „Manas" von Döblin an. Die Lust des Erzählers an der Lebendigkeit seiner Figuren und der Großstadtszene Berlin ist auch noch dort zu spüren, wo vieles schief läuft, in Verbrechen abgleitet und in (Selbst-)Zerstörung. Auch das ist Leben, und darum: „Es ist kein Grund zu verzweifeln."

Die Forschung hat zu Recht vermerkt, dass Döblin die Montagetechnik *nicht* im Sinne der „Zerstückelung und Zusammenhanglosigkeit der Sprache und der durch sie und mit ihr erfassten Welt" einsetzt (Schöne: Berlin Alexanderplatz, S. 316). Vielmehr erzeugt der Erzähler ein gewaltiges, ineinander verwobenes Panorama der *Stadt* des *Lebens*, in dem alles mit allem zusammenhängt und so zu *einem* großen und dichten Lebensbild zusammenschießt.

Das ist der geheime Grund dafür, dass Döblins Erzähler das Ende des Romans mit der Versiegung der Lebenskraft des Helden und dem herannahenden Tode nicht so gut bewältigt hat wie die Beschreibung des vitalen Lebensstromes der Stadt. Das energetische Kraftfeld Groß-Berlin Ende der Zwanziger Jahre ist der Nährboden auch für den vitalen Sprachstrom des Erzählers, der durchaus lustvoll und nahe an und in seinen Figuren deren subjektive Welten auslotet und dabei selbst von dem assoziativen Sprachstrom des Berliner Dialektes gespeist wird.

Die Forschung hat allerdings zu Recht auch bemerkt, dass der Roman von Döblin eine Tendenz zum *Ausufern*, zur *Sprengung* der *Form* aufweist. Das ist ein Phänomen, das uns – in anderer Form – schon bei Proust, Rilke und bei Musil begegnet ist. In dem Maße, wie diese so unterschiedlichen Romane die Fülle des modernen Lebens einzufangen suchen, *entgrenzen* sich solche Texte und sprengen die klassische Form der Handlungseinheit. Diese Romane der klassischen Moderne mit ihrer Tendenz, eine Totalität des Lebens einzufangen, haben einen Hang zur Totalität. Aber diese hat keine Grenzen. Und so sind diese Romane, wie wir sie vorliegen haben, auch provisorische Ganzheiten. Ihre innere Form drängt zur *Expansion* der Darstellung des modernen Lebens und somit verkörpern solche Romane immer auch ein Überschäumen der Form in der Form.

7.5 Abschied von Döblin, Abschied von der klassischen Moderne

Bald nach der Fertigstellung seines großen Romans geriet der Autor Alfred Döblin auch in die politische Schusslinie: Politisch links orientiert, der USPD nahe stehend, war Döblin 1928 in die Sektion für Dichtkunst der Preußischen Akademie der Künste gewählt worden und stimmte dort am 15. Februar 1933 mutig gegen die Ausschließung von Heinrich Mann und Käthe Kollwitz. Am 27. Februar brannte der Reichstag und die Notverordnung hob die verfassungsmäßigen Grundrechte der Bürger auf. Döblin konnte sich der eigenen drohenden Verhaftung nur durch Flucht entziehen: nach Frankreich zunächst, wo er zu den wenigen Emigranten gehörte, die die französische Staatsbürgerschaft erhielten und wo er sich auch aktiv im Widerstand engagierte. Am 10.6.1940 musst sich Döblin erneut auf die Flucht begeben vor den deutschen Besatzern von Paris durch Frankreich, Spanien und Portugal in die USA.

Alfred Döblin gehörte zu den Intellektuellen, die nach ihrer Rückkehr in ein geteiltes Deutschland nach dem Krieg von der Entwicklung der BRD enttäuscht sich abwandten. 1953 emigrierte Döblin erneut nach Paris, kam aber zu wiederholten Kuraufenthalten in den Schwarzwald. Am 26. Juni 1957 verstarb Alfred Döblin im Landeskrankenhaus Emmendingen bei Freiburg im Breisgau.

Mit seinem Tod und dem Tod anderer großer Literaten in den Fünfzigerjahren – Gottfried Benn und Bert Brecht starben im Jahre 1956 – kam auch eine literarische Epoche an ihr Ende: die *klassische Moderne.* Zwar beginnt erst in den Fünfzigerjahren der Siegeszug der klassischen Moderne in der Rezeptionsgeschichte – erst jetzt werden die Autoren Proust, Kafka, auch Rilke von einem breiteren Publikum entdeckt und auch der Biberkopf-Roman neu aufgelegt.

Gleichzeitig verengt sich aber dabei auch die Mentalität der deutschen Nachkriegsgeschichte auf das Dritte Reich und seine Bewältigung. Die großen Themen der Moderne als einer *Langzeitepoche* der europäischen Kultur- und politischen Geschichte sowie die Modernekritik, die wir in den literarischen Texten der klassischen Moderne finden, verengt sich auf die deutsche Geschichte in den dreizehn Jahren des Dritten Reichs.

Die Gegenwart, welche die Perspektive einer *europäischen* Geschichte der Kultur und Politik wieder entdeckt hat, kann an den Bewusstseinsstand der klassischen Moderne anknüpfen. Die großen Erzähler der klassischen Moderne wie Flaubert, Proust, Rilke, Kafka, Musil, Döblin waren auch große Europäer, die ihrerseits mit ihren Romanwerken an einen europäischen Stand des Erzählens und der Bewusstseinsproblematik der Moderne anknüpften, bzw. durch ihr Werk selbst die Plattform für einen solchen europäischen Bewusstseinsstand schufen. Die genannten Autoren haben heute auch ein weit über Europa hinaus gehendes weltweites Lesepublikum. Die Lektüre dieser großen Autoren der klassischen Moderne verbindet somit auch mit einer Weltgemeinschaft literarischer Leser.

7.6 Literaturverzeichnis

Primärliteratur:

Döblin, Alfred: Berlin Alexanderplatz. Die Geschichte vom Franz Biberkopf. München (Deutscher Taschenbuchverlag) 1965 (dtv 295).

Ders.: Werke. Jubiläums Sonderausgabe zum hundertsten Geburtstag des Dichters. Hg. von Walter Muschg. Olten 1977.

Sekundärliteratur:

Althen, Christina (Hg.): Leben und Werk in Erzählungen und Selbstzeugnissen/ Alfred Döblin. Mit einem Essay von Günter Grass. Düsseldorf 2006.

Bahners, Klaus [u.a.] (Hg.): Erläuterungen zu Alfred Döblin, Berlin Alexanderplatz, von Bernd Matzkowski. Hollfeld 1998.

Baum, Michael: Kontingenz und Gewalt: semiotische Strukturen und erzählte Welt in Alfred Döblins Roman Berlin Alexanderplatz. Würzburg 2003.

Bayerdörfer, Hans-Peter: Der Wissende und die Gewalt. Alfred Döblins Theorie des epischen Werkes und der Schluss von „Berlin Alexanderplatz“. In: Prangel (Hg.): Materialien, S. 150ff.

Becker, Helmut: Untersuchungen zum Epischen Werk Alfred Döblins am Beispiel seines Romans „Berlin Alexanderplatz“. Diss. Marburg/Lahn 1962.

Bekes, Peter: Alfred Döblin, Berlin Alexanderplatz: Interpretation. München 1995.

Biedermann, Walter: Die Suche nach dem dritten Weg: linksbürgerliche Schriftsteller am Ende der Weimarer Republik; Heinrich Mann, Alfred Döblin, Erich Kästner. Diss. Frankfurt a. M. 1982.

Dunz, Christoph: Erzähltechnik und Verfremdung: die Montagetechnik und Perspektivierung in Alfred Döblin, „Berlin Alexanderplatz“ und Franz Kafka, „Der Verschollene“. Bern, New York 1994.

Durzak, Manfred: „Der Autor als literarischer Architekt?: Städtebilder bei Döblin und Koeppen“. In: Wolfgang Koeppen & Alfred Döblin: Topographien der literarischen Moderne. München 2005, S. 116-129.

Elm, Ursula: Literatur als Lebensanschauung: zum ideengeschichtlichen Hintergrund von Alfred Döblins „Berlin Alexanderplatz“. Bielefeld 1991.

Duytschaever, Joris: Joyce – Dos Passos – Döblin: Einfluss oder Analogie. In: Prangel (Hg.): Materialien, S. 136ff.

Gong, Seonja: Studien zu Alfred Döblins Erzählkunst am Beispiel seiner Berliner Romane: Wadzeks Kampf mit der Dampfturbine und Berlin Alexanderplatz. Frankfurt a. M. 2002.

Jähner, Harald: Erzählter, montierter, soufflierter Text: zur Konstruktion des Romans Berlin Alexanderplatz von Alfred Döblin. Frankfurt a. M. 1984.

Kähler, Hermann: Berlin. Asphalt und Licht. Die große Stadt in der Literatur der Weimarer Republik. Berlin 1986.

Keller, Otto: Döblins „Berlin Alexanderplatz“: die Großstadt im Spiegel ihrer Diskurse. Bern u.a. 1990.

Ders.: Döblins Montageroman als Epos der Moderne: die Struktur der Romane Der schwarze Vorhang, Die drei Sprünge des Wang-lun und Berlin Alexanderplatz. München 1980.

Klotz, Volker: Agon Stadt. Alfred Döblins Berlin Alexanderplatz. In: V. K.: Die erzählte Stadt. 1969, S. 372-418.

Koopmann, Helmut: Der klassisch-moderne Roman in Deutschland: Thomas Mann, Alfred Döblin, Hermann Broch. Stuttgart u.a. 1983.

Martini, Fritz: „Alfred Döblins Berlin Alexanderplatz“. In: F.M. Das Wagnis der Sprache. Stuttgart 1954, S. 336-372.

Meyer, Jochen (Hg.): Döblin, Alfred 1878-1978. Sonderausstellung des Schiller-Nationalmuseums. Ausstellung und Katalog herausgegeben in Zusammenarbeit mit Ute Doster. Marbach 1978.

Mitchell, Breon: Joyce and Döblin: „At the crossroads of Berlin Alexanderplatz“. In: Contemporary Literature, Jg. 12 (1971), S. 173-187.

Müller-Salget, Klaus: Zur Entstehung von Döblins „Berlin Alexanderplatz“. In: Prangel (Hg.): Materialien, S. 117ff.

Ogasawara, Yoshihito: „Literatur zeugt Literatur“: intertextuelle, motiv- und kulturgeschichtliche Studien zu Alfred Döblins Poetik und dem Roman Berlin Alexanderplatz. Frankfurt a. M. u.a. 1996.

Park, Sang-Nam: Die sprachliche und zeitkritische Problematik von Döblins Roman Berlin Alexanderplatz. Berlin 1995.

Prangel, Matthias: Alfred Döblin. Stuttgart 1973.

Ders. (Hg.): Materialien zu Alfred Döblin „Berlin Alexanderplatz“. Frankfurt a. M. 1975.

Prem, Boris: Alfred Döblin, Berlin Alexanderplatz. München 1997.

Sander, Gabriele: Alfred Döblin, Berlin Alexanderplatz. Stuttgart 1998.

Sanna , Simonetta: Die Quadratur des Kreises: Stadt und Wahnsinn in „Berlin Alexanderplatz“ von Alfred Döblin. Frankfurt a. M. u. a. 2000.

Dies.: Selbststerben und Ganzwerdung: Alfred Döblins große Romane. Bern u. a. 2003.

Schöne, Albrecht: Alfred Döblin. Berlin Alexanderplatz. In: Benno v. Wiese (Hg.): Der deutsche Roman, Bd. 2, Düsseldorf 1963, S. 291-325.

Siepmann, Thomas: Lektürehilfen Alfred Döblin „Berlin Alexanderplatz". Stuttgart [u.a.] 1999.

Stühler, Friedbert: Alfred Döblin, Berlin Alexanderplatz, Wolfgang Koeppen, Tauben im Gras: der moderne deutsche Großstadtroman. Hollfeld 1996.

Xu, Xuelai: Zur Semantik des Krieges im Romanwerk Alfred Döblins. Regensburg 1992.

Abbildungsnachweis

Gustave Flaubert: Porträt von Eugène Giraud, 1866/70. Musée National du Château, Versailles; Marcel Proust: Porträt von Jacques-Emile Blanche, um 1882. Heute in Privatbesitz; Rainer Maria Rilke: Verlagsarchiv; Franz Kafka: Verlagsarchiv; Robert Musil: Rowohlt-Archiv, Reinbek; Alfred Döblin: Verlagsarchiv